大是文化

我們的建國簡史

歷史不該是當權者的創作，
最真的，就是聽當地人自己說。

泰晤士報專欄作家廣集 28 國學者，
訴說自己國家如何從無到有。

Histories of Nations:
How Their Identities Were Forged

牛津布魯克斯大學（Oxford Brookes University）
名譽博士、《星期日泰晤士報》暢銷作家

彼得・富塔多（Peter Furtado）──主編

謝慈──譯

CONTENTS

第一部 歐洲：教會與國家長期互爭誰是老大

亞洲：只要換政權，歷史就重新寫

第二部

第三部 非洲與大洋洲：從荒蕪之地到文化匯集中心

第四部

美洲：新世界
在這裡展開

推薦序一
人類訴說過去時，
真正想詮釋的往往是當下

《解鎖地球》Podcast 主持人／游尚傑

　　怎麼樣才能算是一個國家？怎麼樣才能建立一個國家？身為臺灣人，這可能是我們在心中都想過的疑問。

　　住在海德堡的兩年間，每當朋友來訪，我都要負起城市導覽的責任。海德堡是位在德國西南部的美麗小城，內卡河（Neckar）穿過兩座山丘，切割出一整片無死角的如畫美景。

　　連接河兩岸的老橋、可以眺望整個城市的海德堡古堡，是我每次必會介紹的景點，其中當然也少不了那座「建立於 1386 年，德國最古老的海德堡大學」。

　　就在一次我講完這段介紹臺詞之後，對方略帶疑惑的說：「但 1386 年海德堡大學建立的時候，德國根本還不存在於世界上，它怎麼會是德國最古老的大學呢？」

　　我一時愕然難答。海德堡大學建立時的十四世紀，翻遍全世界的歷史記載，顯然找不到一個國家叫做德國。當時這片區域，屬於神聖羅馬帝國境內的眾多選侯國之一，而神聖羅馬帝國廣闊的幅員一度涵蓋今日的德國、法國、義大利、捷克、奧地利、波蘭的部分疆域，一直到十九世紀才正式瓦解。

　　即使是後來的日耳曼邦聯與德意志帝國，它們的領土也隨

著與歐陸鄰居們的戰爭而隨時在變化，與現代德國的版圖差異極大。然而，由海德堡的視角出發，不管是神聖羅馬帝國或是德意志帝國，都可以視為現代德國的前身；過去由神聖羅馬帝國建立起的海德堡大學，自然可以延續給現代德國來繼承。

對於德國人來說，國家的領土、甚至名稱都可以快速變化，不過關乎自身民族的歷史敘事，卻是一脈傳承而下。這就是他們如何看待自己「從何而來」的論述。

回到臺灣的脈絡，以這座島嶼出發，先後經歷了無數政權統治：西班牙、荷蘭、明鄭、清帝國、日本、中華民國。大家不妨閉上眼睛，假裝自己正在跟外國人講述這段臺灣故事。

在我們敘述的內容中，哪些政權被當作「自己人」，而哪些被描述成「外來政權」呢？這樣一念之差，正體現了我們是以什麼樣的視角，去描述臺灣歷史——同一個故事交由不同意識形態的人來訴說，可以有完全不同的版本。而這也是臺灣當代歷史上永遠矛盾的根源。

雖然臺灣國際地位特殊，但國族認同的問題，卻從來不是我們獨有。每個現代國家建立的同時，**形塑屬於自己的歷史論述是必經的過程**。國家想要掌握歷史的詮釋方式，不僅關乎過去發生的事，更重要的是定義國家未來將要往哪個方向前進——**當人類訴說過去時，真正想詮釋的往往是當下。**

本書收錄了28個國家的建國故事。由這些國家遠、中、近代歷史，探討它們在現代如何回看過去，並形塑國家的未來，其中不乏像英、法這樣老牌民族國家的歷史進程，也有以色列、墨西哥等複雜的歷史脈絡，是臺灣知古鑑今的最好素材。

推薦序二
為什麼要學歷史？
放下偏見的濾鏡

Special 教師獎得主、《歐美近代史原來很有事》套書作者／

吳宜蓉

「風車、木鞋、鬱金香」。

「沙漠、法老、金字塔」。

以上兩組關鍵字，分別會讓人聯想到什麼國家呢？我想大家應該可以輕易回答出：荷蘭與埃及。

我們對於世界各國的認識，有時候其實非常表面浮泛。就像，難道我們會希望國際友人對臺灣的認識，只有：「雞排、珍奶、逛夜市」嗎？

荷蘭政府在 2020 年向全世界宣布，對外的正式國名一律改用「Netherlands」（中譯：尼德蘭），其字面意義為「低地之國」，這是因為其領土有超過一半的土地，低於海拔一公尺。

由於整個國家處在平坦而低溼的窪地，所以荷蘭人的生活，總是離不開與「水」的奮戰：他們利用風車抽水排淤、建造堤防堵住河流、興建堤壩擋住海水。

歐洲有句諺語是這麼說的：「上帝創造世界，荷蘭人創造荷蘭。」比起那些表面的物質形象，**荷蘭人想必更希望大家從與水爭地的歷史中，看見他們的韌性。**

想到埃及，腦海難免浮現考古探險隊的身影。尼羅河的贈禮古老又神祕；然而，與其說現代埃及是法老的子民，不如說他們是真主阿拉的信徒。現代埃及是阿拉伯世界的中心，也是伊斯蘭勢力在地中海區域的重要守門人。

2011年，「阿拉伯之春」的民主浪潮延燒到埃及，統治埃及長達30年的總統胡斯尼・穆巴拉克（Hosni Mubarak）被迫下臺。不過民主卻始終未真正到來。此後埃及的獨裁政權、軍人政變依然此起彼落。明明是古文明的發展中心，現代的埃及卻有近25%人口是文盲。

英國歷史學家約翰・托許（John Tosh）曾說：「歷史學家是對於過去感興趣的一群人，他們透過追蹤一系列的變化；當種種變化累積起來，就可以試著解釋現在。」

所以我們常問：為什麼要學歷史啊？那些事情不都已經過去了嗎？正是因為藉由過去，我們才得以了解我們從何而來、我們為什麼會長成現在這個樣子？**探索過去的經驗生成，有助於我們找尋自身現在的定位。**

我們看待他人亦是如此。如果僅有粗淺的認識，便很容易做出錯誤的判斷。若是渴望有寬闊通達的國際觀，絕不能只是走馬看花的糊塗懵懂，也須避免帶著他者偏見的濾鏡書寫。

這本書最有意思的地方在於，編者邀請了來自28個國家的28位歷史學者，**每個篇章都是出自於最在地的視野觀察、最當地的聲音抒發。**讀完本書，就好像一口氣跟28位國際友人，暢談了他們國家的故事。

你得以看見他們的熱情在哪裡，也可以瞥見他們有難言之

隱的所在。你不見得會認同，但你應該聽聽他們想試著說些什麼，然後，再換位思考！

　　如果是你來書寫，你會想要用什麼樣的方式訴說，讓國際社會傾聽臺灣的故事？讓世界更理解臺灣的過去、現在及未來的想望呢？

簡介
28位歷史學者，
寫自己國家的故事

——本書主編彼得・富塔多（Peter Furtado）

　　2008年北京夏季奧運會開幕式，是世上規模最大的歷史課，有一百多個國家元首，以及超過二十億的觀眾觀看。體育場內巨大的LED螢幕，正在介紹中國文化歷史的各個方面，包括它聲稱的第一個偉大發明：紙。

　　其他三項偉大的發明：指南針、火藥和印刷術，也在隨後的煙火中盛大登場，伴隨著大型舞臺上演出的中國歷史形象——兵馬俑、萬里長城和鄭和下西洋。

　　這場演出的色彩、規模和奢華讓全世界感到敬畏。中國就是希望人們如此看待它的過去和現在：**作為一個雄偉的文明，它憑藉一己之力而壯盛，並為其他國家帶來了無盡的恩澤。**

　　四年以前，雅典也做了類似的事情，不過規模就沒有那麼隆重了。希臘所展現的是古希臘文明對世界的深遠影響，不只包含了古典的雕像，也包含了奧運會本身。此外，希臘的「民族」歷史也是展演的重點——從銅器時代的邁諾斯（Minoan）與邁錫尼（Mycenaean）文明，到亞歷山大大帝（Alexander the Great）的統治、創建拜占庭城，而後自土耳其人的統治下獨立，並得以不受現代諷刺流行文化所影響。

　　一個國家鮮少有機會能如此盛大而高調的，向全世界表現自身的歷史與文化傳承；而這種機會帶來的影響力相當驚人。因此，眾多國家極力爭取舉辦奧運的資格，似乎也就不太令人意外了。

　　然而，**各國政府也會設法操控國內人民的自我認同**，特別是透過公共紀念活動和儀式，以及控制教育和媒體。

　　國家歷史是民族認同很關鍵的一部分，卻也時常充滿爭議性。在最近數十年間，許多國家都爆發了關於教科書內容的「歷史戰爭」，其中也包含了容納多元文化的澳洲、加拿大、俄國與日本。在英國，接連幾屆的政府則試圖透過對歷史的特定解讀方式，來宣傳虛幻（而且可能消失中）的「英國氣質」（Britishness）概念。

　　從十九世紀開始，這樣的民族歷史就成為整個歷史學的骨幹，許多國家都設立了相關的機構。雖然時至今日，歷史的領域已經更加開放，含納了許多早期歷史學家難以想像的主題，但所有的國家仍然將自身的歷史，列為教育和研究的中心，有時甚至會排除所有其他的議題。

　　除此之外，大多數國家都深知，歷史對民族認同塑造、產生社會動力的重要性，於是將歷史列為學校的必修科目。

　　然而，歷史並不是學者和政府的創作。它無處不在。歷史存在於我們呼吸的空氣中、我們居住的城市，也在我們漫遊的土地上。人們不只在家庭中學習自己的歷史，也從家族和媒體的故事、童話傳說和電視節目、雕像和戰爭紀念碑、重要的建築物、博物館和藝廊中學習歷史。**這些歷史鮮少遭受質疑，有**

時我們甚至不會意識到。

　　這和西方大學所研究的歷史截然不同。自由派主義者認為，我們應當直覺的對習得的知識抱持懷疑，質疑資訊來源的權威，以更全面的角度來建構智慧，並且用更新穎的方式加以詮釋。因此，在許多國家中，**學術界的歷史和一般人民認知的歷史有著極大差距**——特別是在學術傳統嚴謹的國家。

　　在過去50年間，學術的世界歷史經過了許多次書寫。隨著全球經濟和意識形態衝突浮現，我們對於統一的世界歷史的追求，似乎不再不切實際。

　　有時候，書寫歷史的是博學且精力充沛的個人，目的是傳達特定觀點。舉例來說，英國歷史學家J・M・羅伯茨（*John Morris Roberts*）在1980年代提出的《西方勝利》（*The Triumph of the West*）[1]；1990年代美國保守派政治學家薩謬爾・杭亭頓（Samuel Huntington）的〈文明衝突論〉（*The Clash of Civilizations*）[2]，以及美國環境史學家約翰・麥克尼爾（John McNeill）在2000年代提出的「環境史」（environmental history）[3]概念。

　　有時候，書寫歷史的是學者或教育者組成的團隊，目的則是盡可能去除主觀性，確保世界的每個地方都受到相同重視。無論如何，任何對世界歷史的完整紀錄，都可以說是整合了他人更細節的研究，並將其賦予了情境；反映出其時代的重要想

1　編按：主要關注西方文明的起源和演變，以及它對世界其他地區產生的變革性挑戰與影響。英國廣播公司（BBC）根據此書製作了一部同名影集。

2　編按：本文以「文明衝突將是未來衝突的主導模式」為主要論點。

3　編按：主要研究歷史上人類發展與環境變遷的關係。

法或觀點。

真相就在當地人強調或忽略的故事中

本書也不可避免的反映了現代觀點。與其說這本書是世界歷史，不如說是許多歷史的選集。我們相信，**要以單一觀點或是目的來書寫歷史，不可行也不可取**。我們的另一個目標，則是探索世界各地人們對歷史的常見觀點，並邀請專業歷史學者和知名作家，跳脫往昔框架，並且從他們故鄉文化的觀點來書寫歷史。

有一句老話說：歷史已經是「另一個國家」。這裡借用英國小說家赫特利（L. P. Hartley）的話：「過去的人，做事方式不一樣。」我們時常會忘記，拜訪其他國家所體驗到的「異國感」，絕大多數都源自於該國家的過去，更精確來說，則是他們對過去的獨特認知。

本書想說的事情很簡單：「**若我們無法理解其他人如何看待、感受自己的過去，就無法真正了解他們。**」假如想要更加了解讓世界充滿活力，卻也危機四伏的民族和文化差異，我們所需要的不是旅遊指南，甚至也不是我們的同胞所寫的歷史書籍；**我們必須去傾聽其他人用自己的話，述說他們的歷史。**他們所傳達的熱情、**強調或省略的部分**，都透露著許多訊息。

如果你認為不同國家間對歷史的感受和解讀，應該不至於有太大的差異，那麼我強烈建議你去讀第24章和第14章：美國歷史學家彼得‧歐諾夫（Peter Onuf）探討了美國人傳承自開國

元勳們的「無歷史」（historylessness）迷思；中國歷史學家羅志田則研究了中國三千多年來，如何利用歷史給予帝國的權威合法性。

本書邀請來自28個國家的28位歷史學者，每位都在自己的國家土生土長，當下也居住並活躍於該地。他們按照自己對國家歷史的理解，來書寫國家的歷史。

他們所寫的並非百科全書式的歷史──這種歷史只要按按滑鼠，就能很輕易搜尋到──而是個人層面，身為一位國民的論述。在文章中重要的不只是熟悉的事實，也包含了他們選擇的語氣和主題。雖然規模截然不同，但他們就像奧運開幕典禮主辦者一樣，想要毫無保留的對世界傳達各自民族的歷史。

這樣的書寫方式可以處理的問題有許多，包含了一個國家如何對過去建立綜合性的論述，或是所謂的「深度歷史」（deep history）[4]。在這樣的架構中，一個國家會誇耀其認定的偉大成就：獨立革命、對自由的追求、璀璨的文化等；但過去也總會存在一些令人懊悔的事件，而**他們選擇面對的方式，往往也傳達了另一面的故事**。

某些國家或許會採取積極的自我辯護，或是選擇完全保持沉默。值得注意的是，在本書的第一版草稿中，許多位撰稿人都避開了國家歷史中很重要的部分。相對的，有些國家則採取了縝密的做法，期望化解過去的痛苦。

---

[4] 編按：主張歷史的定義不是基於文字發明，鼓勵人類學、考古學、靈長類動物學、遺傳學和語言學領域的學者共同努力。

其中，例如德國從1960年代開始，進行詳細徹底的自我分析；南非和近年來許多深受創傷的國家，也建立起真相與和解委員會。有些國家可能蒙受祝福（或詛咒），擁有現代完全無法比擬的光輝古文明。其他國家會覺得飽受誤解，因而在現代世界遭遇艱難的處境，最明顯的例子就是以色列和伊朗。

事實上，這正好顯示了，即便要為單一國家寫作連貫性的歷史，都相當困難。本書第11章捷克共和國的故事，展現了人民對國家的過去難以取得共識；而第5章的英國，則凸顯了建立民族歷史認同的挫折──即便已擁有近三百年的歷史，「英國」仍只是人為創造的政治體而已。義大利半島的情況也相去不遠。

在有限的篇幅內，我們很難要求每位撰稿人都徹底處理上述的問題；然而，透過檢視來自不同國家的歷史學者所採用的寫作方式，以及選擇的主題間有何關聯，我們都能得到許多寶貴的資訊。

期盼每位讀者都能從熟悉的國家故事中，得到新的洞見：各個國家看待和呈現自己的方式，以及當代歷史學家的觀點，究竟與旅遊手冊上的美好形象，有多麼巨大的差異。

人們對於國家歷史的詮釋，往往會受到現代觀點所影響。舉例來說，微觀歷史學家喬瓦尼・列維（Giovanni Levi），在第6章書寫了義大利當前的政治僵局，是如何受到深遠的天主教文化影響；俄羅斯現代語言學教授迪娜・卡帕耶娃（Dina Khapaeva）將俄國在二十一世紀遠離西方的策略，追溯到自莫斯科大公國成立以來的分歧。

　　即便在本書的出版過程中，歷史仍不斷演進。2010年代早期的經濟危機影響了許多國家，這意味著既有的歷史趨勢，也正在不斷改變。2007年，「民主的搖籃」雅典才歡慶衛城博物館（Acropolis Museum）[5]開始興建，希臘卻在幾年後面臨經濟崩盤，希臘民主是否能持續存在都成了問題。

　　2011年的阿拉伯之春[6]，為中東地區帶來了意料之外的劇變；敘利亞發生了內戰，而從歷史起源就出奇穩定而連貫的埃及，也發生了革命。2016年，英國公投終止了長久的歐盟會員國身分，在政治、經濟和文化上都帶來重大影響。

　　這類的變革，都迫使人們重新檢視民族或國家的過去；然而，檢視的過程倉促不得，還得先等待動盪平靜下來才行。

　　本書所選擇的國家，五大洲皆有涵蓋，占了全世界人口的三分之二。這些國家的政體從成熟的民主政治，到宗教獨裁政權以及一黨專政都有；其中有些似乎隨時處於戰爭邊緣，有些則無所不用其極的避免戰爭；有些國家擁有悠久的學術和言論自由傳統，有些則可能因為違反官方準則，而監禁或處死歷史學家。

　　多數動盪的區域，都有著充滿戰爭和衝突的歷史，有些甚至延續了數百年。**衝突的雙方無法理解彼此的歷史淵源，因此任何追求和平的努力都只是徒勞。**假如你在本書中看見了敵對的立場，但願你能靜下來思考對方說了什麼，又是如何表達。

5　編按：雅典衛城為世界文化遺產之一，見證了希臘一千多年繁榮的文明、神話和宗教發展。

6　編按：指自2010年底開始，阿拉伯世界的革命浪潮。

但這並不代表你必須接受。

　　除了對於國家的選擇，撰稿人同樣是個難題。沒有任何一位撰稿人希望被視為民族或國家的官方代言人，而只希望以個人的身分被傾聽。他們都是現職的歷史學者，有些成就非凡，屆臨退休，有些則還相當年輕。

　　大部分的人都居住在他們所書寫的國家；少數旅居外地者也頻繁返國，或保持著緊密的連結。許多撰稿人都特別鑽研自身民族和國家的歷史。有些成果可能相當令人驚奇。

作者資料 ●

　　主編彼得・富塔多（Peter Furtado）在 1998 年至 2008 年間，擔任《今日歷史》（*History Today*）雜誌的編輯。他編輯了《卡塞爾的世界歷史地圖集》（*Cassell's Atlas of World History*, 1998）和《改變世界的1001天》（*1001 Days that Changed the World*, 2007）。2009 年，富塔多因為在促進英國歷史研究方面的工作，而被牛津布魯克斯大學（Oxford Brookes University）授予榮譽博士學位。

第 **1** 部

歐洲：
教會與國家長期
互爭誰是老大

第一章

現代文明從我們開始，
我們卻是新興國家

希臘共和國

撰文／安東尼斯·利亞科斯（Antonis Liakos）

雅典大學的歷史學教授，著有十九世紀希臘和義大利的歷史，以及社
會史、史學和民族主義理論的相關書籍；最近的作品是《過去如何變
成歷史》（ *How the Past Turns to History,* 2007）。

希臘共和國
Hellenic Republic

　　世界上歷史最悠久的國家之一，被稱作西方文明的搖籃。曾先後被羅馬帝國、拜占廷帝國和土耳其占領，1830年宣布獨立，成立希臘王國；1967年廢黜國王、實行軍事統治；1973年建立希臘共和國。

　　旅遊業為產業支柱，占其GDP以及外匯收入約15%。2010年2月，政府欠債3,000億歐元，無力償債而導致國家破產，目前是歐盟經濟援助的主要受惠國，受援助的資金大約占總GDP的3.3%，在過去幾年中經濟穩步增長。

　　政治體制為議會民主制國家，國家元首為希臘總統、任期5年。總理一般則由國會最大黨的黨魁擔任。

基本資料

國慶日：3月25日。

加入聯合國日期：1945年10月25日。

語言：以希臘文為主，較通行之外語為英文、法文及德文。

首都：雅典。

面積：131,957平方公里。

地理位置：歐洲東南部巴爾幹半島南端。北面與保加利亞、北馬其頓以及阿爾巴尼亞接壤，東部則與土耳其比鄰，瀕臨愛琴海，西南臨愛奧尼亞海及地中海。

人口：1,068萬人（2021年）。

宗教：希臘東正教。

※資料來源：中華民國外交部網站

　　何謂希臘人?如果想知道這個問題的答案,或許可以從以下兩首詩開始。首先是詩人科斯蒂斯・帕拉馬斯(Kostis Palamas)為了1896年第一屆奧運會所寫的會歌:

　　「我的祖國是什麼?是先民——希臘人、羅馬人、拜占庭人、威尼斯人、鄂圖曼人和許許多多人——所留下的風景和紀念碑嗎?」

　　第二首詩是由1935年諾貝爾文學獎得主喬治・塞菲里斯(George Seferis)所寫的《神話歷史》(*Mythistorema*)。這位詩人將自己對希臘的情感,比喻為從沉睡中醒來的人,用雙手抱著古老大理石雕像的頭;在睡夢之中,他以為自己和石像人頭密不可分,此刻卻不知該拿這個頭怎麼辦,並感到疲憊萬分。

　　在帕拉馬斯的詩中,當代希臘可以說是兩千年歷史的結晶,其中也包含了希臘輝煌的征服史,每一段都在這塊土地上留下了印記。在第二首詩中,**當代希臘迷失了自己的身分認同,只能在現今和古代之間擺盪**;然而,若要追求現代的意識和價值,就不能流連於過去。

　　希臘在1820年代對鄂圖曼帝國發起革命,獨立成為現代化的民族國家。於此之前,沒有任何跡象顯示這個新興的國家會命名為「Greece」(希臘文是「Hellas」),或是其人民會稱為「Greeks」(Hellenes)。「Greek」這個字受到天主教早期教父[1]

1　編按:Church Fathers,天主教會早期宗教作家及宣教師的統稱。他們的著作被認定具備權威,可以作為教會的教義指引與先例。

的影響，在當地方言指的是「異教徒」。

基督來了，古典希臘還在嗎？

當基督信仰在西元四世紀成為地中海東部地區主流時，即取代了希臘城市的古老宗教和文化——公共敬拜儀式、在集會所辯論公眾議題、劇場表演、摔角競技和奧運競賽等等。這無疑是相當顛覆性的改變。因此，人們時常思考一個問題：古典時代過後，希臘世界（Hellenic world）[2]是否仍倖存呢？

然而，到底何謂希臘世界？由於希臘人的聚落環繞地中海和黑海，哲學家柏拉圖便將希臘人描述為一群坐在水池邊的青蛙。但「希臘人」這個詞，指的到底是一個種族，還是一個文明？對於西元前五世紀的歷史學家希羅多德來說，希臘人擁有相同的語言和宗教，也來自共同的祖先：因此，**即便缺乏政治上的統一或民族意識，他們都屬於相同的種族。**

數十年後，歷史學家修昔底德（Thucydides）卻提出了質疑的觀點。他舉的例子是成為希臘人的蠻族；這些人本來像野蠻人那樣，用武器解決問題，而後卻學習希臘人，轉向法律的規範。

由此可以看出，**只要認同希臘人的價值觀，任何人都可以成為希臘人。**西元前四世紀，演說家伊索克拉底（Isocrates）

---

2 編按：指西元前 507 年（雅典式民主出現）－前 323 年（亞歷山大大帝去世）之間的古希臘歷史時期。

提出，希臘人指的是接受希臘教育的人，而希臘主義（Hellenism）是文化而非種族上的分類。由亞歷山大大帝和馬其頓王國所創造的希臘化時代[3]中，希臘主義主要是文化上的影響力，許多遵循希臘生活模式的都市，漸漸深入中亞地區。

當時的許多作家都不是以自己的母語創作。在羅馬帝國時期，希臘主義透過詩作、哲學、戲劇、雕像和建築，成為羅馬貴族的文化，於是又稱為「希羅時代」（Graeco-Roman）。

基督徒採用了希臘的語文，並保護了一些希臘哲學和詩學文本，以及醫藥、數學和天文學的著作。然而，他們摧毀了具象的希臘主義──哲學學院、雕像、神廟、劇場和競技場──以及關於集會所和公眾辯論的一切。

換句話說，**基督徒摧毀了希臘人的生活方式**，這也就是為什麼對他們來說，**「希臘」成了「異教徒」的同義詞。**

然而，假如基督信仰未能以希臘的概念性語言加以傳達，那麼或許就無法演變為如今我們所熟悉的型態。由此觀之，希臘主義究竟是早已滅亡，或是依然倖存呢？

假如我們將希臘主義想成特定時期的文明，那麼希臘主義始於西元前八世紀，其聚落在地中海地區形成，並結束於西元六世紀，羅馬帝國的全面基督教化。拜占庭帝國皇帝查士丁尼（Justinian）在西元528年，禁止了古代的敬拜方式和奧林匹克競賽，並將帕德嫩神殿轉型為基督教堂，象徵希臘時期的結束。

這個文明持續了12個世紀。無疑的，許多希臘文化的特色

3　編按：指西元前323年（亞歷山大大帝去世）－前146年（羅馬共和國征服希臘）。

一直流傳到今天：隱含在多個歐洲語言學和概念性層面，也影響多數地中海東部的語言（包括科普特、阿拉伯、敘利亞、亞美尼亞、斯洛伐克和土耳其）。

現代歐洲文化重新審視許多希臘與羅馬的概念和形式，有時加以援用，有時則與之競爭。從這個角度來看，文化上的希臘主義成為哲學、政治理論、視覺藝術和建築學的參照點，也成為西方文明核心，特別是在十八世紀啟蒙運動時期。

然而，如今的希臘人並未從文明的層次來看待希臘主義。無庸置疑，他們的確肯定其重要性，認同其崇高的文明發展，推崇其是現代文明之母。除此之外，他們也認為希臘主義是希臘民族智慧與品德的展現。

現在的希臘，還留有多少「希臘」？

現代希臘人相信，希臘主義代表著一個民族；一個在東羅馬帝國所代表的古典時代結束後，依然存續著的民族。這個民族的第二段生命，與希臘化的東正教教會結合，而非西方的拉丁化教會。

希臘人相信，即便鄂圖曼帝國從西元十二世紀開始，就占領了小亞細亞和巴爾幹半島，他們的民族依然努力存活下來，直到在十九世紀初期重獲獨立。

十九世紀的希臘學者認為，**希臘民族的歷史從古典時代開始，一直到1830年的希臘王國為止，都未曾中斷。**首先，他們在口語上仿古體，並且發展出與古希臘盡可能相近的文字系

統。第二，他們將城鎮、村落、山脈和島嶼的名字改回古代的樣子。對他們來說，考古遺址形成了地理網絡中的參照點，反映出他們的希臘認同。

第三，他們在公共和私人建築上，都採用了新古典主義風格。同樣的風格也應用於國家的象徵和紀念碑上。但最重要的是，希臘學者援用了史學、民俗學和藝術史，創造出了強而有力的論述，說明希臘民族的歷史從古至今都具有連貫性。

希臘人不只自己接受了希臘主義的論述，同時也說服了非希臘人——包括觀光客和希臘文化、文明的學者。這些著迷於古希臘文明的外國人，可以說是幫助了希臘民族的「重生」。

然而，在說服自己和其他人相信連貫的希臘歷史的同時，希臘人也付出了沉痛的代價：**當他們和自己所創造出的遠古先祖形象相互比較時，今非昔比的劣等感便油然而生。**

希臘人的自我形象，和其他人對他們的看法間，總是有所差異。在大眾旅遊興起之前，只有少數知識淵博的訪客從書本中認識希臘。這些人欣賞的是古代的希臘，卻輕視其他歷史時期的希臘。

十九世紀時，新獨立的希臘人也懷抱相似的鄙視：舉例來說，他們想「淨化」掉所有雅典和衛城中的羅馬或拜占庭式建築。為了反映出希臘文化未曾中斷的歷史，他們對於不同歷史時期要素的呈現方式也有所改變。

然而，他們遇到了很大的阻礙：拜占庭不只在希臘的歷史典籍中缺席，也未出現在歐洲歷史中。這意味著東正教的歷史也不存在。許多西方研究拜占庭的學者，都認為東正教和東歐

是與西歐不同的獨立文明。

當時的希臘人試著利用拜占庭的歷史，作為自身民族史的連結，將拜占庭描繪成古希臘文學傳向西歐的路徑。

令人耐人尋味的是，一如歐洲人背棄了希臘人，希臘人則背棄了巴爾幹半島和中東地區的人。希臘與威尼斯人、塞爾維亞人、阿爾巴尼亞人、保加利亞人、阿拉伯人和土耳其人交流的歷史雖然沒有被忽視，但總是從民族對立的角度加以切入。

提到巴爾幹，通常會想到種族衝突、戰爭，甚至是種族淨化等議題。在人們的印象中，這個地區的人們似乎總是彼此對抗著。然而，巴爾幹半島其實並沒有什麼真正突出的部分；此地戰爭所流的血，也並未比世界上任何地區更多。

文化未曾中斷，但國家……

巴爾幹地區的問題，源自於不同的種族共同生存於相同的土地上。因此，隨著鄂圖曼帝國的衰敗，不同民族開始擴張政治版圖時，**爭奪的卻都是同一塊土地**。舉例來說，希臘和保加利亞都宣稱馬其頓是自己的領土。與此同時，希臘人也與土耳其人爭奪康士坦丁堡（伊斯坦堡）和小亞細亞。

一戰爆發的前幾年，民族主義意識高漲，在巴爾幹地區帶來十年的戰亂和血腥衝突（1912年–1922年）。在這個過程中，希臘取得了大部分的馬其頓，使國土面積擴張了四倍。

馬其頓屬於希臘化地區，而希臘之所以能取得領土，要歸功於來自小亞細亞的難民遷移至此。戰爭結束後，隨之而來的

是暴力強迫的人口驅逐或交換，有時甚至是大屠殺。1922年，150萬基督教難民被迫離開土耳其，遷移到希臘。希臘則有近六萬穆斯林移居土耳其。

　　來自巴爾幹各地區的希臘人口，向希臘邊境內匯集。在接下來幾年間，希臘政府盡了最大的努力協助難民融入希臘的生活，因為難民占了總人口數的20%。

　　戰爭改變了希臘的政治局勢，軍隊的勢力成長，往往會導致政變，對國家議會體制造成重創。1929年－1932年間的經濟大蕭條造成社會動盪，革命的不祥預兆一直籠罩著整個國家。

　　直到1936年，伊奧尼斯・美塔克薩斯（Ioannis Metaxas）才結束了動盪，建立獨裁政權。這樣的情況也發生在許多同時期的歐洲國家。事實上，希臘是以類似法西斯的獨裁政權型態參與第二次世界大戰，卻加入了英國的陣線。

　　二十世紀偉大的希臘歷史學家尼科斯・斯沃羅諾斯（Nikos Svoronos）認為，**希臘歷史中一以貫之的關鍵元素是「抵抗」。希臘人總是在對抗外國的侵略者，或是內部的暴君。**

　　許多希臘人之所以抱持這樣的看法，或許是因為現代的希臘也是革命後的產物，高舉著「我們人民」（We, the people!）的大旗。這催生了大眾愛國主義和民族主義的傳統、高度政治化傾向、實力雄厚的政黨，以及相對穩定的議會傳統。

　　然而，希臘的獨立來自當時許多強權的干預，特別是英國和俄羅斯。希臘現代史中大部分的時期，都依賴著其他國家的援助，起初是英國，後來則是美國。

　　因此，**這兩大世界強權對於希臘的內政，通常都有一定的**

影響力。換句話說，**希臘的實際情況是介於獨立國家和殖民地之間**，但並未真正變成殖民地。與此同時，希臘對歐洲和西方的立場也時有矛盾；但希臘在面對土耳其和其他巴爾幹半島的鄰國時，往往需要西方的幫助。

不過有趣的是，希臘寧願冒著被當成西方勢力叛逆小弟的風險，也要堅持反帝國主義的精神。這樣的矛盾在第二次世界大戰後更加強化，對於現在的希臘有著深刻影響。

1940年－1942年間，希臘擊退了義大利入侵，但接著就被德國打敗。從1941年4月到1944年10月，希臘承受了德國、義大利和保加利亞的三方統治。這段期間，整個國家的體制徹底崩潰。

饑荒席捲了都市居民，而失去控制的通貨膨脹則造成貨幣嚴重貶值。希臘人民必須為了自己的生存而戰，再加上對侵略者的反抗運動，使得愛國主義與社會革命結合。

自由派和保守派的政黨都毫無作為，於是**左派政黨結盟成立了民族解放陣線**（National Liberation Front），領導城市與村莊的反抗勢力。解放陣線的軍事部門是稱為「希臘人民解放軍」（Greek People's Liberation Army，又稱「ELAS」）的游擊部隊。

雖然領導階級慎重宣告，希臘的反抗勢力是站在同盟國這邊，對抗軸心國陣營，但反抗行動卻帶著祕而不宣的社會革命色彩。除此之外，解放軍試圖控制其他政治或武裝團體，有時甚至不惜透過血腥手段。

革命運動通常會緊接著帶來反革命，而受到敵國統治的希

臘也是如此。在占領勢力的協助下，各自敵對的武裝叛軍紛紛發難，讓整個國家陷入血腥內戰。即便希臘在1944年10月脫離德國占領，內戰卻沒有結束，反而在同年12月急速升溫，並在1947年－1949年間演變為全面性戰爭。

移民人數占人口10%，排外情節不斷

希臘內戰是冷戰的第一幕：英國和美國立刻做出回應，並對共產黨帶來慘痛的打擊。許多共產黨員遭到處決，或是被驅逐到愛琴海上荒蕪的小島，又或是逃亡到東方集團（Eastern Bloc）[4]的國家。

直到1967年，希臘的民主都非常脆弱。如今希臘已經不再屬於農業社會，大部分人口都移居到都市。由於希臘的經濟無法支持如此多人口，於是大量民眾向西歐國家移民。

歐洲的戰後繁榮也影響了希臘。希臘人民的生活品質穩定提升，越來越接近其他歐洲國家。但希臘和西班牙、葡萄牙及義大利一樣，都屬於歐洲進步速度較緩慢的地區。

希臘的發展在1967年後7年間，被軍政府奪權打斷，造成了災難性的打擊。軍政府也影響了賽普勒斯，解散了該地合法的政府，引來土耳其入侵，一直延續至今。軍政府是二十世紀初以來，戰亂和政治動盪時期的最後階段。

4　編按：冷戰期間，西方陣營對中歐及東歐前社會主義國家的稱呼。

二十世紀尾聲，希臘的民主體制更加鞏固。除此之外，多虧了觀光業的發展，人民生活水平得以提高。1981年，希臘正式成為歐盟的第10個會員國。加入歐盟對希臘來說利益良多，特別是在經濟和體制層面的現代化。

在二十世紀後半，希臘大部分的觀光客或許都沒有讀過古代作家的著作，但應該都看過安東尼・昆（Anthony Quinn）主演的《希臘人左巴》（*Zorba the Greek*）和梅利納・梅爾庫里（Melina Mercouri）主演的《痴漢豔娃》（*Never on Sunday*）。

戰後的電影工業創造了嶄新、非傳統而歡樂的希臘認同。雖然許多希臘人，特別是男性，都接受了這種認同；但事實是，現今的希臘人對於自己的歷史和認同都有著樂觀和悲觀兩種觀點。除此之外，東歐社會主義國家在1989年瓦解後，以及隨之而來的全球化，對希臘都帶來了相當重大的影響。

持續有**移民**從阿爾巴尼亞、東歐、亞洲和非洲進入希臘，足跡甚至遍及最偏遠的地區，如今甚至**占了總人口的10%**。在雅典和薩洛尼卡（Thessaloniki）的某些街區，**移民的人數甚至比本地人更多。人們擔心希臘認同受到移民所威脅，於是排外的風氣興起**──諷刺的是，在希臘這塊土地上，好客被認為是祖先所流傳下來的特質。

二十一世紀初，希臘歡慶加入歐元區，並且在2004年舉辦雅典奧運會。然而，奧運龐大的支出再加上全球經濟危機，以及加入歐元區超出預期的高成本，都為希臘帶來沉重負擔。

政府大量舉債和國際市場對希臘失去信心，使希臘從2010年開始採取一系列嚴峻的緊縮政策，引來群眾強烈憤怒。激進

的反歐洲政治人物阿萊克西斯・齊普拉斯（Alexis Tsipras）在2015年的大選中勝出，更是讓危機達到高峰。然而，齊普拉斯的激進左翼聯盟（Syriza），最終也不得不向國際的政治和經濟壓力低頭。

敘利亞的內戰在2015年突然爆發，導致數以萬計的難民湧入希臘，使得情況更為嚴峻。事實證明，希臘若想脫離政治和經濟的大環境，真正主宰自己的未來，似乎是不可能的事。

▲2009年雅典街頭的勞動節遊行，爭取移民兒童的受教權。

資料來源：Katerina Mavrona/EPA/ Corbis

第二章

除了說共同語言，
我們從來沒團結過

西班牙王國

撰文／恩里克·尤斯萊－達·卡爾（Enric Ucelay-Da Cal）
巴塞隆納龐培法布拉大學（UPF）當代史教授，曾就讀於紐約哥倫比亞大學，專攻二十世紀加泰隆尼亞的歷史。

西班牙王國
Kingdom of Spain

西班牙自史前以來就一直受諸多外來勢力影響。中世紀時境內有多國並立，至十五世紀始建立單一國家，在近代史上是影響其他地區文化的重要發源地。

其全球帝國的興盛，使得現今全球有5億人口使用西班牙語，成為世界上總使用人數第三多、母語人數第二多的語言。

製造業發達，是世界造船和汽車生產大國。觀光業也相當發達，2015年首次登上「全球最具旅遊競爭力」國家的冠軍寶座，更是專家認為對觀光客最友善的國家。

政體為君主立憲制，有世襲的君主和兩院。國王為國家元首和三軍統帥、宗教領袖。參議院和眾議院兩院掌握立法權。首相（正式名稱為政府主席）領導的政府行使行政權。首相由國王提名，並由國王任命。

基本資料

國慶日：10月12日。

加入聯合國日期：1955年12月14日。

語言：官方語言為西班牙語。

首都：馬德里。

面積：506,030平方公里。

地理位置：位居西南歐之伊比利半島，西鄰葡萄牙，東北接法國與安道爾，北濱大西洋，南瀕地中海，另包括地中海內與大西洋的群島。

人口：4,693萬人，首都馬德里市約322萬人，馬德里自治區是西班牙人口最多的自治區，達664萬人。外國人歸化約占總人口10.1%，其中摩洛哥人為第一大移民族群（約76萬人）。

宗教：主要宗教信仰為天主教，約85%為天主教徒，有少數信仰回教。

※資料來源：中華民國外交部網站

對於羅馬時代（西元五世紀）之前居住於伊比利半島的多元民族，我們雖然所知甚詳，卻少了較為宏觀的論述。伊比利人（Iberian）[1] 橫跨地中海進行貿易，但他們留下的紀錄難以解讀；凱爾特人（Celtic）[2] 多半是從其他地方遷徙而來；而巴斯克人（Basque）[3] 究竟是誰，又是何時出現？更是充滿爭議。

關於伊比利半島早期的資訊，即便得以保存至今，多半都已因為不同民族（西班牙、巴斯克、加泰隆尼亞、加利西亞和葡萄牙）的解讀而有所扭曲。此外，古代的伊比利半島也與東地中海腓尼基人接觸，並有北非的迦太基人在巴里亞利群島（位於西地中海）和海岸地區建立聚落，希臘的商業貿易站也漸漸轉型為殖民都市。

在羅馬勢力崛起的西元前三世紀，迦太基的漢尼拔・巴卡（Hannibal Barca）將軍，也對伊比利半島展開軍事侵略。到了大約西元前27年，羅馬控制了他們口中「Hispania」（後稱「Spain」）大部分的土地，但北部的大西洋沿岸，由於受到山脈屏障，堅守到最後一刻。

西班牙地區為羅馬帝國提供了許多優秀的人才，包含西元一世紀的哲學家塞內卡（Lucius Seneca）和他的姪子詩人盧

1　編按：指以伊比利語為母語的民族。他們在西元前 4000 年前後，就已經進入伊比利半島。至今只有生活在庇里牛斯山脈一帶的巴斯克人，仍然保留著與古代伊比利亞語相似的語言。

2　編按：西元前 2000 年活動在西歐，有著共同的文化、語言（凱爾特語），並有親緣關係的民族的統稱，血緣上屬於地中海人種的一支。

3　編按：巴斯克人可能是歐洲舊石器時代智人的後裔，主要根據是巴斯克語和印歐語系基本上沒有聯繫，可見巴斯克人在印歐人進入歐洲之前，早已在伊比利半島上生活。

坎（Marcus Lucanus）、文學家馬提亞爾（Marcus Martialis），以及西元二世紀的羅馬皇帝圖拉真（Trajan）和哈德良（Hadrian）。最終，**西班牙整合為一個帝國，使用的語言是因地而異的通俗拉丁文**（Vulgar Latin）。

西元五世紀和六世紀間，消滅西羅馬帝國的東日耳曼部落移民，在西班牙實施「野蠻」統治：他們大多是西哥德人（來自巴爾幹半島）；南方和西北方則有來自西歐的汪達爾人（Vandals）[4]、士瓦本人（Swabians）。

西班牙的「成分」很複雜

到了利奧維吉爾德國王（Liuvigild）統治時期（572年－586年），西哥德人在伊比利半島取得了某種程度的統一。西哥德人大致上採用西班牙－羅馬的語言和生活模式，但對於基督信仰的教義卻有著漫長爭議。

起初採用亞流教派（Arianism，否認三位一體的論點），而後的雷卡雷德一世（Reccared I）則在589年轉向東正教。西哥德的西班牙也為「黑暗時代」（Dark Ages）[5]帶來了一位偉大的通才：聖依西多祿（Isidore of Seville）[6]。

來自北非的伊斯蘭侵略者[7]，以迅雷不及掩耳之勢切穿了西

4　作者按：所以西班牙南方又稱：安達魯西亞，即「（V）Andalucía」。
5　編按：指從西羅馬帝國滅亡到文藝復興開始，文化層次下降、社會崩潰的時期。
6　編按：七世紀初的教會聖人、神學家，勸戒西哥德人歸化天主教。
7　編按：此處應指倭瑪亞（Umayyad）王朝，阿拉伯帝國的第一個世襲王朝。

哥德王國：這場猛攻從711年開始，大約十年就已塵埃落定。侵略者沒有浪費時間攻打大西洋沿岸的偏僻角落，而是選擇繼續進攻高盧，直到732年被法蘭克人所阻止。

新的穆斯林統治者將伊比利半島伊斯蘭化，建立北非殖民地，但並沒有太過嚴苛對待被征服的人民，畢竟基督信仰者和猶太人一樣，都是「有經者」（People of the Book）[8]。他們將整個國家（伊比利半島）稱為「安達魯斯」（al-Andalus）——將汪達爾人的地名向北方沿用。

中東地區為了爭奪穆斯林繼承權（繼承哈里發國或先知的後裔）而爆發衝突，新興的阿拔斯帝國（Abbasid）打敗倭瑪亞帝國並殺害其族人，唯一的倖存者阿卜杜拉赫曼一世（Abd al-Rahman I），逃亡到歐洲的最西方。

756年，阿卜杜拉赫曼在伊比利半島宣告建立科爾多瓦酋長國（Emirate of Córdoba），與巴格達的阿拔斯王朝對立。929年，阿卜杜拉赫曼三世自封為哈里發[9]，是繼承人，也是所有穆斯林之首。

科爾多瓦酋長國有過一段文化上的輝煌歲月，**許多學者都致力於翻譯注解希臘羅馬時代的經典**，例如猶太人邁蒙尼德（Jew Maimonides）和穆斯林伊本・魯世德（Averroes）。

如此一來，**古代的經典得以傳承到後羅馬的西方諸國**。這

---

8 譯按：「有經者」的定義在各個宗教都不同，猶太教的「有經者」只限猶太人自身。在伊斯蘭教指的是「受啟示者」，常指亞伯拉罕諸教的信徒，通常包括猶太人和基督徒。

9 譯按：意為（先知穆罕默德的）繼承者，是伊斯蘭世界的最高領導者。

些國家在查理曼大帝（Charlemagne）和其後人的統治下，**結合成象徵性的神聖羅馬帝國。**

查理曼大帝從庇里牛斯山脈進攻伊比利半島，建立了「西班牙邊疆區」（Marca Hispánica）。這個地區大約在864年後，就成了巴塞隆納伯國（Condado de Barcelona），或稱加泰隆尼亞（Cataluña）。

當時，統治法蘭克王國的加洛林王朝，在伊比利半島的勢力幾乎已經退出，伊斯蘭的統治幾乎不受任何質疑。唯有北方山脈的少數區域，才有零星挑戰摩爾人（Moors）[10]的勢力。

718年，西哥德人位於伊比利半島北部，建立了阿斯圖里亞斯王國（Asturias），並緩慢擴張領土；最後在1065年轉變為卡斯提亞王國（Castilla）。位於庇里牛斯山脈與大西洋沿岸的納瓦拉王國（Navarre），從八世紀中期崛起，在1035年協助建立了亞拉岡王國（Aragón）。[11]

大約一百年後，巴塞隆納伯爵迎娶了亞拉岡王國的女繼承人，將兩國合併。在大西洋沿岸，卡斯提亞王國承認了原為其封臣的葡萄牙伯國（Condado Portucalense），葡萄牙伯國也很快的宣示主權。

伊比利半島現代所使用的語言，大約出現在西元十世紀，由北向南傳播。巴斯克語較為尖銳的聲調，影響了當地的通俗拉丁文，創造出卡斯提亞語（Castilian）。西方的加利西亞語

---

10 編按：主要指在伊比利亞半島的穆斯林，為歐洲人略帶貶抑的稱呼。

11 編按：1469年，卡斯提亞王國與亞拉岡王國聯姻後，形成今日的西班牙。

（Galician）演變為葡萄牙語，並向南擴展。

東方的亞拉岡語（Aragonese）與卡斯提亞語融合。而加泰隆尼亞語則在海岸地區通行，並隨著十三世紀的軍事行動擴展到西地中海的馬略卡島（Mallorca）和西班牙東部沿岸的瓦倫西亞（Valencia）。

整個伊比利半島，都是地方勢力

反對穆斯林占領者的「聖戰」，始於十一世紀晚期，期間**伊比利半島天主教徒受到了十字軍的支持**，而不是自己啟航前往聖地。在十二世紀之前，加利西亞地區的「聖地牙哥－德孔波斯特拉主教座堂」（Catedral de Santiago de Compostela），就是天主教徒朝聖的重點。

整體來說，後世所謂的「**收復失地運動**」（Reconquista）[12] **為西班牙文化帶來了激憤而宗教性的好戰色彩**，有時甚至到了醜惡的地步，並且將持續影響許多個世紀。

然而，十二世紀遊唱詩人（troubadour）[13] 興起，為古典加泰隆尼亞、加利西亞語增添了幾分優美；但天主教的復興運動，卻扼殺了大部分的文學論述。

與此同時，新興的托缽修會（Mendicant orders）[14] 間也爆

---

12 編按：718 至 1492 年間，伊比利半島北部天主教各國逐漸戰勝南部穆斯林的過程。

13 編按：遊唱詩人擅長於演唱情歌，亦積極介入當代社會，其中不乏揭發統治者不公、政府腐敗、教會與教廷的醜聞等詩歌。

14 編按：完全依靠捐助而生存的天主教修會，不積蓄財產，全心全意投入宗教工作。

發衝突：道明會（Dominican Order）在1216年由卡斯提亞的教士聖道明（Saint Dominic）創立，主張透過「宗教裁判所」來追求理性和紀律；而道明會的死對頭是方濟會（Franciscan Order），其神學上的感性主義，在伊比利半島的各王國間受到推崇。

亞拉岡和加泰隆尼亞的聯合王國，在1213年的米雷戰役中失利，將朗格多克（Languedoc，位於現今法國南部）割讓給法國，卻在1282年和1442年分別向西西里與那不勒斯擴張。從此以後，西班牙和義大利在商業和文化上的交流日益密切。

假如米雷戰役象徵著亞拉岡和加泰隆尼亞的勢力，**在朗格多克地區的削弱，驅使他們朝地中海航線發展**，那麼1212年的托洛薩會戰，代表的就是穆斯林安達魯斯敗亡的開始。

哈里發的權力被分隔為小型的「泰法」（taifa）[15]，或稱為「派系王」。伊斯蘭霸權掌握在北非的基本教義派穆斯林手中，首先是阿爾摩拉維德王朝（Almorávides，1062年－1147年），而後是阿爾摩哈德王朝（Almohades，直到1269年托洛薩會戰兵敗為止）。

到了十三世紀中期，卡斯提亞王國稱霸了伊比利半島中心，穆斯林則在南部地區的格拉納達建立附庸國。卡斯提亞王國的對手是野心勃勃的葡萄牙王國，彼時正從海線向北非和大西洋擴張。除此之外，亞拉岡和加泰隆尼亞王國在占領一半的義大利半島後，仍是地中海地區舉足輕重的重要勢力之一。

---

15 編按：指十一世紀科爾多瓦哈里發國解體後，伊比利亞半島上的穆斯林小王國。

　　就像西歐其他地區一樣，伊比利半島政權漸漸下放給地方**勢力**，各地政府都保持一定的經濟自主，並且培植軍力。這類低成本的委派治理系統，在伊比利半島諸王國間有許多不同的形式。

　　某種程度上來說，這會取決於天主教徒和穆斯林的勢力邊界，而這些邊界大多相當鬆散，既開放商業貿易，也容易遭遇劫掠和戰爭。

黑死病和內戰，
趕走猶太人和伊斯蘭

　　十四世紀中期，黑死病肆虐了整個歐洲，對伊比利半島上的天主教王國也造成了深遠影響；從日耳曼地區開始，疫情驅使天主教徒不斷攻擊猶太人[16]。

　　和法國與英國類似，疾病極高的死亡率讓老都市地區的經濟失衡，卻促進了新都市的工藝和商業發展，又以卡斯提亞的毛皮和亞拉岡的編織品貿易為重心。然而，最終的結果卻是**傳教者的權威再次提升**，無論是道明會或方濟會皆然。

　　十五世紀時，卡斯提亞、亞拉岡和納瓦拉王國之間爆發了醜陋的內戰，致使貴族影響力和地位抬高。最後，出身私生子的特拉斯塔馬拉（Trastámara）家族的兩個分支，分別取得了亞拉岡王國和卡斯提亞王國的王位。

---

16 編按：當時傳言死的大多是基督徒，所以應為猶太人散播的瘟疫。

　　亞拉岡的斐迪南二世（Fernando II）和卡斯提亞的伊莎貝拉一世（Isabel I）是堂姐弟，他們在1469年聯姻，分別取得了王國內絕對的統治權，並創造了伊比利半島的超級強權。

　　他們不再把葡萄牙放在眼裡（雖然也無法將其征服），並且在1492年併吞了穆斯林的格拉納達。克里斯多福・哥倫布（Christopher Columbus）命運般的航行，更讓西班牙在加勒比海插下了自己的旗幟。

　　這些新的「天主教國王」除了王朝外，沒有任何團結性，不過他們發現，宗教聖戰是帶來團結的有效手法。1492年，也就是消滅格拉納達的同年，他們驅逐了半島上不願意皈依天主教的塞法迪猶太人（Sephardic Jews）。

　　起初，他們能容忍名義上皈依的穆斯林，但經過格拉納達山區一連串苦戰後，他們在1609年武力驅逐了最後一批西班牙摩里斯科人（Moriscos）[17]，此舉可謂單純的種族淨化。**除了宗教之外，維繫卡斯提亞和亞拉岡的，就只有海外擴張的渴望；他們的目標是非洲和新世界。**

　　當瓦倫西亞人擔任教宗時[18]，斐迪南二世控制了亞拉岡王國在義大利的領地，於是與法國展開了持續將近兩個世紀的戰爭，爭奪阿爾卑斯山以南的霸權。

　　這場戰爭間接促使斐迪南二世在1515年併吞了納瓦拉，僅剩下靠近法國側的殘存勢力。在這個過程中，西班牙的步兵編

---

17 編按：指改信天主教的西班牙穆斯林及其後裔。

18 編按：作者此處應指誕生於瓦倫西亞的亞歷山大六世（Alexander PP. VI）。

隊發明了以現代軍火為基礎的作戰方式，被人們稱為「西班牙大方陣」（tercio）。

天花，成了西班牙人最強的生化武器

卡斯提亞、亞拉岡和納瓦拉合稱的「西班牙」（Spain）以及葡萄牙，在向海外發展時遇上了相當好的時機──明朝皇帝下令停止海軍巡邏，造成了海上的軍事真空，而葡萄牙恰好入侵了印度洋和東印度群島，擴張了勢力版圖。

另一方面，西班牙在祕密武器的幫助下，取得了西印度群島──**當地的居民無力抵抗舊世界的疾病，例如天花、麻疹和腮腺炎**。疾病造成的大量死亡，給了西班牙無法擺脫的強悍和殘暴名聲，卻也讓他們對自身的重要性和勇氣開始自我膨脹；很遺憾的，他們也未曾認清事實。

短期來看，這種「生化戰」的能力讓西班牙人氣勢高漲，接連征服了墨西哥、秘魯和美洲大部分地區。為了彌補當地人的弱點，他們從非洲引入長期暴露於舊世界病毒的奴隸。倖存的美洲印第安人對西班牙的天主教充滿熱忱，讓西班牙的殖民頗有幾分世界一家的味道。

因此，西班牙顯然是毫無預兆的成為支配世界的強權，讓法國、英國和其他大西洋的霸權難以望其項背，並且將歐洲事務視為戰略中比較不重要的部分。然而，天有不測風雲，特拉斯塔馬拉家族兩個分支的後代凋零，最後只剩下哈布斯堡家

族[19]的繼承人卡洛斯一世（Carlos I）。

　　卡洛斯一世繼位成為神聖羅馬皇帝查理五世（Karl V）的同時，西班牙也在1519年－1521年間征服墨西哥。1520年代初期，為了抗議政權把持在外國人手中，卡斯提亞、瓦倫西亞和馬略卡島都發生大型叛亂，然而這卻更加鞏固了哈布斯堡皇室的權力。

　　同時，查理五世也在面對德國神學家馬丁・路德（Martin Luther），德意志宗教改革[20]的挑戰，而他的態度和他的西班牙祖先面對聖戰時如出一轍。

　　查理五世最終沒能堅守終生擔任帝王和十字軍聖戰士的誓言，在1555年和信奉新教的德國王儲談和並宣布退位。他將自己的領土一分為二：奧地利的土地給了他的兄弟斐迪南一世（Ferdinand I）[21]，西班牙的王國則給他的兒子菲利普二世（Felipe II）。

　　菲利普二世試圖貫徹父親的政策，根除卡斯提亞境內任何新教的痕跡，並在尼德蘭地區（Netherlands）面對新教徒的抗議。然而，尼德蘭的戰爭是場大災難，延續了80年之久（1568年–1648年）[22]。

　　戰爭消耗了西班牙在美洲的收入，也使得海盜日益猖獗，直到西班牙對大西洋航線的控制完全崩盤；而滿載新世界寶藏

---

19 編按：又稱奧地利王朝（Casa de Austria），歐洲歷史上統治地域最廣的王室之一。
20 編按：反對贖罪券、質疑教會權威，最後促使基督新教誕生。
21 編按：與前文亞拉岡的斐迪南二世為不同家族。
22 編按：八十年戰爭，又稱為荷蘭起義。

回伊比利半島的船隻，則必須加派船隊護航以免受敵國劫掠。時至十六世紀末期，西班牙和土耳其在地中海地區的戰事陷入僵局。

從無敵艦隊淪落到英法棋子

葡萄牙為菲利普二世帶來翹首期盼的勝利。1581年，他終於併吞了葡萄牙這個鄰國（葡萄牙王位繼承戰爭）。於是，整個半島成為統一的王朝，**也是第一個真正的世界強權**，版圖從義大利到法蘭德斯（Flanders）、墨西哥和菲律賓。

西班牙人信心大振，似乎開始真心相信自己可以像征服墨西哥和秘魯那樣，占領整個中國。或許最能代表西班牙新的「單極性」（unipolar）[23]霸權的，就是新興教派「耶穌會」（Jesuits）全球性的擴張。耶穌會在1540年由巴斯克貴族羅耀拉（Ignacio de Loyola）成立，是天主教傳教活動反宗教改革的一股強大勢力。

西班牙在1588年遭到荷蘭和英國的反擊，菲利普二世的侵略計畫「無敵艦隊」（Armada Invencible）受到挫折。當然，還有許多其他的艦隊，但荷蘭、英國、法國，甚至是蘇格蘭和瑞典的海盜都破壞了西班牙在大西洋的獨裁，以及葡萄牙對印度洋和太平洋邊緣區的控制。

西班牙皇室的代表，在1648年簽署《西發里亞和約》（*Peace*

---

23 譯按：指由單一的民族國家，成為占主導地位的世界大國或霸權。

of Westphalia）[24]，並且在同時生效的《明斯特和約》（*Peace of Münster*）中承認荷蘭獨立。西班牙已不再是全球霸權。

葡萄牙在1640年－1668年間的戰爭中脫離西班牙。十七世紀時，西班牙皇室的哈布斯堡家族在部會首長的輔佐下，雖然仍保有一定的強盛實力，卻已無法企及同時期的法國。

從十六世紀晚期到十七世紀晚期，是西班牙的黃金時代。重要的作家如塞萬提斯（Cervantes）、羅培‧德‧維加（Lope de Vega）和佩德羅‧卡爾德隆（Pedro Calderon de la Barca），讓卡斯提亞的語言正式成為「西班牙文」（Spanish）；有名的畫家如維拉斯奎茲（Diego Velázquez），則為歐洲後世的藝術家留下美學典範。

當時西班牙的知識分子、改革派思想家們，會以「經世濟民」（arbitrismo）的寫作形式來提出異議，這類內容淵博的文章偏好以簡單方式解決複雜的國政問題，例如透過建設運河來提振國內經濟。

由於缺少有效的領導，再加上不孕的國王無力生下繼承人，**西班牙在1700年後成了歐洲棋盤上毫無價值的棋子。**

在西班牙王位繼承戰爭（1701年–1714年）中，法國波旁皇室的王子與另一位哈布斯堡家族的成員競逐大位。波旁皇室的菲利普五世（Felipe V）最終勝出，而西班牙在歐洲的領土因此分裂，甚至連英國都在伊比利半島占領了直布羅陀（Gibraltar），又取得了近海的島嶼梅諾卡島（Minorca）。

---

24 編按：標誌著歐洲一系列宗教戰爭的結束，現代國際系統的開始。

菲利普五世的第二任妻子，是野心勃勃的義大利公主埃麗莎貝塔（Isabel de Farnesio）。她為國王生下許多子嗣，而希望每個孩子都能分到義大利的封邑。整個帝國灌注了大量資源，在永無止境的皇室爭鬥中。

菲利普五世的繼承人斐迪南六世（Fernando VI）和卡洛斯三世（Carlos III，兩人為同父異母兄弟），通常被描繪為十八世紀開明專制君主中的改革者。他們投注了許多心力，更有效率的利用帝國的產品和市場，並透過強大海軍恢復西班牙往日的地位。

葡萄牙、西班牙和法國在1760年代都驅逐了耶穌會，但西班牙的宗教裁判所仍忙於在邊境防堵書籍入境，所以幾乎沒有經歷所謂的啟蒙時代。上流社會追求法式風格，一般大眾卻對此抱持懷疑。

雖然西班牙和美國在北美洲有領土之爭，但美國的獨立革命仍受到推崇，這是因為西班牙對英國固有的敵意。然而，法國大革命讓追求法式風格幾乎等同於叛國，稱為「投法分子」（afrancesado），特別是在法國於1790年攻擊天主教會後。

1795年，卡洛斯四世（Carlos IV）在首相戈多伊（Manuel de Godoy）和其他佞臣的慫恿下，恢復了西班牙與法國間的同盟關係；西班牙如今深入法國政治，而拿破崙（Napoléon Bonaparte）則接管西班牙海軍。在1805年的特拉法加海戰中，法國和西班牙的艦隊損失慘重。

拿破崙在歐洲推行「大陸封鎖令」，禁運英國貨品，但葡萄牙拒絕加入。法國先是取道西班牙，攻打葡萄牙，而後卻演

變為對西班牙的入侵。拿破崙利用波旁王室的鬥爭和政變，逼迫西班牙國王讓位，立其兄約瑟夫・波拿巴（Joseph Napoléon Bonaparte）為西班牙國王。

西班牙政府默許此事，但民間的中產和中下階級卻群情激憤，整個國家陷入激烈衝突，一部分是內戰，一部分是為民族解放而戰，而英國則支持其中「愛國者」的一方。法國在1813年遭到驅逐，在1814年正式戰敗。

然而，即便在英國海軍武力守護下，西班牙議會於1812年在加的斯（Cádiz）通過憲法，仍遭到斐迪南七世（Fernando VII）否定。

斐迪南七世從法國的放逐中回歸即位，廢除憲法、恢復絕對君主制，急切想要重建個人內閣的統治。當時，西班牙對美洲領土的控制依然有效；不過，到了1824年，舊帝國的所有領土都已成立獨立的共和國，唯有安地列斯群島（Antilles，指古巴與波多黎各）和菲律賓群島仍屬於西班牙所統治。

1820年，自由派在加的斯發動叛變，恢復憲法，在歐洲掀起了第一波革命的浪潮。曾經打敗拿破崙的「神聖同盟」[25]，如今卻要求法國再次入侵，希望能讓斐迪南七世重回君主專制。

法軍在1808年遭遇憤怒抵抗，如今則舉行了閱兵遊行。法國對西班牙的占領持續到1827年。彼時，法軍遭遇的抵抗不再來自自由派，而是教會的保守派，因為他們認為斐迪南七世太過放縱。

---

25 編按：拿破崙帝國瓦解後，由俄羅斯、奧地利和普魯士三個君主制國家的國王於1815年建立。

不斷內鬥，卻躲過兩次世界大戰

西班牙持續不斷發生內鬥，因此所剩的能量已不足以應付任何向外開拓。自由派在一連串的內戰（1846年－1849年、1872年－1876年）中，對抗極天主教、極右派的「卡洛斯王室正統派」（Carlist）。

1868年，內部衝突因為古巴獨立戰爭而變得更加複雜：古巴當時仍是西班牙的領土，經歷30年解放戰爭，一直到美國在1898年軍事介入，才脫離西班牙獨立。而後，西班牙的海上霸權也正式告終。

1810年－1824年間，美洲瀰漫著西班牙勢力即將垮臺的氣氛；1898年，更失去了加勒比海的島嶼和菲律賓。西班牙在海外唯一的軍事行動，如今聚焦在對北非摩洛哥的侵略。

第一波大規模攻擊發生在1859年－1860年，接著在1893年和1909年各有小規模的邊界戰事。摩洛哥這個蘇丹國（伊斯蘭國家），在1912年成為法國和西班牙共有的保護國，而殘酷又所費不貲的綏靖行動和衝突，持續了超過十年。

西班牙內部的分裂和動盪，其實也有光明的一面：在歐洲1854年－1871年間的重大衝突[26]，西班牙都能置身事外，在兩次世界大戰中也保持中立國的身分。

巴塞隆納成為西班牙的經濟中心，與身為政治首都的馬德里之間關係緊繃。此外，巴塞隆納的文化發展欣欣向榮，其

---

26 編按：指這期間一系列的革命和獨立運動。

文學作品以加泰隆尼亞語而非卡斯提亞語創作，而建築上的出色成就，則展現在「上帝的建築師」安東尼・高第（Antoni Gaudí）的作品上。

加泰隆尼亞的民族主義，在加利西亞的巴斯克地區也引起相似的激情。整體來說，二十世紀初的西班牙文學再次綻放，特別是在散文主義和詩學方面，其代表人物是賈西亞・羅卡（Garcia Lorca），這段時期也稱為「白銀年代」（silver age）。更重要的是藝術發展，西班牙出現了世界著名的藝術家，例如畢卡索（Pablo Picasso）、米羅（Joan Miró）和達利（Salvador Dalí）。

文化綻放似乎也影響了政治局勢，波旁王朝在1931年被推翻，新的共和國成立（涵蓋加泰隆尼亞自治區）。然而，這樣的樂觀主義未能持續太久。

全世界都密切關注著西班牙內戰（1936年－1939年）。人民陣線（Frente Popular）和民族陣線（Frente Nacional）的衝突，似乎**也象徵著更宏觀的革命與法西斯主義之間的拉鋸**。然而，與其說這場戰爭是重大的意識形態分水嶺，不如說是**反映了西班牙社會長久以來的對立衝突**。

在內戰中勝出的法蘭西斯科・佛朗哥（Francisco Franco）獨裁政權（1936年－1975年），摧毀了左派、加泰隆尼亞和巴斯克民族主義者，以及其所認定的文化失序。1945年軸心國勢力戰敗後，佛朗哥政權維持獨裁統治，卻無法擺脫在1936年觸發內戰的導火線：國內意識形態的鬥爭。直到佛朗哥在1975年過世時，政府都不斷受到挑戰。

這意味著西班牙經濟復甦的速度，遠比歐洲大陸緩慢，但仍然在1960年代有大幅提升。這也促成了意識形態上的和解，使西班牙在1975年後相對輕易的從獨裁政權轉為民主政治。

佛朗哥逝世後，指定波旁王室的繼承人繼位。1977年，加泰隆尼亞地區經談判後取得自治權，並**重新設計整個民主政治系統（新的憲法在1978年制定）**，一共由西班牙國土上19個地方政府所組成。這樣的妥協長遠看來會有什麼結果（作為一個聯邦，該下放多少權力），截至今日仍是激烈的政治爭論議題。

西班牙的憲政歷史崎嶇顛簸：從1808年開始，沒有任何體系能持續超過五十年。**政治分歧也阻礙了交通運輸發展，更限縮了國家生產力和國內消費成長。**

國家對西班牙社會擁有太大的支配力量，而軍隊對國家事務的影響力也太過龐大。公民社會脆弱且兩極化，充滿革命或反革命的運動，以及過度偏激的態度。議會政府在十九世紀受到軍隊干預，在二十世紀則為軍國主義所支配。

到了二十世紀中期，雖然西班牙本質上已屬於都市社會，但嚴重的鄉間貧窮問題仍阻礙著發展：在過時的農村習俗中，原始的大男人主義會壓迫女性，而傳統的宗教信仰依然堅定，威脅著個人自由。

天主教會在1962年後的改變，再加上大量非西班牙觀光客的到來，很快讓人們的觀念更加開放。佛朗哥政府支持消費者導向的大量生產，也帶來了驚人變化。1985年加入歐盟所帶來的大量歐洲資金，也產生相當的助益。

不過一個世代間，西班牙就從以家庭為中心、社會保守、

出生率高的國家，轉變為極度開放的社會。**近代西班牙的出生率是世界數一數二的低**，而女性參與公眾事務的程度，甚至高於斯堪地那維亞[27]的女性。

1990年代，大量移民從南美洲和非洲移入，維持了西班牙的人口成長。然而，這個開放的社會卻在2008年國際信用危機後，面臨投資崩盤，導致高失業率和高人口流出，特別在年輕世代間。

西班牙在二十一世紀的未來，就取決於是否能在更不友善的經濟環境中，持續改變、成長和開放。

▲十四世紀建造的阿爾罕布拉宮（Alhambra），是格拉納達奈斯爾王朝（Nasrid dynasty）的宮殿。

資料來源：iStockphoto.com

27 編按：指挪威、丹麥、瑞典。

第三章

歐洲是我的創作，
由我來示範

法蘭西共和國

撰文／埃曼紐·勒華拉杜里（Emmanuel Le Roy Ladurie）

巴黎法蘭西公學院（Le Collège de France）的名譽教授，已在該校任教25年，研究集中在法國南部朗格多克區（Languedoc）的社會歷史上。

在他的眾多出版物中，最暢銷的是微觀歷史小說《蒙塔尤》（*Montaillou*, 1975）和《羅馬人的狂歡節》（*Carnival in Romans*, 1980）。他也是二十世紀下半葉，出現的第一批環境歷史學家之一。

法蘭西共和國
French Republic

西元五世紀法蘭克王國建立,開創了歐洲的封建制度。1789年,法國大革命爆發,發表《人權宣言》、廢除君主制;此後歷經多次政權交替。最後於1958年,法蘭西第五共和國成立,戴高樂(Charles de Gaulle)為首任總統。

法國政府在各個行業的主要版塊具有重大影響力,如:鐵路、電力、航空和電信領域。金融服務業、銀行業和保險業,是法國經濟的重要組成部分。

為半總統制,經由普選產生總統、由其委任的總理與相關內閣共同執政。建國理念主要建立於在十八世紀法國大革命中所制定的《人權和公民權宣言》,此乃人類史上較早的人權文檔,並對推動全球民主與自由產生莫大影響。

基本資料

國慶日:7月14日。

加入聯合國日期:聯合國創始會員國(1945年10月24日)。

語言:官方語言為法語。

首都:巴黎。

面積:551,500平方公里(包括海外省分共為643,801平方公里)。

地理位置:西歐地區幅員最大的國家,平原約占全國總面積三分之二,主要山脈有阿爾卑斯山脈 —— 最高峰白朗峰海拔4,807公尺,為歐洲第一高峰,國土四面臨海,濱鄰北海、英吉利海峽、大西洋及地中海。

人口:含海外屬地總人口為6,740萬人,本土人口則有6,523萬人(2021年)。

宗教:以天主教為主要信仰。

※資料來源:中華民國外交部網站

　　我出生於法國諾曼第。從小到大，我都深信自己是維京人的後代 —— 他們是一群金髮藍眼的暴徒，在查理曼大帝死後（814年）不久大舉入侵：他們的諾曼人[1]血脈，讓我們成為諾曼人。在曾經稱為羅馬高盧（Roman Gaul）的法國土地上，諾曼人是最傑出的一群。

　　學生時代受到的第二段歷史教育，告訴我諾曼人在1066年征服英格蘭，將文明引入英國[2]。最終，我必須放棄這個想法，因為我發現即便在征服者威廉（William I，第一位諾曼英格蘭國王）之前，撒克遜人（Saxons）[3]就已經擁有美麗的小教堂。顯然，他們不是我想像中的野蠻人。除此之外，《末日審判書》（Domesday Book）[4]也記錄了相當精良的建築和農業。

　　如今，這些都無關緊要。對我的故鄉，也就是下諾曼第的康城地區（Caen）來說，最關鍵的歷史事件就是1944年6月6日的諾曼第登陸（又稱D-Day）。1944年8月底的某一天，我遇到了人生中第一位英國士兵，並向他要了一些糖；那在當時是很短缺的物資。由於我的英文發音太差，所以他豪爽的給了我一支雪茄。

　　從那之後，登陸日就成了諾曼第地區最大的慶典。諾曼第的歷史幾乎是以登陸海岸為中心旋轉：九世紀的維京人在紐斯特利亞（Neustria，當時的地名）登陸，諾曼人在1066年登陸

1　編按：Norman，也譯作北方人，起源於丹麥、冰島、挪威等地。

2　編按：見第四章編按1。

3　編按：日耳曼蠻族之一，早年分布在德國境內的下薩克森一帶，於西元五世紀入侵不列顛島。

4　編按：1086年，諾曼人征服英格蘭期間完成的一次大規模人口、財產清查。

英國，而英國和盟軍在1944年重返諾曼第。

不變的六邊形國土怎麼形成的

　　六邊形在法國歷史上有著很強的象徵意義[5]。法國的起源是西法蘭克王國（Francia occidentalis，存在時間為843年－987年），接著路易十一（Louis XI）在十五世紀兼併了勃艮第公國，完成了法蘭西統一。

　　十六世紀時，亨利二世（Henry II）荒謬的侵略義大利失敗（不過帶來了文化上的益處），但後來成功征服了部分的洛林區（Lorraine，現法國東北部）。一百年後，路易十四（Louis XIV）進入阿爾薩斯（Alsace）和北加萊海峽省（Nord-Pas-de-Calais）地區，占領了大片南尼德蘭的土地。

　　與此同時，使用奧克語（Occitan）的南部地區（如土魯斯、蒙皮立等地），也逐一在十三世紀後被法國征服：有些是軍事衝突，例如朗格多克；有些則相對和平，例如奧弗涅和利穆贊。布列塔尼則在十六世紀成為法國領土。

　　北巴斯克（Pays Basque，位於現法－西交界）在1453年成為法國領土，但對於當地的古老傳統沒有造成任何影響——正如他們曾經在金雀花王朝（Plantagenets）期間，毫不知情的成為英國的領土那樣。

　　現今法國的六邊形國土，是經過時間慢慢強化而成。雖然

5　編按：法國人經常用「六邊形」（L'Hexagone）來指稱自己的國家。

並非固定不變，卻在時間的洪流中堅守著：在1871年－1918年間，法國曾經暫時失去阿爾薩斯－洛林區，在1940年－1945年間又失去一次，不過很快又恢復了代表性的形狀。

借用路易十五（Louis XV）的說法：「法國可以說『和我一樣千秋萬世』。」或者事實上，比他更為長壽。

要說法國從古至今有哪些不曾變過的特色，或許就是每天晚上電視天氣預報的那張地圖吧。過去的影響也反映在現今法國的地區劃分上，或更精確來說，是民族和語言上的分區。

整個法國大致可以分為10個語言區域，就像是把遠古的遺跡丟到民族的大熔爐裡那樣。最大的區域是「奧依語」（langue d'oïl）[6]，大約占了六邊形北部的三分之二，由60個省分組成。

現代法文區的文化可以追溯到羅馬人入侵高盧，接著又融入了許多日耳曼的元素，並且向南延伸：法蘭西島大區（Île-de-France）的「菁英」文化，透過十九世紀和二十世紀的中央集權化政策和語言同化，一路向南部地區傳播。

其他地區大都被視為邊緣地區。最古老的區域是北巴斯克地區，繼承了可以追溯到舊石器時代的古老語言，和法國與西班牙都有所連結。

雖然當前的經濟危機，讓許多西班牙的巴斯克人傾向社會主義政治，但民族主義的熱情在庇里牛斯山脈以南依舊強烈，甚至孕育出恐怖組織埃塔（ETA）[7]。法屬巴斯克區仍然和法國

---

6 作者按：也就是現代法語。

7 編按：全名為巴斯克祖國與自由（Euskadi ta Askatasuna），目標是透過武裝鬥爭建立獨立的社會主義巴斯克國。

其他地區緊密連結，卻有著埃塔的儲備基地，讓其祕密部隊得以撤退藏身。

法國北部和東北部地區歷史雖然也很悠久，但不及上述地區，可以追溯到一千多年前的日耳曼人入侵。其中包含了說佛拉蒙語（Flemish）的法蘭德斯區，以及更北方的敦克爾克（Dunkirk）與卡塞勒（Cassel）——這些地區曾經屬於南尼德蘭，在十七世紀遭到併吞。當地有些民族主義者一度想要和納粹合作，但如今基本上已經融入法國的主流文化。

較南方的洛林和阿爾薩斯，或更精確的說，莫瑟爾河地區（Moselle）和阿爾薩斯，則分別在亨利二世（1547年–1559年）、路易十三（Louis XIII，1610年–1643年）和路易十四（1643年–1715年）統治期間併入。在1870年–1945年間，又分別歷經了不同程度的苦難。

這些地區在日後的戰爭中重新被德國占領，再回歸法國，接著又在1939年–1945年間被納粹暴力占領。阿爾薩斯－洛林的年輕男子被迫參軍，稱為「malgre－nous」（意思是「儘管無意」），並被派遣到俄羅斯前線。自從第二次世界大戰開始，阿爾薩斯－莫瑟爾地區就有著雙重身分，曾經屬於法國，卻又泛歐洲。

法國的西北方地區，是使用凱爾特語（Celtic）的布列塔尼區（Brittany），這個地方的起源可以追溯到盎格魯－撒遜人（Anglo-Saxon）[8]入侵英格蘭南部的康瓦爾和威爾斯，致使

8　編按：西元五世紀到1066年諾曼征服英格蘭之間，從西北歐入侵並定居在大不列顛島的民族。

當地人移民到布列塔尼，並建立殖民地[9]。布列塔尼人雖然融入法國，卻又保有了鮮明特色，有著充滿活力的布列塔尼歷史研究，並持續努力讓古老的布列塔尼語復活。

南方是使用羅曼語系的地區，它們與法國的結合雖然並非毫無波折，但相對平順；因為它們和法國北方一樣，有著共同的拉丁根源。在這個區域中，最大宗的是奧克語使用者（占了約三十個省分），最著名的是中世紀的抒情詩，以及偉大的作家腓特烈・密斯特拉（Frédéric Mistral），在二十世紀初所帶領的詩學和語言文藝復興。

雖然有許多人致力復興奧克語或普羅旺斯語，卻面臨了移民的雙重挑戰：有些移民是來自法國北部的退休人士，有些則是離開北美殖民地的法國人；後者因為普羅旺斯和北美氣候相近，而選擇於此定居。

東庇里牛斯省（Pyrénées-Orientales）的居民則是加泰隆尼亞人。或許是受到巴塞隆納的富庶引誘，路易十三和路易十四都對此處發動併吞。

此外，還有科西嘉島（Corsica），島民使用的是獨有的義大利－羅曼語。這個島嶼孕育了強烈的民族主義運動，曾經多次發動恐怖攻擊，雖然從人員傷亡的角度來看相對溫和，卻已足以讓想要投資這座「美麗之島」的金主卻步。

最後是廣大的法蘭克－普羅旺斯（Franco-Provençal）地區，此處的語言結合了法語和奧克語的特徵，包含了隆河－阿

9　編按：法語中的英國（Grande Bretagne）就是「大布列塔尼」，而英語中 Brittany 一詞意思就是「小不列顛」。

爾卑斯大區的里昂（Lyon）、聖德田（Saint-Étienne）、格勒諾勃（Grenoble）和薩瓦（Savoie），甚至超過了法國邊界，延伸到瑞士的法語區。這個區域的方言發展完整，卻未曾出現過具有代表性的作家，得以凸顯其特色或帶來凝聚力。

我將離開但國家永遠在——文官體制

　　國家顯然是法國歷史中最中心的部分。讓我們從路易十四的「朕即國家」（L'État, c'est moi）開始談起。事實上，沒有證據顯示他真的說過這些話。我們最多只能說，或許有人說了這句符合他統治風格的話。

　　尤其是他的統治初期，在1685年前都塑造個人崇拜並愛聽諂媚之言。然而，在歷經艱難的時局後，路易十四變得比較謙虛。在家族蒙受沉痛打擊時，他這麼說：「人必須屈服（於神的意志）」（Il faut se soumettre）。

　　年邁的路易十四對國家的想法，確切反映在他臨終時說的話：「我將離開，但國家會永遠存在。」這句話呼應著中世紀英國的觀念，**國王有兩個身體：政治的身體和自然的身體**。路易十四也這麼區分了他有限的身體，以及更廣大的國家結構。

　　路易十四的國家運作機制，充滿了發展的可能性，甚至在幾個世代後，從路易十六（Louis XVI）被砍頭的屍體上重獲新生，度過了許多君王的朝代，並且撐過1870年普法戰爭的慘敗，最後形成了未來的偉大共和國。

　　然而，這個機制如何構成呢？**路易十四的國家機器效能強**

大，即便沒有君王本人，也能有一定程度的自主性。其中包含了「文官」，也就是公務員的前身；他們用金錢購買自己的職位，並且可以傳給子孫，讓每個公職人員都能獨立於中央政府之外。

　　君王和國家的區隔，在路易十四前，就由路易十三的首席大臣黎希留樞機主教（Cardinal Richelieu）所確立。當人們詢問他是否原諒仇敵時，他只回覆：「說到仇敵，除了反抗國家的人之外，我沒有仇敵。」這樣的觀念，已經深植於蓬勃發展的法蘭克民族心中。

　　在接下來的幾個世界，改變的不是國家的概念，而是國家的面積。1520年代，在法蘭索瓦一世（Francis I）的統治下，法國的1,500萬人民，由5,000名文官以國王的名義管理著。

　　在路易十四時期，文官的人數上升到5萬人，而到了法國大革命（1789年－1799年）前夕，更提高到10萬人。**如今，法國的公部門僱用了數百萬員工。**國家的核心依然存在，但許多層面都已迥然不同，規模也大幅擴張；然而，行政的效率卻沒有等比例提升。

　　在法國歷史中，有許多令人痛心的事件，其前因後果都錯綜複雜，包含了1572年對胡格諾派（又稱法國新教）的聖巴托洛繆大屠殺[10]；1685年的《南特敕令》（*Édit de Nantes*），是對新教徒宗教寬容的敕令；1793年的恐怖時期（Terreur）處死了數千名反革命的保皇派分子；還有納粹占領時期對猶太人的處

---

10 編按：一開始為宮廷內部針對新教徒領袖的刺殺，後引發成對新教徒的大屠殺。

決和驅逐（1940年－1944年）。

十八世紀，
整個歐洲都是法國的創作

然而，法國也有許多值得引以為傲的成就——雖然影響全球的程度遠不及英國。由這個角度來看，和法國相近的國家或許是義大利、德國和西班牙：義大利以文藝復興時期的藝術為傲，德國以十九世紀的科技進步為傲，西班牙則以黃金時代的文學為傲。

法國的成就包含了早期的文學，特別是中世紀的史詩《羅蘭之歌》（La Chanson de Roland）[11]，時常被拿來和盎格魯－撒克遜的《貝武夫》（Beowulf）[12]相提並論；索邦學院（Collège de Sorbonne）[13]和其大學網絡；作家拉柏雷（François Rabelais）和蒙恬（Michel de Montaigne）所引導的文藝復興時期文學和思想；源自南法的獨特羅曼藝術；以諾曼第和法蘭西島為根基的哥德式建築，傳播範圍遠超過現代法國的邊界。

亨利四世（Henry IV）頒布《南特敕令》所象徵的宗教寬容，在當時放眼整個歐洲，除了荷蘭外可謂付之闕如；天主教樞機主教黎希留，在三十年戰爭[14]間對歐洲新教徒的支持，或

---

11 編按：法蘭西十一世紀的史詩，是現存最古老的重要法語文學。

12 編按：完成於八世紀的英雄敘事長詩，是以古英語記載的傳說中，最古老的一篇。

13 編按：巴黎大學前身，在大學成立後變成其中一個學院；亦成為巴黎大學的代名詞。

14 編按：1618年－1648年，起因為天主教徒和新教徒之間的衝突，並從神聖羅馬帝國的內戰，演變成一場大規模歐洲戰爭。

許保護了法國和歐洲其他地區，不受到天主教會所控制。

　　法國的另一項偉大成就，則是十七世紀的古典文學。法國或許沒有像荷馬或莎士比亞那樣的大師，但拉布呂耶爾（La Bruyère）、拉羅什福柯（François de la Rochefoucauld）、聖西門（Saint-Simon）、莫里哀（Molière）、拉辛（Jean Racine）和塔勒曼（Gédéon Tallemant）也都是很頂尖的作家。

　　從更廣泛的角度來說，如果要談論高盧人的成就，便不得不提整個路易十四王朝。雖然他明目張膽的民族主義和制度化的宗教歧視，應該都算在法蘭克民族的失敗，但凡爾賽宮綻放的奢華藝術和建築，吸引了大陸彼岸的爭相效仿，甚至連英國貴族也趨之若鶩。

　　法國的科學成就也值得一提，引領眾人的是巴黎天文臺創辦人尚－巴蒂斯特・柯爾貝（Jean-Baptiste Colbert），他同時也是市場朝奢侈品發展的驅動力。事實上，從某種角度來說，**十八世紀的整個歐洲都可以說是法國的創作，包含了傳遍整個歐洲大陸的法文、啟蒙運動的哲學思潮，以及路易十五和路易十六時期王國的經濟成長。**

　　當我們在評判法國大革命時——究竟該引以為傲或悔恨不已——應該要謹慎小心。假如覺得整體並非弊大於利，那麼或許是因為人們常會（錯誤的）把恐怖時期的慘重損失，從總體利益中扣除。

　　然而，從1789年7月14日攻占巴士底監獄，到1792年8月杜樂麗宮（Tuileries Palace）被暴民肆虐之間，並沒有任何法國人應當感到羞愧的事。恐怖統治時期後，督政府竭盡全力守護

革命帶來的基本成果，例如**建立平等權概念，以及剝奪貴族階級的權利**。

即便拿破崙，也不應該就這麼被丟進歷史的垃圾桶。至少拉丁美洲的國家多半都認為，這位科西嘉島的將軍，是讓他們脫離西班牙的催化劑。當時法國與西班牙的半島戰爭，大幅削弱了西班牙的國力。

我們是各種共和國體的展示，絕不美式

作家和記者里昂・都德（Léon Daudet）稱十九世紀為「愚蠢的十九世紀」；但事實上，法國的元素在這個時代與英國、德國成功結合：舉例來說，浪漫主義運動的萌芽，即是來自古老王國的中世紀主義，和法國大革命的感性躍進間的結合。

在路易十八（Louis XVIII）、路易－菲利普一世（Louis-Philippe I）和拿破崙三世（Napoleon III）的統治下，法國前半個世紀都採取明確的親英政策。拿破崙三世更是維多利亞女王的密友。

1904年，由英王愛德華七世（Edward VII）和法國外交部長泰奧菲勒・德爾卡塞（Théophile Delcassé）通過的《英法協約》（*Entente Cordiale*），為第一次世界大戰做好準備，而這項協約的基礎正是在1830年代和1840年代，由路易－菲利普一世和他的首相法蘭索瓦・基佐（François Guizot）所奠定。

法蘭西第三共和國（The Third Republic），有時也稱共和國

（The Republic），誕生於1870年9月4日，以驚人的韌性和不同的數字——第三、第四、第五——統治了法國超過一百四十年（扣除德國占領的那四年）。

和1800年－1870年間的脆弱君主政治相比，這樣**長久運作的共和國系統讓法國引以為傲**。此外，法國勞工和菁英階級在第一次世界大戰的戰場上所展現的堅毅不屈，也很值得一提。我無法想像如果是德意志皇帝威廉二世（Kaiser Wilhelm II）獲得勝利，歐洲會變成什麼樣子。

第二次世界大戰後，戴高樂重新在共和國憲法中引入了君主立憲制的元素。此一做法總體來說是成功的，但戴高樂的繼任者卻常因此受到嘲諷。

法國是戰後歐洲新秩序的領導者，政治家們扮演著關鍵的角色，像是前總理阿里斯蒂德·白里安（Aristide Briand）[15]，然而，他在1920年代和1930年代初期的影響力，並未獲得應有的關注；還有偉大的羅貝爾·舒曼（Robert Schuman），以及尚·莫內（Jean Monnet）[16]。

因此，在無數的失敗和錯誤之中，法國仍有許多值得驕傲的地方。或許這些成就還比不上英國或美國，卻絕對足以讓法國在歐洲抬頭挺胸。

外國人曾經對法國和法國歷史有許多誤解，我想在這裡討論其中一些。有些歷史學家會將拿破崙與阿道夫·希特勒

---

15 編按：為國際合作、國際聯盟和世界和平所作的努力，使他在1926年獲得諾貝爾和平獎。

16 編按：他們是歐盟推動人，被合稱「歐盟之父」。

（Adolf Hitler）相提並論，但兩人間有著本質上的差異，這樣的比較根本毫無意義。

他們也會批評路易十四在1685年撤銷《南特敕令》，使得新教主義遭到壓迫，許多胡格諾教派信徒被迫離開；但他們卻時常忘記，英國對愛爾蘭天主教徒的政策（假如可以稱得上政策），和太陽王[17]對待胡格諾教徒的方式半斤八兩。撤銷《南特敕令》這樣的事件，在歐洲歷史中絕非單一特例。

對法國歷史誤解最多的非美國人莫屬。舉例來說，前美國總統小羅斯福（Franklin D. Roosevelt）並不了解戴高樂（邱吉爾〔Winston Churchill〕也是，但邱吉爾在1940年戴高樂造訪倫敦時還支持他）。

或許戴高樂將軍的傲慢可以解釋一切：因為他的名字聽起來像貴族，會去望彌撒，舉止也像個幹練威嚴的軍人；有些倫敦的法國人以為他是極右派，於是將這樣的印象，傳遞給他們英國和美國的朋友。

難以置信的是，羅斯福想在戴高樂的法國和德國之間，以及法國與荷蘭之間，規畫緩衝國，由比利時和阿爾薩斯－洛林地區構成，而後者是法國愛國主義的基石。

此舉顯然很愚蠢，而身為鐵桿親法分子的英國外交大臣安東尼·伊登（Anthony Eden），得竭盡全力才能勸阻他。另一個同盟國的點子是在法國解放後，建立「盟國軍政府」（AMGOT，二戰盟軍占領區的軍政府）。戴高樂將軍凱旋回歸巴黎，才阻

---

17 編按：法語：le Roi Soleil，指路易十四。

止了這極度愚昧的行為。

羅斯福時常有這樣的誤解。事實上，當戴高樂面對羅斯福和邱吉爾先後的敵意時，英國和美國的記者通常都支持戴高樂。1945年後，這種反戴高樂的態度仍然持續了一段時間：因此當戴高樂在1958年重新掌權時，人們幾乎誤以為他是法西斯主義者，這樣的情形在英國特別嚴重。

另一個對法國的誤判，發生於2003年的伊拉克戰爭前。法國總統賈克・席哈克（Jacques Chirac）發現自己在歐洲勢單力孤——因為只有法國，反對這樣純粹的軍事侵略行為。

我並非無條件支持席哈克：他在1997年解散法國國會，讓反對派因此得權，就是很不智的舉動；更嚴重的則是他在2005年對歐盟憲法的公投[18]。他的意圖或許是要讓法國的社會主義者臉上無光，但災難性的結果卻對歐盟帶來嚴重打擊。

然而這些事件的重要性，都比不上他阻止伊拉克戰爭的努力。席哈克此舉的副作用，是激烈的反法宣傳。美國國家安全顧問康朵麗莎・萊斯（Condoleezza Rice）甚至提議懲罰法國。

目前，法國開始面對更嚴峻的內部問題。移民社群的不滿節節高升，引發了第一波的動亂，接著聖戰分子於2015年發動屠殺。受到如此情勢的影響，民族主義、民粹主義、反移民的人民陣線從原本的邊緣性小政黨，成長為足以鼓動退出歐盟的龐大勢力，甚至可以在總統大選中興風作浪。

---

18 編按：他呼籲國民投下同意票，最終結果被54.67%的法國人否決。

▲1944年，多虧同盟國和戴高樂將軍，或許再加上納粹軍隊的手下留情，才讓巴黎這座「光明之城」倖存下來，璀璨依舊。

資料來源：Jack Downey/Library of Congress, Washington, D.C.

第四章

在英國媽媽的施暴中長大

愛爾蘭共和國

撰文／西倫·布雷迪（Ciaran Brady）

都柏林三一學院（Trinity College Dublin）愛爾蘭歷史副教授，研究領域包括都鐸王朝和斯圖亞特王朝、愛爾蘭學校的歷史教學和歷史修正主義。

愛爾蘭共和國
Republic of Ireland

　　約西元前300年，歐陸地區的凱爾特人來到此地，期間曾被維京人統治；1169 年諾曼人入侵，英格蘭開始在愛爾蘭文化和政治中占支配地位，直至 1921 年，愛爾蘭島南部的 26 個郡從英國獨立，共和國成立，北部其他郡依然是大不列顛聯合王國的一部分。

　　主要依賴出口貿易，工業占GDP的 38%，總出口量的 80%，以及勞動力資源的 28%。雖然出口貿易依然是愛爾蘭經濟的主要支柱，但近年來國內消費額提高、建築業和投資方面的復甦，也帶動了經濟的持續發展。

　　政體為單一制共和國，實行議會共和制。總統為國家元首，任期為7年，直選產生，可連任一屆。總理由國會提名，總統任命，一般由第一大黨黨魁或聯合政府首領擔任。

基本資料

國慶日：3月17日。

加入聯合國日期：1955年12月14日。

語言：官方語言為愛爾蘭語及英語，但因英國統治愛爾蘭 800 年，英語成為主要日常用語，愛爾蘭語雖為官方語言，除西部部分地區及政府特別規畫之愛爾蘭語區（Gaeltacht Areas）外，使用不廣。

首都：都柏林。

面積：70,282平方公里。

地理位置：位在西歐邊緣之愛爾蘭島南部，東隔愛爾蘭海與英國遙望，西臨大西洋，東部海岸平坦，西部海岸則多海灣。

人口：490萬人，大多集中於大城市。散居世界的愛裔人士眾多，美國占約四千萬人，像是拜登（Joe Biden）、歐巴馬（Barack Obama）、雷根（Ronald Reagan）、甘迺迪（John F. Kennedy）、柯林頓（Bill Clinton）等美國總統。澳大利亞約9%具愛爾蘭裔，另旅居阿根廷之愛裔亦達 70 萬人。

宗教：83%人口為天主教徒，其他主要為基督教徒，教堂係重要社交場合之一，天主教對政治、社會及民俗習慣等仍具影響力。

※資料來源：中華民國外交部網站

　　無論好壞，十二世紀以來愛爾蘭歷史唯一的重要議題，就是愛爾蘭和不列顛之間緊繃而紛亂的關係。一切的起源是一群**盎格魯－諾曼**（Anglo-Norman）[1]封建制度下的探險家，「**征服**」了愛爾蘭[2]。還有其他勢力的存在，算是部分抵銷了不列顛與愛爾蘭的命運糾葛，其中最顯著的是愛爾蘭與歐洲大陸間深遠的連結。

　　西元五世紀，天主教傳教士聖博德（St. Patrick）前往愛爾蘭傳教，而後天主教就在愛爾蘭快速傳布。在西元八世紀到十一世紀間，愛爾蘭修道士對西歐和中歐的（再）基督化[3]和文化發展，都有著重大貢獻。

　　十二世紀後，雖然受到1169年不列顛人侵略的直接影響，愛爾蘭與歐洲的關係歷經破壞和轉型，但雙方仍維持著複雜的貿易交流。

　　這次侵略的許多層面都很難明確定義。從領土和政治的角度來說，局勢要到十七世紀才終於穩定；**而從文化和意識型態的方面看來，我們或許可以說從未真正達到統一**。除此之外，這個漫長過程也不是單一不變的。

1　編按：指在 1066 年法國的諾曼第公爵「威廉」入侵英格蘭後，在英格蘭等不列顛群島地區使用古諾曼語的人。
　這次入侵徹底改變了英格蘭的文化走向，從此受到法國語言、文學、禮儀和美食等方面的深遠影響，讓英國皇室至今也殘留著大量的當時習俗。

2　編按：「諾曼征服」是愛爾蘭歷史上的分水嶺，標誌著八百多年來英國入侵的開始。十二世紀後期，諾曼人逐漸征服並從愛爾蘭人手中收購大片土地，英格蘭王國隨後宣布對這些土地擁有主權。

3　編按：因其獨特的社會制度，發展出愛爾蘭修道院系統，並西傳至歐洲大陸的過程；另外，因傳教士聖博德堅持使用拉丁文傳道，也使愛爾蘭修道院成為保存拉丁文化的中心。

　　由盎格魯－諾曼貴族們開端的，和四百年後都鐸王朝[4]致力完成的，並不是同一件事。雖然英國人透過1689年－1699年間的一系列戰爭，成功完全占領愛爾蘭，但當時訂定的條約，與40年前奧立佛·克倫威爾（Oliver Cromwell）[5]施行無果的強硬手段，在政治、社會和意識型態基礎上都截然不同。

在施虐者底下成長的民族

　　英格蘭與愛爾蘭之間的關係，也並非總是只有侵略；與暴力、壓迫和壓榨間歇出現的，是和解、改革和開發的嘗試，但又會被長期的漠不在乎、不負責任和忽視所中斷。

　　假如整個民族的文化心理，可以用單一個人的心理發展來比喻，那麼**我們似乎可以把人們對愛爾蘭民族的刻板印象，怪罪於他們和英國間強勢、壓迫、壓榨、監控，有時仁慈但又時常被忽視的親密關係**——典型的佛洛依德「施虐－受虐理論」。

　　然而，還是不要太深入追尋這無法驗證的理論吧。我們應該從具體的經濟、政治、意識形態和文化領域，探討愛爾蘭和鄰國的關係，如何形塑了其歷史。

　　所有影響的因素中，最顯著的是經濟，反映在英格蘭對愛爾蘭土地的所有權宣告。雖然盎格魯－諾曼侵略者和後繼者，在愛爾蘭土地的每個區域都鋪設道路，但他們對當地的控制並

4　編按：1485 年－ 1603 年間，統治英格蘭王國和其屬土的王朝。

5　編按：英格蘭政治人物，在內戰中擊敗保王黨、廢除君主制，並征服蘇格蘭與愛爾蘭。

不那麼緊密，會受到他們壓榨居民的情況，以及是否得到英格蘭增援而影響。

十三世紀末期，蓋爾人（Gaels）[6]重新奪回阿爾斯特（Ulster）大部分土地、康諾特（Connacht）北部，以及倫斯特（Leinster）和蒙斯特（Munster）的高地地區。從此以後，漸漸形成了複雜的模式：核心地區是英格蘭的政府、法治和土地租佃，周圍則以混合或非正式的政治和經濟型態為主。

有人將這樣的過程形容為「殖民者變得比愛爾蘭人更愛爾蘭」，但此一說法充滿誤導性。事實上，愛爾蘭此時的統治形態，充滿不同勢力間同盟與對立，財政由非正式的稅制和剝削所支持，幫助少數有權有勢的盎格魯－愛爾蘭和愛爾蘭蓋爾勢力共享權力。

然而，如此造成的局勢很不穩定，容易使地方政權垮臺。長期下來的結果就是政治腐敗和經濟消耗；菁英階層的需求，超越了日漸減少的中低階層供給者，所能提供的資源。

歷經了數個世紀的忽略後，都鐸王朝終於決定處理惡化的情勢，**將愛爾蘭的統治菁英（蓋爾人和盎格魯－愛爾蘭人）轉型為英格蘭的貴族階級，鼓勵他們採行英格蘭形式的法律、土地租佃和文化。**

此項任務可謂艱鉅，而執行者是都鐸政權想改革的簡陋、無能又腐敗的政治行政體系，更增添了不少風險。雖然許多貴族最初都受到改變吸引，但很少人真正克服其中的挑戰。

6　編按：凱爾特人的一支，源自愛爾蘭、蘇格蘭和曼島。

到了十七世紀初期，各種失敗改革最終導致貴族叛亂，並摧毀了不少大型政權，其中有蓋爾人也有盎格魯－愛爾蘭人。

在這樣的情境下，都鐸王朝本來只將殖民行動（也就是英格蘭人移民至愛爾蘭）定位成盎格魯化（Anglicization）的輔助政策，如今卻成了鞏固統治的主要、必要手段。

新教徒鎮壓剝削天主教

十七世紀中期，英格蘭出現政治動盪，戰爭接續發生，徹底摧毀了愛爾蘭本土的貴族階層。而後，新的結構出現，但局勢卻沒有因此穩定下來：大量的農民和失去資產的貧窮仕紳，以及人數更少且分散的英格蘭、蘇格蘭移民共存；彼此懷抱強烈敵意，並受到少數英格蘭菁英貴族階層統治。而這些統治階級大都不居住於愛爾蘭，或是只靠著放款利息維生。

新的社會結構本身有許多弱點，而宗教因素又使得分化更加劇烈。在盎格魯化的過程中，都鐸王朝引入了新教改革，對愛爾蘭當地菁英造成了嚴重威脅。

然而，諷刺的是，蓋爾人貴族一開始對此的反應是正面的，但**早期的英格蘭殖民菁英社群卻強烈反對**：他們在愛爾蘭統治的正當性，最早來自十二世紀天主教教皇的詔書《褒揚令》（*Laudabiliter*），如今卻遭到英格蘭皇室否定。

因此，愛爾蘭的反改革意識形態，起初是由這些表面上忠誠的老英格蘭人（他們如此描述自己）所領導。

然而，當盎格魯化的行動轉變為暴力對峙後，反抗軍的宗

教立場對蓋爾人來說也變得至關重要。於是，在十七世紀中，毫不動搖的**羅馬天主教信仰就成了老英格蘭人和愛爾蘭人，對抗新教殖民者、地主、律師和商人的共同基礎**。後繼的斯圖亞特王朝（1603年－1714年間統治英、愛地區），在宗教上一度採取較為模糊的態度，暫時緩解了教派之間的爭鬥。

隨著信仰**新教的威廉黨人**（Protestant Williamite）在1690年的博因河戰役打敗信仰**天主教的詹姆士黨人**（Catholic Jacobites），教派主義的發展不再受到限制，於是出現了嚴苛的刑罰法典，意圖透過極端的宗教控制和迫害，來維繫脆弱的政權。

十八世紀，在新興的英格蘭新教徒菁英階層中，也存在許多日益增強的內在衝突。首先是宗教層面，新教徒間時有利益衝突。十七世紀初期在阿爾斯特的開墾區，主要由英格蘭和蘇格蘭人組成，而雙方不但有著截然不同的敬拜模式，對於教會組織和權威也懷抱著對立態度。

這樣的差距在下個世紀不斷擴大，而隨著**蘇格蘭異議者**成為阿爾斯特的主流，威廉黨人開始將其視為僅次於天主教的威脅，於是加以鎮壓迫害。

十八世紀中葉，愛爾蘭各地紛紛出現不同形式的新教支派，例如長老教派（Presbyterians）、貴格教派（Quakers）、胡格諾教派（Huguenots），以及稍後的循道衛理教派（Methodists）。於是，英格蘭政府對阿爾斯特的鎮壓受到了阻礙。

英格蘭所面對的，不僅是宗教和文化威脅，還有經濟和商業的挑戰。**經濟剝削一直是英格蘭與愛爾蘭的關係中心**。除了占有最富饒的土地和開採天然資源外，中世紀的君王和議會不

時企圖控制雙方貿易，追求英格蘭的最大利益。

他們訂定固定匯率，讓盎格魯－愛爾蘭殖民地的貨幣價值比英鎊低了33%。更嚴重的是，為了支持都鐸政府，愛爾蘭統治階層會在未經過其議會同意的情況下，試圖提高徵稅。

從十七世紀中葉起，這種慣例成了正式運作模式。此後，愛爾蘭在經濟和社會上，雖然對大英帝國的發展都扮演重要的角色，卻被視為從屬關係。

愛爾蘭雖然對這樣的關係有所怨懟，但由於菁英階層很清楚自己的脆弱性和對英國的依賴，所以選擇緘默。不滿的情緒在十八世紀逐漸累積，盎格魯－愛爾蘭菁英階層的領導者，開始要求經濟自由，以及提升對本土開發的投資；與此同時，英國在北美的殖民地也有著類似的發展。

由於與英國相鄰，加上對於法國干預的恐懼，以及忌憚本土天主教主流的復甦，都使憤怒的民情有所消退。1790年代，愛爾蘭接連爆發了教派衝突，共和派發動革命失敗，天主教叛亂紛起，接著是一段時間的血腥鎮壓（過程中的傷亡人數超過整個法國大革命）。最終，新的聯合王國（United Kingdom）[7]在1801年建立，鎮壓了議會，對愛爾蘭施行直接統治。

根據英國的說法，英國和愛爾蘭的聯盟，是為了避免愛爾蘭內部交戰的群體迎向自我毀滅。他們慷慨提出了許多持續改革的規畫，包含了賦予天主教徒完整的公民權。然而，這些承諾都沒有兌現。

7　譯按：現代英國的全稱為大不列顛暨北愛爾蘭聯合王國，英文「United Kingdom」直譯即為「聯合王國」。

　　不過，在聯盟後的愁雲慘霧中，愛爾蘭十八世紀的改革運動仍然保有了幾分生氣。改革主要有兩大要素，首先是**要求天主教徒的完整公民權。**

最不自由的教會，卻支持民主抗爭

　　在愛爾蘭政治人物丹尼爾・歐康諾（Daniel O'Connell）領導的抗議行動，持續超過二十年後，英國國會終於在1829年不情願的通過了《天主教解放法案》（*Roman Catholic Relief Act 1829*）。

　　比起最終結果，過程中使用的手段有時更加重要。歐康諾利用了強烈的民意動員，甚至在拒絕《最高宣誓》（*Oath of Supremacy*）[8]的情況下，讓自己以國會議員的身分重新回歸議院。**民意參與於是成了愛爾蘭政治的中心元素。**

　　在動員成功後，歐康諾也得到了天主教會支持。一直以來，天主教會都被視為絕對保守的勢力。因此，**愛爾蘭萌芽的民主得到了奇異的特質：發展的步調、目的和方向，都深深受到整個歐洲最不民主自由的機構所影響。**

　　從這個角度來看，十八世紀改革所留下的第二個元素，就被賦予了新的重要性：維持憲政和議會獨立的決心。

　　雖然愛爾蘭最初只是中世紀英國的殖民地，但早在1460年，愛爾蘭議會就宣告脫離英國獨立。在1541年，英國法律承

8　編按：任何在英國公職或教會任職的人都要宣誓效忠君主，被視為新教政府基石。

認愛爾蘭是擁有自身權利的王國，但與英國分享共同主權；不過，這項二元君主制度的試驗，實際上幾乎沒有任何進展。

然而，發展為獨立實體、擁有自己的法律、機構和制度這樣的可能性，卻在1801年前不斷吸引著蓋爾人、老英格蘭人和十八世紀的改革者。因此，當歐康諾達成天主教解放後，會轉向廢除英愛聯盟，也就不太令人意外了。

除了愛爾蘭的民主受到教會支持外，更諷刺的是，**愛爾蘭追求獨立的過程，必須仰賴英國的改革傳統**，也就是透過法定、法律和行政層面的改變。

在這些諷刺的情況下，十九世紀初期的盎格魯－愛爾蘭政治人物，維持著模稜兩可的態度，卻懷抱著與日俱增的信心，認為英國的憲法已經發展成熟，足以面對並解決改革所帶來的挑戰。更糟的是，如此意識形態上的共識，幾乎未遭受任何質疑，於是導致了愛爾蘭近代史上最大的悲劇——大饑荒。

1845年－1847年間的大饑荒肇因於馬鈴薯作物的枯萎病，是十七世紀以來盎格魯－愛爾蘭歷史最大的分水嶺[9]，其造成的影響持續了超過一個世紀。由於饑餓、營養不良和疾病，再加上大量持續的人口外流，愛爾蘭人口從1841年的820萬，驟降至1911年的440萬。

在失去一切的人、移民到美國的人，和思考著饑荒成因的人們之間，漸漸興起了一股激進的共和主義，其中包含了目標是發動暴力恐怖革命的祕密組織 —— 愛爾蘭共和兄弟會

---

9 編按：英政府在此期間袖手旁觀，沒有提供幫助。

（Irish Republican Brotherhood），又稱為「芬尼亞兄弟會」
（Fenians）。

　　除了不幸的貧困者外，饑荒最主要的受害者就是地主（無
論他們是否有嘗試減輕佃戶的痛苦）。租佃收入的崩潰，使他
們大都陷入債務危機。有些人急忙將財產脫手，但是任何企圖
靠著農業、行政或法律手段來改善困境的人，都會處處遭到饑
荒中損失最少的既得利益者所箝制 —— 中階佃戶及永久產權的
業主。這樣**強大的農人階級，成為十九世紀最大政治運動的中
流砥柱，而這項政治運動是以土地改革為中心。**

英國政府「有條件」的支持改革運動

　　雖然歐康諾推動的英愛聯盟廢止行動，因為饑荒而告終，
但追求地方自治的努力，又再次以比較文雅的方式重新出現，
為首的是土地改革運動的領導者。不過，一直到議員查爾斯‧
巴奈爾（Charles Stewart Parnell），在1870年代晚期得勢後，自
治運動才開始蓬勃發展。

　　自此，自治運動與土地改革運動結合，追求愛爾蘭土地所
有權的轉型，也發展出更激進的共和運動，背後的出資者是代
表愛爾蘭裔美國人的芬尼亞兄弟會。巴奈爾努力整合不同派系
之間的歧異，為愛爾蘭在憲政和土地制度上的抗爭，注入了自
1840年代早期以來前所未見的動能。

　　他在英國議會不斷對政黨體系施壓，逼迫對方讓步，通過
了有史以來最激進的土地法規，並且由前英國首相威廉‧格萊

斯頓（William Ewart Gladstone）所領導的自由黨，承諾愛爾蘭地方自治。

　　然而，自由黨和保守黨對於愛爾蘭提出要求的回應，並不只是示弱而已。雙方都意圖透過愛爾蘭政策，來凸顯自己和政敵的不同，進而鞏固自己的支持者。

　　因此，自由派的格萊斯頓利用地方自治的承諾，來重新定義自由黨的立場；而保守派的領袖索爾斯伯利（Marquess of Salisbury）則向托利黨（Tory）[10]承諾，會進行一系列更激進的土地法案，來「慈悲的抹殺地方自治」──這樣的說法完全證實了，英國就是在扮演愛爾蘭的「施虐者」。

　　對於愛爾蘭改革，英國政府採取「有條件」的支持。其中最好的例證，就是巴奈爾在1889年的離婚訴訟判決（婚外情醜聞）後，失去了大部分的天主教支持者，而自由黨與保守黨都選擇再次對愛爾蘭的問題置之不理。

　　然而，當自由黨黨魁赫伯特・阿斯奎斯（Herbert Henry Asquith）試圖在英國政壇重新定位時，自由派對愛爾蘭自治的承諾，才在1910年代再次成為焦點，並在1914年原則上通過。

　　不過此決議充滿爭議，在阿爾斯特引發了新教徒暴動。愛爾蘭地方自治被新教徒稱為「羅馬統治」[11]。除此之外，愛爾蘭的英國軍營也發生了暴動。當第一次世界大戰的歐洲戰爭於同年爆發時，地方自治的實行就此束之高閣。

---

10 譯按：英國的保守黨（Conservative Party）俗稱托利黨，屬於中間偏右政黨。

11 譯按：地方自治「Home Rule」與羅馬統治「Rome Rule」僅一字母之差。新教徒認為，自治會提升羅馬天主教會在愛爾蘭的政治影響力，進而威脅新教徒權益。

在理想幻滅的氣氛下，支持實體行動的共和主義者呼聲高漲，而1916年英國對都柏林小規模暴動「復活節起義」（Easter Rising）的殘暴鎮壓，更是如同火上加油。

1918年－1921年間，愛爾蘭陷入血腥的游擊戰爭。共和派擔心平民傷亡，而英國則為了其使用準軍事部隊「黑棕部隊」（Black and Tans），鎮壓革命的作為感到羞愧，於是雙方都想尋求和解。

1921年簽訂的《**英愛條約**》（***Anglo-Irish Treaty***）**確保了愛爾蘭獨立，但必須留在大英國協中。更重要的是，條約導致愛爾蘭島分裂**，北愛爾蘭依然是英國的領地。雖然引發了政治菁英短暫但激烈的內戰，卻受到選民的支持。在接下來20年間，由於英國的漠不關心，愛爾蘭自由邦（Irish Free State）得以發展出穩定的民主體系。

在艾蒙・戴・瓦勒拉（Eamon De Valera）[12]的領導下，反英愛條約的一方組成了民粹主義政黨愛爾蘭共和黨（Fianna Fáil），重新進入政壇。在1932年後的政府中，瓦勒拉試圖單方面修改條約，起草新的憲法。他拒絕支付承諾的土地年金，引發了與英國的「經濟戰爭」。

戰爭之所以結束，主要歸功於張伯倫（Chamberlain）－麥克唐納（MacDonald）政府[13]釋出善意，同意將英國保留的海軍港口歸還給愛爾蘭自由邦。即時歸還港口，幫助愛爾蘭在二戰

---

12 編按：後來成為愛爾蘭共和國第一任總理和第三任總統。

13 編按：1931年－1940年的英國聯合政府；又稱國民政府（National Government）。

中，維持脆弱的中立國立場。

想獨立，不靠武力怎麼辦到？

英國在1930年代晚期到1950年代初期的持續不干預，證實了**愛爾蘭試行的絕對主權政府施政效能不彰**——這主要反映在高居不下的失業率和大量的人口移出。

到了1950年代晚期，愛爾蘭共和國的領導階級（於1949年自行宣告，未受到英國反對）準備好更積極參與國際社會。愛爾蘭和英國密切合作，追求以最有利的條件，加入發展中的歐洲共同體（European Community，歐盟的前身）。

英國自1920年代到1960年代初期的開放政策，讓愛爾蘭發展出現代民主制度，嚴格保護人民的人權和參政權——但**天主教教會**（其地位在瓦勒拉的憲法中受到保障）**形塑了保守的社會，禁止離婚、避孕和墮胎**，更訂定了嚴格的審查制度。

然而，同樣的不干預在北愛爾蘭帶來的結果，就沒有那麼美好了。在不公平的選舉制度、武裝警察和宗教民兵的支持下，統一黨建立了一黨專制的政府，守護主流新教徒的利益，直接危害了少數天主教徒的權益。

北愛爾蘭並未受到南方民族主義論述的影響，或是愛爾蘭共和軍的零星威脅，在二戰中對英國展現忠誠的付出，因此鞏固其在英國的地位。

諷刺的是，戰後英國政府為了表達感激，將福利制度擴及北愛爾蘭，投資教育、健康、居住和工業，卻因此削弱了統一

黨的統治。北愛爾蘭天主教少數派的政治和社會抱負，曾經一度受到進步願景的鼓舞，卻又因為統一派的持續歧視而挫敗。

　　而後，少數派在1960年代為了追求平等，開始發展軍力。暴力的恫嚇和壓迫，引爆了教派間的流血衝突，臨時愛爾蘭共和軍（Provisional IRA）漸漸占得上風，使法律與秩序崩潰，英國政府不得不在1972年取消自治，實行直接統治。

　　二十世紀晚期，北愛爾蘭成了愛爾蘭與英國複雜關係的縮影。不時出現強力鎮壓——主要都是針對共和軍或疑似的同夥——又不時穿插著真誠的求和，例如1973年的《桑寧代爾協議》（*Sunningdale Agreement*）、1986年的《英愛協定》（*Anglo-Irish Agreement*）。除此之外，也有長期的不干預（特別是在1981年的絕食示威後），不採取圍堵之外的任何策略，但情勢總是快速惡化。

　　1990年代，英國政府決定重新展開嘗試性的政治舉措，在1997年的新工黨（New Labour）執政後更加積極。這促成了北愛爾蘭問題迄今最大的突破：1998年的《耶穌受難日協議》（*Good Friday Agreement*），由曾經勢如水火的民主統一黨（Democratic Unionist Party）[14]和新芬黨（Sinn Féin）[15]組成了權力共享的政府。

　　雖然新的政府並未擺脫所有的困境和不信任，但仍存活了下來，並且持續進步發展。這樣的成功有很大一部分，必須歸

---

14 編按：北愛爾蘭親英政黨，成立於1971年。

15 編按：愛爾蘭共和軍的正式政治組織，主張愛爾蘭統一。

功於英國政府信守改革承諾的誠意，以及可以說更重要的，愛爾蘭共和國的持續支持。

愛爾蘭政府和人民都堅定反對戰亂期間恐怖分子的戰略。在獨立受到考驗時，愛爾蘭共和國在政治和意識型態上所展現的成熟，證明了**愛爾蘭與其強大鄰國之間的關係，即便大部分都不好，但也不是全然的惡。**

▲愛爾蘭歷史的樹狀圖，從英國第一次入侵一直記錄到此圖的創作時間（1876年）。樹木的枝幹上記錄著愛爾蘭歷史的重要日期和事件。

資料來源：Frederick Heppenheimer/Library of Congress, Washington, D.C.

第五章

請稱呼我們不列顛——
大英帝國消失了

英國

撰文／傑洛米・布萊克（Jeremy Black）

艾希特大學（University of Exeter）的歷史學教授，撰寫了大量關於英
國、歐洲和世界歷史、歷史和地圖的文章，並專門研究十八世紀英國
的政治和軍事史。著有《人類最精華100年》（*A History of the 20th Century*，
大是文化出版）

英國（大不列顛暨北愛爾蘭聯合王國）
United Kingdom of Great Britain and Northern Ireland

英國構成國之間的關係複雜，在歷史上經歷了一系列發展。英格蘭王國透過1535年和1542年的聯合法令將威爾斯納入領土；1707年與蘇格蘭王國共組大不列顛王國；1801年和愛爾蘭王國共組大不列顛暨愛爾蘭聯合王國。

1922年愛爾蘭中南部 26 個郡，脫離英國組成愛爾蘭自由邦（現今愛爾蘭的前身），最終造就了大不列顛暨北愛爾蘭聯合王國。

服務業占GDP的比重最大，首都倫敦更是世界數一數二的金融、航運和服務中心。另外在汽車製造、航空、電子通信等行業都具有全球領先地位，也是全球重要科研基地之一。

為君主立憲制，國王查爾斯三世（Charles III）是英國和其他 15 個大英國協成員國的國家元首。在名義上，這些君主領地不是聯合王國的一部分，但也是由聯合王國政府來管理其國防和外交事務，包括為這些領地立法。

基本資料

國慶日：隨國王的生日變換，現國王查爾斯三世的生日為11月14日。

加入聯合國日期：聯合國創始會員國（1945年10月24日）。

語言：官方語言為英語。

首都：倫敦。

面積：243,610平方公里。

地理位置：位於北大西洋與北海之間，由大不列顛島、愛爾蘭島東北部分，及一系列較小島嶼組成。英國本土和另一國家唯一的陸上國境線位於北愛爾蘭，和愛爾蘭共和國相鄰。

人口：6,708萬人（2020年）。

宗教：基督教（含英國國教、天主教、長老教會、衛理公會等）、回教、印度教等。

※資料來源：中華民國外交部網站

十八世紀蘇格蘭詩人詹姆斯・湯姆森（James Thomson），在歌劇《阿爾弗雷德大帝》（*Alfred*）中有一句臺詞：「統治不列顛尼亞，統治海洋，不列顛人永不為奴。」當不列顛是世界的海軍強權時，這句話再真切不過了。接著是英國散文家亞瑟・本森（Arthur Benson）在1902年，為愛德華七世《加冕頌》（*Coronation Ode*）所寫的「希望和榮耀之地」。

湯姆森的詩句在西班牙戰爭時期寫下，和班森一樣，表達的是所謂的「英國性」，強調了英國**對歐陸獨裁霸權和天主教的憎惡**。在英國與法國和西班牙的戰爭中，民族認同漸漸形塑。

十八世紀初到十九世紀初的百餘年間，**英國和法國宣戰超過七次，還有兩次未宣戰的衝突**，其他時候也維持敵對關係。在這樣的情境下，**英國身分形塑，而帝國國土擴張。**

英國民族認同深受英法在十四和十五世紀間的百年戰爭影響；針對天主教的敵意，則來自十六世紀的宗教改革。而十六和十七世紀與西班牙的戰爭也意義重大。

同樣的，當大不列顛王國（Kingdom of Great Britain）在1707年建立時，其價值觀也受到英法戰爭的強化。十九世紀初期的拿破崙戰爭[1]，強調了愛國論述和英國的獨特性，同時也塑造出新的民族戰爭英雄──納爾遜子爵（Admiral Nelson）[2]和威靈頓公爵（Duke of Wellington）[3]都是象徵性的人物。1800年

---

1 編按：指是1803年至1815年一系列龐大的全球性衝突，由拿破崙領導的法蘭西帝國與反法同盟爆發了數場對抗。

2 編按：在特拉法加戰役擊潰法國及西班牙組成的聯合艦隊。

3 編按：滑鐵盧戰役中擊敗拿破崙。

代，《天佑國王》（*God Save the King*）則成為英國國歌。

這些戰爭對倫敦的影響深遠。倫敦是民族和大英帝國的首都，人們在此透過戰爭的勝利，來紀念民族認同。納爾遜紀念柱（Nelson's Column）、滑鐵盧車站、聖保羅大教堂的民族英雄墓碑，以及威靈頓公爵的喪禮——這些建築和事件都強化了人們的民族優越主義。

十九世紀同時，也出現另一種不以戰爭勝利為中心的民族優越感。維多利亞時期（1837年－1901年）的**英國展現出一種獨特的自信心，以及對外國人的厭惡，特別是天主教徒**。

這樣的排外情結倒也不是對他者本身的厭惡，而是**針對他們眼中的落後和不自由**。後者是以英國自己的標準來看，但英國認為這樣的標準可以廣泛應用。他們相當重視言論自由、新聞自由和宗教包容（儘管他們並不信任天主教徒）。

英格蘭不代表英國，
不列顛不代表蘇格蘭

議會政治也是「英國性」的重要本質，也向海外傳播到英國的殖民地。如此的發展也很合理——作為單一制政府，英國是由國會的法案所建立，也可以說是由帶來這項法案的政治運作所「創造」。

大不列顛王國在1707年5月1日，以英格蘭與蘇格蘭的聯盟為基礎所創立[4]；人們希望這樣的聯盟，能比1603年伊莉莎白一世過世時，發生的王室聯合更持久且穩固——當時蘇格蘭

國王詹姆士六世（James VI）繼承英格蘭王位，成為詹姆士一世[5]——據信，假如英格蘭和蘇格蘭的王位落入不同人手中，當時的聯盟就會解散。而1714年在安妮女王（Queen Anne）過世前沒有留下子嗣時，人們便感到憂心。

然而，在1707年應運而生的是大不列顛，而不是更古老的英格蘭或蘇格蘭王國，也非1536年國會法案後加入英國領土的威爾斯公國。當今屬於大不列顛暨北愛爾蘭聯合王國領土的北愛爾蘭，則是英國與愛爾蘭《1800年聯合法令》（*Act of Union 1800*）的產物。

從這個角度來看，**不列顛不像英格蘭、蘇格蘭和威爾斯那樣歷史悠久**，因為這三者各自擁有獨立的歷史元素，彼此並不相關。

1215年，英格蘭貴族以《大憲章》（*Magna Carta*）逼迫約翰國王（King John）屈服於法治，這是英格蘭歷史的關鍵事件，但對蘇格蘭毫無意義。

1320年的《阿布羅斯宣言》（*Declaration of Arbroath*）確立了蘇格蘭獨立，但在英格蘭歷史上不足以引起注意。

除此之外，對於整個不列顛群島都具有影響力的事件，例如羅馬征服者（羅馬人稱他們的領土為不列顛尼亞〔Britannia〕，甚至試圖併吞蘇格蘭北部的土地）、所謂的蠻族入侵（從日耳曼的盎格魯與撒克遜人，到斯堪地那維亞的維京人）、封建制

4　編按：根據《1707年聯合法令》（*Act of Union 1707*）。

5　編按：他開啟了蘇格蘭與英格蘭及愛爾蘭共主邦聯的時代，成為現代英國第一位國家元首。

度、新教徒改革、1640年代的內戰[6]——在每個地區造成的結果都截然不同，而對整個西歐的影響也是。

因此，雖然**不列顛曾經試圖塑造國家早期的共同記憶，卻沒能成功**。現代的英國同樣有著民族認同的危機，**許多蘇格蘭人和威爾斯人認為，他們的歷史比不列顛更為悠久**。因此，如果要從1707年以前開始訴說英國的歷史，就是富有政治意味的宣言了；除此之外，隨著分裂主義的浪潮加劇，這樣的宣言更顯得站不住腳。

現代英國，1707年才開始

從1707年開始訴說英國歷史，而不是中世紀森林或巨石陣的世界，反而更符合我們的時代。《1707年聯合法令》所通過的是當時既有的現狀，而前後數十年的政治情勢，也讓現代人感到似曾相識。

到了1707年，有限政府[7]、代議式政治、君主責任、法治政治和宗教不干政（雖然天主教會不可能認同）等概念都已經發展成熟，並從此深植於英國的歷史中。事實上，這些概念在不列顛群島的某些地區，甚至擁有更悠久的歷史。

強調陪審團制和法律面前人人平等的普通法，長久以來都代表著英格蘭的獨特性；而從十二世紀以來，這樣的法則無論

6　編按：1642年－1651年，英格蘭王國議會派與保皇派的政治鬥爭。

7　編按：指統治最少的政府就是最好的政府。政府權力受到約束，不得干涉人民未授權之事項。

從法律的內容或實行面都通用。

英格蘭的普通法呼籲人民，尊重英國政治社群的特色和一貫性。然而，蘇格蘭的法律傳統相當不同，以羅馬法為基礎。

除了強大的憲政和政治力量，英格蘭的法律和政治實務也反映並保持了許多信念（其中包含了公平和問責制的概念），可以傳遞給新移民和後代子孫。

自1707年起，這些信念便為不列顛歷史中的民主文化奠定基礎，而這樣的基礎不只來自《1707年聯合法令》前幾年的憲政規定，例如1688年－1689年間「光榮革命」後對皇室權力的限制。現代英國的民主文化，並不太強調歷史事實的正確性，卻反映了主流的論述，**特別是過去事件所代表的價值觀念**。

對於自由的追求、對於自由的守護，以及對於法律和個人權利的尊重，或許並不是不列顛歷史全部的推動力，卻是英國人最引以為傲的歷史事件，所展現的特色。

這些事件被加以連結，呈現出通往自由的良性過程；這樣的詮釋方式被稱為英國歷史的「輝格式」[8]詮釋，是多數英國人呈現自身歷史的方式。

除此之外，這些道德價值不只帶給現代許多效仿的模範，也影響了全世界。英國歷史的獨特之處在於，所有為了民族獨立而光榮奮鬥的人，都展現了遠比民族敵人更振奮人心的高貴情操，特別是在1805年的拿破崙戰爭和1940年對抗希特勒時。

---

8 編按：Whig history，該學派認為，人類文明是不可逆轉的從落後向先進、從愚昧到啟蒙；其對歷史的解釋，往往從今日的角度出發，從而評判該歷史事件的價值。

　　與此同時，英國人在面對帝國歷史的某些層面，卻感到難受，特別是英國的水手、貿易商和農場主人，在大西洋奴隸貿易中掌握了主導權。

　　英國歷史的諷刺之一，就是英國在十八世紀從奴隸制度和奴隸貿易中獲利驚人，卻在十九世紀促成了奴隸貿易終結，是第一個立法禁止奴隸貿易（1807年）和奴隸制度本身（1833年）的國家。最終，他們也利用皇家海軍和外交壓力，廢止了世界性的奴隸貿易和相關制度。

脫離歐盟，是為了拿回議會的主導權

　　這樣的雙重角色，也反映了民族的過去能與許多不同的議題相呼應，並提醒我們，**對歷史所強調的部分，往往反映了現實的需求**。因此，2010年後的保守黨政權，強調愛國主義式的英國成功與成就，而10年前的工黨政權則試圖喚醒所謂的「英國氣質」。

　　這些政策的目的，都是在面對危機挑戰，特別是伊斯蘭激進派興起時，強化民族認同——然而，這也可以視為極度依賴蘇格蘭選票的政府，努力防止英格蘭與蘇格蘭分裂。

　　「英國氣質」包含了強調長久以來的價值觀，然而，也與當今的需求息息相關。蘇格蘭議會和蘇格蘭行政院在1997年後成立，民意風向開始遠離不列顛的身分認同。

　　到了2010年代初期，終結英格蘭與蘇格蘭聯盟不再是天方夜譚：2014年的蘇格蘭獨立公投，僅以些微的票數不通過，但

2016年英國脫歐公投後，又有人呼籲再次投票。正如英國由議會的法案所創立，如今也可能因為另一項法案而解散。

近幾十年，英國歷史從與蘇格蘭的《1707年聯合法令》以來，**超過兩百五十年的悠久傳統開始瓦解。大英帝國消失了**，特別是在1947年印度宣布獨立後（維多利亞女王在1877年取得印度女王的頭銜時，印度就被譽為「皇冠上的珠寶」），英國也不再是海上霸權。

事實上，所謂的英國歷史似乎是以大英帝國的歷史為中心，而帝國在1947年消失後，歷史也隨之而去。因此，戰後時期的「小不列顛」（little Britishness）[9]特質僅有短暫的歷史，而不像一般人認為的源遠流長。

除此之外，英國的文化和宗教連貫性在1960年代發生重大改變，特別是英國國教地位和重要性下降。無論在飲食或用語方面，美國主義和全球化都威脅了英國的本地風格，而這些都象徵著獨特性和連貫性。

傳統上英國對自由的追求和捍衛，以及對法律與個人權力的尊重，都因為政府機關的顧慮和利益而遭到忽略或扭曲。具體來說，左翼政黨所推動的社群主義解方、歐洲聯邦主義入侵，以及對個人缺乏信任，都改變了英國的政治和法律文化。

越來越多人認為英國的議會政治受到歐洲機構的入侵，特別是歐洲議會和法庭，而歐盟法的施行更是雪上加霜。**因此，**

---

9 編按：作者此處應指一部英國的電視喜劇《大英國小人物》（*Little Britain*），其以誇張手法描寫了許多英國人平時常見的各種情況，並表示這是一個針對「非英國人」所用，關於不同階層英國人生活方式的指南。

2016 年的公投決定離開歐盟，「重新取回主導權」。

1993 年，歷史學家威廉・史佩克（W. A. Speck）出版了《1707 年–1975 年英國簡史》（*A Concise History of Britain, 1707–1975*），宣稱他的編年史「涵蓋了完整的英國歷史」，因為**成為歐盟和其前身的一分子，都無異於放棄了英國部分的主權**[10]。史佩克所感受到的不連貫，呼應了 1962 年工黨領導人休・蓋茨克（Hugh Gaitskell）的論點——這樣的成員身分會「終結英國的國家獨立」。

綜上所述，我們可以看出過去如何重演在較近期的事件。即便有些改變，例如帝國終結，並沒有造成太大的負面影響，但歐洲整合卻並非如此。

許多人並沒有體悟到這樣的重演影響多麼深遠，也反映出人們對不列顛歷史的重大誤解。多數外國人和某些英國人都相信了「遺產產業」（heritage industry）[11]創造出的形象——認為英國是充滿了古老儀式和歷史遺跡的國家、人們會和女王共享下午茶，又或是充滿風景優美的村落……他們通常無法理解，近幾十年來翻天覆地的改變。

一個國家四個歷史

然而，這不僅僅是誤解而已。至今仍有許多外國人會將不

---

10 作者按：英國在 1973 年加入歐洲經濟共同體，兩年後公投通過。
11 編按：管理歷史遺跡、建築物和博物館的行業，目的為鼓勵旅遊業。

列顛（**British**）歷史和英國（**English**）歷史畫上等號，認為不列顛是更偉大的另一個英格蘭。這兩種看法都與事實相去甚遠。許多英格蘭人也懷有同樣的誤解，認為他們的歷史特別重要，而不了解島上不同區域互動的重要性，或是英格蘭向來是如何支配較為弱小的鄰國。

當然，完美的平衡並不存在。為了因應盎格魯中心史觀，對於不列顛群島（英格蘭、蘇格蘭、威爾斯、愛爾蘭）歷史的討論，目前主流的是「四民族」研究方法。

然而，在強調蘇格蘭、威爾斯和愛爾蘭重要性的同時──以1640年代的內戰為例──對英格蘭本身的關注就顯得不足；以人口的角度，英格蘭仍是目前最優勢的族群。普遍來說，對於英格蘭內部許多地區性歷史的重視也不足，這些地區也都擁有引以為傲的傳統和文化傳承。

普遍對大英帝國歷史的理解通常過度批判，不過有些部分並不符合史實──例如推翻英國統治，對世上許多新興國家建國的重要性有多大。更具體來說，許多批評家都忽略了，英國並不是十九世紀和二十世紀初期唯一的帝國霸權，而**大多數遭到英國征服的人民，原本也未受益於民主自治的狀態。**

另一個誤導性的說法，則是許多曾經遭到殖民的國家，將內部的問題和衝突都怪罪於英國統治，而非真正的原因：現代化和全球化。除此之外，人們也時常忘記大英帝國和英國人是如何對抗敵對帝國，特別是納粹德國──真正的暴政。

英國另一個遭受批評（同時也受讚譽）的原因，則是其與君主制的關聯。從女王伊莉莎白二世（Elizabeth II）的長期統

治[12]可以看出，君主制如何隨著時代做出巧妙的調整，又同時展現出傳統價值和帝國的宏偉。

對女王普遍的個人尊敬，意味著皇室機構出乎意料的韌性——即便古老的「均衡政體」概念，也就是君王、貴族和平民在議會中共享權力，在民主時代遭到排斥和抗拒。

對於過去的敘述之所以會造成誤導，是因為**人們簡化了歷史，將並非專屬於英國人的特性歸類於英國**——即便這些特性可能是因為整個大時代而造成。電影對於觀眾的視覺影響力，遠大於學者提出的平衡觀點。而電視、影片和歷史小說也潛移默化帶給觀眾一種印象：過去的人和我們一樣。

這種詮釋方式，在珍‧奧斯汀（Jane Austen）[13]小說的改編電影，或是其他以真實歷史事件為基礎的影集上格外明顯。如此，會縮短現在與過去間的距離，並鼓勵人們用現在的標準，來評判過去的行為。

因此，當過去的人們不符合標準時，就會遭到批評，或是被描繪為離奇荒謬。當然，英國不是唯一用這種方式看待過去的國家，但由於英國文學傳統的深厚及普及，這樣的現象特別明顯。

一旦失去現在與過去的距離，人們就無法從過去的角度看待過去，而這也反映出現今英國歷史的關鍵問題。在面對英國的**學校該教哪個版本的歷史**，又該如何教導等問題時，接連的

---

12 編按：從 1952 年至 2022 年。

13 編按：英國小說家，《傲慢與偏見》（*Pride and Prejudice*）作者。

執政者都無法提出滿意的解法。

因此，英國過去最受關注的層面，往往都受到誤解。事實上，曾經強大的英國擁有的高貴歷史，遠比人們意識到的還多；但這些歷史，已被截然不同的時代取而代之。

▲1886年大英帝國的地圖，顯示出帝國霸權的實力，呈現了帝國與殖民地間的海上連結。

資料來源：Library of Congress, Washington, D.C.

第六章

管理義大利人不難，但也沒什麼用

義大利共和國

撰文／喬瓦尼·列維（Giovanni Levi）

威尼斯大學歷史學名譽教授，微觀歷史的最早支持者之一，他的著作
《非物質遺產》（*The Intangible Heritage*）講述了義大利西北部皮埃蒙特
（Piemonte）的鄉村生活，該書於1990年出版。

義大利共和國
Italian Republic

　　義大利是歐洲歷史古國，舊石器時代就已有人類在這裡生活。西元前509年，羅馬共和國建立。在羅馬帝國之後，義大利先後被其他列強統治，直到後來民族主義席捲歐洲；1861年義大利王國建立，1870年併入羅馬完全統一，1946年建立共和國。

　　以具影響力及創新的商業、汽車、電器工業及服裝設計聞名於世。由於缺乏天然資源及能源，而且領土過於崎嶇，導致大部分的地區都不適合精細農業發展，運輸也不發達，能源極為依賴外國進口。

　　義大利總統每7年由議會選舉選出，權力屬象徵性。總統可以任命總理，而總理則可以任命其他部長的人事。採用兩院制議會形式，由共和國參議院和眾議院組成。

▋ 基本資料

國慶日：6月2日。

加入聯合國日期：1955年12月14日。

語言：官方語言為義大利語。

首都：羅馬。

面積：302,073平方公里。

地理位置：位於南歐，西北邊與法國接壤，北與瑞士、奧地利為鄰，東北邊與斯洛維尼亞為界，南部隔地中海與非洲大陸相望。

人口：5,925萬人（2021年）。

宗教：天主教。

※資料來源：中華民國外交部網站

義大利是個天主教國家，出類拔萃的天主教國家，教宗永久的居住地。然而，討論義大利天主教時，重要的是考古學面向，而非宗教面向。當我們深入探尋義大利的天主教過去，就能解釋這個國家今日面對的許多問題。

十六世紀，歐洲因為宗教政治鬥爭而深度分裂。新教世界認為權力直接來自上帝；雖然新教後來會催生出君主專制和憲政主義，但他們認為政治權力是神聖的。即便神學上的起源漸漸被淡忘，人們對於政治權力機構的尊敬卻維持不變。

新教主義內部的爭論，聚焦在哪些權力是由神所創造：王公貴族、法官，或是人民擁有主權，能選出自己的代表。隨著時間過去，**政治權力的神聖光輝漸漸內化為公民價值。**

有時候，這會使人民對威權絕對服從，但有時民主選舉的代表，會行使反抗王公殘暴統治的權力。根據新教觀點，所有型態的政治權力都來自神授。

然而，天主教則發展出完全不同的政治理論。對天主徒來說，神在人類創造的機構中不扮演任何角色。神將人類創造為社會性的存在，為自己建立政府。自由意志意味著，我們能隨心所欲建造政府。不過，人們都是罪人，會創造出不完美的機構；因此，人們需要教會來導正行為，帶領他們得到救贖。

這樣的概念，隨著十六世紀托馬斯主義（Thomism）[1]復興而成形，並在特利騰大公會議（Council of Trent）[2]的討論中更

1　編按：由十三世紀義大利神學家托馬斯·阿奎那（Thomas Aquinas）衍生出的哲學學派。他認為神學是一種科學，要理性理解有關天主的真相，並獲得最終救贖。
2　編按：大公會議負責決議傳統基督教的重要教務和教理爭端。

加精煉。在這次會議中，天主教會對新教提出了正式的回應[3]。

隨著耶穌會的教士蘇亞雷斯（Francisco Suárez）在1582年－1612年間，以及其他神學家在十六世紀所奠定的框架，上述思想成為天主教思潮的主流。

宗教和國家共存共治，卻無共同約束力

根據這些人的說法，有兩種型態的權威（教會和國家）總是在爭取較高的地位，而兩者的任務和位階並沒有清楚的區分。**教會與國家間的作用範圍和能力往往混雜不清，規矩和原則也互相衝突。**人民和政府之間的關係，建立在脆弱的機構、寬恕和赦免的文化，以及法律上的不確定性。

如今，我們可以說宗教在義大利的重要性已不如以往。然而，即便義大利的社會和國家表面上已世俗化[4]，宗教和國家四個世紀來的共存對政治影響深遠，造成了具備此種雙重性的公義概念。

事實上，**世界各地的天主教國家都有相同特徵：因為有教會這種不相容的體系存在，削弱了國家制度，並衍生出新的法律和規定。**因此，這些國家幾乎都無法達成相當程度的共識。

3　編按：促使該會議的原因是馬丁‧路德宗教改革，也有人把這會議形容為「反宗教改革」的討論。

4　編按：指透過現代化和理性化，在政治、經濟、社會、文化等層面，逐漸去除宗教色彩。

　　在義大利，**國家法律和宗教的道德約束都軟弱無力**。普遍人民都認為國家是無關緊要的機構，**每個人都有權力（甚至是義務）去詐騙國家（從政府機關撈好處）**，而面對教會的態度也很相似。隨著時間過去，這種態度逐漸內化在人民心中，開始影響了社會行為和政治意見，而義大利至今無法解決這個問題。

　　某種「天主教無政府主義」開始浮現，人們大都對公共事務抱持漠不關心，或懷疑的態度，對宗教則抱持一種維持契約的心態——在原罪和寬恕、赦免者的權力和罪人的軟弱之間轉換。這導致了妥協、放縱、狡詐和無數錯誤的判斷。

天主教國家都經歷獨裁，這裡沒有建國神話

　　如此不可治癒的疾病造成了許多後果。**脆弱的國家制度為了捍衛自己，只得增加規範**，在面對不安和群眾的失序時，甚至會採取極端的最後手段，將國家轉向獨裁。

　　二十世紀中，每個天主教國家都經歷過獨裁型態的政府。例如執政時期最長的義大利總理西爾維奧・貝魯斯柯尼（Silvio Berlusconi），在1990年代和2000年代取得的民粹成功。制度的權力會攻擊制度本身——正如人們所做和夢想的那樣——以及稅收系統、控制金融交易的規定、環境和道德禮儀。

　　很難想像在不久的將來會有什麼重大改變。**義大利並沒有建國神話，或是可以有效凝聚國家的時刻和事件**。有些義大利人或許會將十九世紀中期的義大利復興運動（Risorgimento）

——皮埃蒙特王國（Piemonte）[5]將奧地利人逐出義大利北部，並統一義大利——視為某種建國神話；然而，這場事件實際上只是義大利的內戰而已。

義大利復興運動的關鍵時刻，在於1870年時透過教皇國（Papal States）的解散，廢止了教宗在世俗的權力。教皇國在地理上和許多其他面向，都將義大利一分為二。然而，要天主教國家從對抗教宗的戰爭中尋找建國神話，簡直難以想像。

如今，學校在教導義大利復興運動時，並不是將其定位為內戰，而是對抗奧地利這個外在的敵人。義大利的歷史並不像其他國家的神話那樣，建立在某種形式的內部衝突上；例如美國的南北戰爭、法國大革命或英國內戰，都是內部的良善戰勝邪惡的例子。

即便是極端民族主義的法西斯，在1922年－1943年間統治義大利時，都沒能將義大利復興當成建國神話來利用。他們必須**近乎荒謬的回溯到古羅馬時期**。

就如同義大利復興不是理想的建國神話，更近代的其他事件也半斤八兩：1943年9月停戰協議後[6]，人民挺身對抗法西斯主義，最後促成義大利於1945年4月25日得到解放。

戰爭後的40年間，天主教人文主義的理想，將義大利描繪為反法西斯多數派，努力對抗邪惡少數派的國家。因此，法西斯與敵對者的戰爭，並未被視為內戰。然而，更近期的歷史學

5　編按：薩丁尼亞王國（Regno di Sardegna）的別稱。
6　編按：指卡西比爾停戰協定（Armistice of Cassibile），義大利王國在二戰中投降。

家證實，義大利的多數人實際上支持法西斯政權；因此，對抗法西斯也無法成為有效的建國神話。

政府功能失調，
人民只能依附家庭（媽媽）

無論是義大利人或外國人，都不會覺得天主教對義大利特質有太大的影響。「非關道德的家庭主義」（Amoral Familism）[7]，通常用來形容對家庭強烈依附，母親扮演過度保護的角色，父親則幾乎都缺席的結構。然而，**這些特質是在面對功能失調的政治和宗教組織時，只能逃避到家庭團結、依附關係，以及非正式且不健全制度中的結果。**

如此一來，義大利這個國家有了自由而無政府的形象，卻也同時分裂且無法做出集體決定，或完成任何計畫。義大利被認為是結合了個人主義、官僚貪腐和內部鬥爭的國家；這個國家對自身豐富的文化和藝術失去興趣，只想著在沒有文化的情況下邁向現代。

與之結合的，是**義大利人傾向於得過且過，對過去沒有任何真正的連結，對未來也沒有統一的展望**：我們過了不錯的生活，其他的就隨他去吧。我們並不預期事情會順利成功，但我們會想知道如何適應事物不健全的本質。

義大利國家法西斯黨的領袖，貝尼托・墨索里尼（Benito

7　編按：只顧及自己的小家庭，而完全置社會其他成員的利益於不顧。

Mussolini）曾經說過：「管理義大利人並不困難，但沒什麼用。」外人眼中的義大利人，也充滿諷刺和驚奇，不理解對政治和宗教規定興趣缺缺的義大利人，竟會是脆弱國家和教會衝突之下的產物。我們的教會隨時準備好寬恕——只要我們接受自己是罪人，並準備好因為這樣悲劇的必然性而獲得赦免。

如今的義大利，是士氣低落且幻滅的土地。從1990年代中期開始，天主教民主黨和共產黨的消失，改變了原本所有的政治情勢。這兩個黨都曾經擁有權力，是強勢的反對黨。

代議制度的理想，如今被「治理能力」的概念取代：在虛假的兩黨政治結構中，由選舉制度所強化的強勢政治多數，確保了局勢穩定。任何能表達民意的機制，都被技術性的權力控制取代 —— 但這卻造成反建制派、民粹主義政黨的壯大，許多歐洲國家也有類似的情形。與此同時，全球化破壞了勞工階級和消費之間的關係，也使得戰後重要的民主象徵「工會」，日益式微。

這些曾經代表了義大利戰後歷史的關係型態，如今都已瓦解。共產黨的地方性集會原本是人們討論政治、蒐集資訊的場合，卻因為支持蘇維埃體系的共產黨罪孽，而付出了消失的代價。即便左翼政黨在民主義大利的建國和憲法的創制，都扮演了關鍵的角色，也無法消弭這樣的罪過。

現今的工會，多半掌握在領受年金者手中，不太可能轉變成不同型態的組織，來保護新移入的勞工——即使這些移民，往往遭受殘暴但無形的剝削。然而，義大利與天主教社群的連結依然堅固，這和根深柢固的教區網絡有關。

　　社會和政治網絡的瓦解，讓義大利左翼黨深陷危機。這個曾經組織嚴謹的政黨，如今變成了脆弱且分裂的利益團體。這讓許多人感到挫敗，相信有效的政治參與不可能實現。

　　在這樣的氛圍下，民粹主義的煽動者特別容易得逞──前面提到的貝魯斯柯尼，就是利用了這個機會崛起，身為媒體大亨的他，幾乎壟斷了整個大眾媒體。

　　因此，對我來說，**天主教是義大利問題的核心**。這並非世俗和教權的爭鬥，而是**界線和權力該如何定義與分配**。由於天主教太過普及，已經是我們特質的一部分，因而讓我們很難看清問題：天主教是我們內在的一部分，在我們所呼吸的空氣中，無所不在，卻又無形無蹤。

　　既然如此，那麼外國人對義大利的過去和現在懷抱刻板印象，對於義大利的解讀也有所謬誤，都不太讓人意外了。

　　大多數國外歷史學家最感興趣的，通常是中世紀和文藝復興時期，義大利的城邦共和傳統。很少外國人對於文藝復興後的幾個世紀感興趣，有部分是因為義大利邁向現代化時，選擇非常天主教的路線。

　　因此，很多人認為義大利之所以沒辦法達成完全現代化，問題就出在那幾個世紀。**義大利被視為帶著「封建殘骸」的資本主義國家，與家庭主義仍然保持連結。**

只剩藝術、風景和足球值得驕傲

　　義大利雖然是文明國家，卻受到許多型態的民粹和威權主

義的威脅。雖然經歷過民主改革的時刻，制定了先進的憲法，卻無法以之為跳板，邁向真正現代的公民發展。

義大利人的民族認同很薄弱。追根究柢，缺乏民族驕傲的原因，或許是教區地方主義，或是更廣大的天主教世界。除此之外，強烈的自我諷刺感，讓義大利人偏好關於「缺陷」的論述，而不去看自身的優點——真的要討論優點時，往往是城市或區域之間的對抗。在義大利，與過去的疏離感比其他地方更為強烈：過去原則上被視為一連串的失敗，而非成功經驗。

義大利的歷史修正主義主要是貶低過去，而非合理化或重新檢視自己的歷史。重點不是重新合法化法西斯主義的歷史，而只是將反法西斯主義貶低為共產黨的計謀，使共產黨員在抗爭期間和戰後做出許多暴行。

我們的教育對這樣的暴行斷章取義，讓我們不帶感情的譴責整個近代史，與自己國家的過去記憶產生切割。

伴隨著過去的許多法則和規定，讓我們無法完全發展出光輝的新自由主義未來；沒有過去、沒有回憶，也沒有定義。

15年來，貝魯斯柯尼拒絕參與每年4月25日的反法西斯解放紀念日。他的理由是為了民族的和解，不應該將1948年抗爭所誕生的憲法當成建國文獻；他也無視憲法中，反法西斯主義價值觀所默示的義務。

然而，一直到前新法西斯主義政黨領袖，詹弗蘭科·費尼（Gianfranco Fini）開始批判法西斯主義中獨裁和種族主義的面向後，貝魯斯柯尼才同意慶祝解放紀念日。即便如此，貝魯斯柯尼仍試圖曲解這個紀念日的意義，扭曲為概括一切的自

由紀念日──他的新政黨稱為「自由人民黨」（Il Popolo della Libertà）──而不是專門慶祝從法西斯主義和納粹主義中得到解放。

假如有哪一部分的特質是每個人都能引以為傲的，就只有我們最遙遠的過去，主要由藝術品、紀念碑、大自然和風景所構成；然而，即便這些遺跡也因為經濟利益導向的投機性建築，而遭到破壞。

情況真的不太好。許多年來，義大利都因為不墨守成規而受到景仰──外國人對於他們在遠方關注的國家，時常抱著互相衝突的看法，但缺乏真正的理解。他們會以觀光客的身分前來，一邊度假，一邊滿足的吃好睡飽。然而，他們不知道這個國家正被腐敗而脆弱的政治階層控制：黑手黨勢力龐大、環境破壞嚴重、貪腐和失序如疾病般肆虐……。

義大利只有一項真正的民族熱情，也就是足球；只有一項真正的集體文化活動，也就是天主教傳統。雖然義大利的歷史仍然是到此一遊的好理由，但它不可能創造出值得尊敬的未來；而**比起本地人，外人或許還更懂得欣賞義大利的歷史**。

民主和經濟發展之間的連結開始瓦解後，義大利的民主制度就不斷衰退。與經濟和民主相對的制度，似乎更有效率──然而，政府大量舉債後被迫採取緊縮政策，威脅了義大利在歐元區的資格，也使民主制度暫時中止。即便在2010年代初期的危機前，義大利就已經朝向偽裝成總統制的威權主義發展。

假如未來還要有點希望，就必須經歷漫長而艱辛的過程，重新回到由下而上、集體參與的代議式民主。現況雖然堪憂，

但這卻是對我的國家當前最實際的觀察了。

PER LA XXVII LEGISLATURA RINNOVATRICE DELL'ITALIA
Ecco il giorno, ecco il giorno della prora
e dell' aratro, il giorno dello sprone
e del vomere. O uomini, ecco l'ora.　D'Annunzio

▲墨索里尼的海報。關於他殘暴且自負之統治的回憶，
　至今仍吸引著某些人。

資料來源：The Art Archive/ Alamy

第七章

我們有最好也最壞的民族主義

德意志聯邦共和國

撰文／斯特凡 · 貝格爾（Stefan Berger）

波鴻魯爾大學（Ruhr-Universität Bochum）社會歷史學教授兼社會運動研究所所長，研究領域包括現代歐洲史，尤其是德國和英國的歷史、勞動史、民族主義、民族認同研究，以及史學和歷史理論。曾就讀於科隆大學（Universität zu Köln）和牛津大學。

現任英國和愛爾蘭的「德國歷史學會」（German History Society）會長，以及歐洲科學基金會項目：「過去的表述：十九世紀和二十世紀歐洲民族歷史的書寫」（Representations of the Past: the Writing of National Histories in 19th and 20th Century in Europe）主席，以及該系列叢書《書寫民族》（*Writing the Nation*）的編輯。

德意志聯邦共和國
Federal Republic of Germany

十世紀，德意志領土組成神聖羅馬帝國的核心部分，帝國滅亡後，萊茵邦聯和日耳曼邦聯先後建立；1871年，在普魯士王國主導下，多數德意志邦國統一成為德意志帝國，於1919年解體；後經歷威瑪共和國、納粹政權。1990年10月3日，東西德重新統一，成為現在的德國。

工業基礎堅固，擁有高技術的勞工及高創新能力，是近代汽車的發源國，擁有全球最具競爭力的汽車產業。為世界第三大出口國、歐洲第一大經濟體；服務業對國內生產總值的貢獻高達71%，工業和農業則分別貢獻28%和1%。

政治體制為採行議會制、代議民主制的聯邦共和國。聯邦總統僅為象徵性的國家元首（虛位元首），真正的實權掌握在聯邦總理手中。4年一任，無連任次數限制。

基本資料

國慶日：10月 3日。

加入聯合國日期：1973年9月18日。

語言：官方語言為德語。

首都：柏林。

面積：357,121平方公里。

地理位置：位於歐洲心臟地帶，東鄰波蘭、捷克，西接荷、比、盧及法國，南界瑞士、奧地利，北至丹麥及波羅的海。

人口：8,302萬人（2021年）。

宗教：天主教（27%）、新教（25%）、伊斯蘭教（5%）。

※資料來源：中華民國外交部網站

　　當柏林圍牆倒塌的消息，在1989年11月9日傳到聯邦德國時，當地的居民都站起身來，高唱國歌。一天之後，西柏林的市長瓦爾特・蒙佩爾（Walter Momper）說出：「我們德國人今天是世界上最快樂的人民。」反映了許多人的感受。

　　不到一年後，德國人在1990年10月3日慶祝國家再次統一。1989年－1990年間，東西德出現的民族熱情再真誠不過，然而卻很短暫，迅速被東西之間的分裂給取代。

　　人們艱辛追尋虛幻的「正常」民族國家。評論家喜歡談論「統一」，而非「再次統一」，意味著**1990年代表的是新事物的開始，而非舊有事物的延續**。

　　如此的定位，反映出德國在面對自身歷史的難題：**德國目前並沒有單一而連貫的歷史論述**。雖然世界各地的民族和國家歷史難免有所爭議，但德國人在不同的時期，述說了相當不同的故事，對過去也懷抱迥異的觀點，還是令人驚異。

　　德國民族的大敘事向來即有多種版本，但德國現代史的許多重大政治事件，可以說更加深了歧異。

　　1806年德意志民族神聖羅馬帝國（十五世紀起使用此名稱）瓦解；1815年由基本上獨立自主的國家，組成結構鬆散的德意志邦聯（Deutscher Bund）；1848年德意志革命；1871年建立第一個現代化民族國家[1]；1919年成立第一個共和國；國家社會主義（納粹）在1933年獲勝；1945年國家徹底瓦解；1949年分裂為東西德；以及1989年社會主義德意志民主共和國（東

---

1 編按：德意志帝國（Deutsches Kaiserreich）。

德）的終結。這些重大的事件都大幅影響了德國人對自身民族歷史的看法。

德意志特殊道路，這民族國家很恐怖

國家社會主義，特別是納粹大屠殺，是當今德國歷史意識最重要的錨點。德國可以說花了許多時間，才接受了讓大部分西歐在1939年－1945年間化為廢墟，並系統性殺害歐洲猶太人的歷史責任。

在戰後的幾年中，德國的民族論述試圖挽救正面的民族認同，將納粹的成功歸因於暴力脅迫，以及德國民族歷史之外的事件；例如第一次世界大戰後的《凡爾賽條約》，或是現代社會的影響。

大眾對近代的論述，主要是因為德國在戰爭承受的痛苦而自憐，或是二戰時德國落入蘇聯手中的戰俘。唯有在1960年代，人們才較普遍接受國家社會主義和大屠殺在德國內部的成因。

「德意志特殊道路」（Sonderweg）[2]，被視為德國二十世紀上半葉災難性歷史的根源，使德國必須為兩次世界大戰，和歐洲前所未見的破壞與痛苦負起責任。這讓德國的民族認同出現深刻危機。

1871年建立的第一個民族國家「德意志帝國」，如今被認

2　編按：指德國民主結構的發展，與以法國和英國等國為代表的歐洲規範，存在顯著差異。

為是歷史性的錯誤，除了對德國人和歐洲帶來動盪與悲慘外，沒有其他益處。其中的教訓很清楚：**德國人最好放棄追尋統一的民族國家**，而是發展後民族（postnational）意識，接受兩個分開的民族國家；在第二次世界大戰後重新劃定德國邊界。

德國曾經嘗試建立更正向的歷史意識，並將國家社會主義和納粹大屠殺這兩個錨點移除，其中最著名的一次發生在1980年代中期，逐漸升溫為1986年－1987年間的「歷史學家之爭」（Historikerstreit）。

1982年政府做出改革，基督教民主黨的總理海爾穆・柯爾（Helmut Kohl）承諾帶來「心靈／道德上的改變」，其中包含對德國民族歷史更正向的自我認識。

親近政府的歷史學家，例如邁克爾・施蒂莫爾（Michael Stürmer）公開宣稱，德國應該有更長遠的歷史意識，不要只記得災難性的二十世紀上半葉，也要知道前幾個世紀的所有成就。

隨之而來的，是歷史學家恩斯特・諾爾特（Ernst Nolte）試圖消弭德國對大屠殺的責任，以及歷史學家安德烈亞斯・希爾格魯伯（Andreas Hillgruber）將1945年「東德的破壞」和納粹大屠殺的錯誤類比。

為了回應這些說法，由哲學家尤爾根・哈伯瑪斯（Jürgen Habermas）所領導的左派自由主義歷史學家提出，保守派學者的陰謀論（實際並非如此），目標在於讓德國的歷史意識重新國族化。

大部分的評論者在1988年都會同意，這場辯論的結果強調了國家社會主義和大屠殺在德國歷史意識的中心位置，以及對

過去發展出後民族觀的重要性。

接著是1989年－1990年，以及1990年代前半的第二次歷史學家之爭。一群年輕的新民族主義歷史學家，試圖將歷史意識再度國族化，有時也得到某些保守派人物的支持。不過到了1995年，已經很明顯他們不會成功──對於納粹罪行的輕忽，讓他們失去保守派主流的支持。

相對的，新的論述也隨之出現，史學家海因里希‧溫克勒（Heinrich Winkler）的德國歷史鉅著《德國：西方長路》（*Germany: The Long Way West*），可以說是此論述的集大成者。這本書於2000年在德國出版，銷售超過十六萬本，並且（在政府的部分補助下）翻譯成英文、法文和西班牙文。

那個德國既是施虐者，也是受虐者

書中認為**德國在1990年的統一，終於讓德意志特殊道路終結，使德國人發展出「正常」的西方式民族認同**，其中包含以德國的成就為傲。他希望德國能找到「後古典民族認同」（post-classical national identity），得到了廣泛支持，並且呼應了大眾民族主義的復甦；最明顯的，應該就是2006年世界盃足球賽揮舞國旗的場面了。

或許正是因為這樣的接受，讓德國人從1990年代晚期開始，得以討論他們自己在二戰期間所承受的痛苦。同盟國空襲城市、女性受到（主要是）蘇聯士兵的侵犯，以及數百萬德軍逃離進逼的紅軍，或是在戰爭尾聲遭到種族肅清等，都成為公

眾歷史辯論的重要主題。

然而，這類近代的討論都迴避了修正主義，因為他們會從接受德國的罪刑開始，並清楚傳達德國在第二次世界大戰期間所受的痛苦，最終都是自己的責任。

德國毫無疑問有權利記得自己的痛苦，而這樣的記憶發生在更寬廣的框架中，**不只承擔了德國痛苦的責任，也承擔了許多歐洲人的痛苦，特別是歐洲猶太人的種族滅絕。**

假如當代歷史意識依然聚焦在對國家社會主義的記憶上，假如民族論述真的以大屠殺作為書寫的盡頭，那我們就必須面對一個問題：有任何歷史事件是當今德國人引以為傲的嗎？答案是肯定的。

除了歌德（Goethe）和貝多芬（Beethoven）在十八世紀所創造的文化經典外，許多正面的例子都出現在聯邦共和時期[3]。最重要的莫過於聯邦德國成功重建了經濟，建立福利國家制度，並推動健全的議會民主，讓當今的德國人感到自豪。同時，人們也強烈認同，**二十世紀的歷史教訓都指向建造共同的歐洲家園，也就是歐盟。**

那這對前德意志民主共和國（東德）的人民來說，又代表什麼意義呢？在慶祝聯邦共和國成就的同時，也等於批判了東德的威權獨裁體系，在許多東德人民心中，無異於貶低了他們的歷史。

過去的分裂，無疑強化了當代德國人腦中的柏林圍牆，並

3　編按：Federal Republic of Germany，即西德，又稱聯邦德國。

且讓西德和東德間持續分化。直到近期，才有人開始努力推動對東德歷史更公正的評判。

只要是外國人，
都是「民族」的敵人

雖然現今德國的歷史意識聚焦在二十世紀，但一百年前，則是深入探尋中世紀和古典時代晚期。如今，幾乎沒有人聽過圖伊斯托（Tuisco）——他是《聖經》人物諾亞的最後一位養子，也是所有德國人（日耳曼人）共同的祖先。

另一個比較有歷史根據的人物則是日耳曼部落的領袖阿米尼烏斯（Arminius），又稱赫爾曼（Hermann），於西元九年在條頓堡森林（Teutoburg Forest）殲滅了由羅馬將領瓦盧斯（Varus）所率領的部隊。

1875年，德國人在德特摩德（Detmold）附近，為阿米尼烏斯建造了巨大的紀念碑；在反羅馬（即反天主教）和反法蘭西的風潮下，這個紀念碑成了德國民族團結和力量的象徵。如今的觀光客依然會造訪此處，然而卻很難被形容為德國民族記憶的重要遺跡。

德國民族歷史的早期圖像，主要都來自十五世紀和十六世紀的人文主義學者，例如康拉德‧策爾蒂斯（Conrad Celeis）和雅各布‧溫普費林（Jakob Wimpfeling）。在他們的詩歌、著作中，都灌輸了「**將外國人歸類為民族敵人**」的強烈概念。

人文主義的民族論述，主要是針對義大利和法國——他們

各自都宣稱自身的文化更加優越。到了十八世紀，又加上了強烈的反斯拉夫[4]偏見。中世紀的歷史是民族歷史建構的中心，將德國定義為東歐的殖民／帝國勢力。

中世紀晚期，條頓騎士團在波羅的海地區建立軍事－神權國家的故事，成為德國文明任務的象徵；而騎士團總部的馬爾堡城堡（Marienburg Castle），則成為德國侵略東歐意圖的強烈象徵。

在民族國家的形成中，德國是遲來者。 雖然關於德國和德國人民族特色的論述，可以追溯到中世紀的人文主義者，以及博學神職人員的著作，但那時德國這個國家並不存在。

神聖羅馬帝國一直到十五世紀末期，才加上了「日耳曼民族」的屬性，但究竟能否被視為民族國家的原型，還有許多爭論。十九世紀的歷史學家，例如海因里希・馮・特賴茨克（Heinrich von Treitschke），將神聖羅馬帝國批判為阻擋德國民族國家數個世紀的怪物。對於神聖羅馬帝國的負面觀點，可以追溯到十七世紀法學家賽繆爾・馮・普芬多夫（Samuel von Pufendorf）的論述。

這樣的觀點一直延續到近數十年，才重新將帝國定義為聯邦民族國家，擁有數種有意義的中央機構，例如皇帝、帝國法院（Reichskammergericht），以及帝國議會（Reichstag），後者維繫了中歐數個世紀的穩定與和平。

雖然這樣的穩定仍然曾遭到破壞，特別是在 1618 年－1648

4　編按：斯拉夫人主要分布於東歐和中歐，如俄羅斯、波蘭、捷克等。

年的三十年戰爭，但帝國依然維持著一定的整體性，提供了相當的情感凝聚，這也解釋了為什麼帝國在1806年瓦解時，許多人哀嘆惋惜。同時也說明了，為什麼第一個現代德國的民族國家，在1871年建立時使用了「德意志帝國」的名字。

雖然十九世紀德國土地上的民族主義運動，試圖建立民族國家，但1848年的德意志革命卻功敗垂成。

相對的，**德國民族國家的建立是由上而下**，透過普魯士[5]在三場戰爭中展現的力量才得以實現：對抗丹麥（1864年）、奧匈帝國（1866年）以及法國（1871年）。這些戰爭激發了足夠的激情，足以克服聯邦中各國的抗拒，形成統一（但還是偏向聯邦）的日耳曼民族國家。

奧托‧馮‧俾斯麥（Otto von Bismarck）雖然被譽為「德意志帝國創始人」，但他太過務實，不會為了什麼遠大的計畫而發動這些戰爭，希望讓帝國建立；然而，他的確相信民族國家是歷史上的必然，而且希望這個國家越普魯士、越威權主義越好。但他必須和德意志帝國中的民族自由主義者妥協，於是讓帝國出現了介於君主立憲和半絕對主義間的特性。

軍隊被美化為團結的關鍵力量——畢竟，德國是在三場戰爭後才得以統一；就像古老的英雄赫爾曼，德國人被描繪為充滿男子氣概的戰士。1870年，德國在色當（Sedan）附近的戰場擊敗法國，往後每年的9月2日都會慶祝這場勝利，稱為「色當日」。

5　編按：1701年－1918年間的一個王國，位於現在德國北部和波蘭西部之間；此國崇尚武力，並且成為了德意志統一運動的主要推國。

　　新帝國的第一任皇帝是威廉一世（Wilhelm I，統治時期1871年－1888年），常常被和中世紀的羅馬皇帝腓特烈‧巴巴羅薩（Frederick Barbarossa，統治時期1155年－1190年）相提並論。

　　根據傳說，自從巴巴羅薩統一帝國失敗後，他就一直坐在奇夫豪瑟山（Kyffhäuser Mountain）中的某張木桌前，等待著這項任務的完成，他紅色的鬍子在桌面上越留越長。

　　由於威廉一世的鬍子是白色的，他也得到了「白鬍子」[6]的外號。而威廉一世過世以後，他的孫子威廉二世（統治時期1888年－1918年）為他創立了個人崇拜的信仰，僅有「鐵血宰相」（Iron Chancellor）、第二帝國[7]創世者俾斯麥的聲望能與之比齊。

　　如今，幾乎沒有人會想慶祝色當日，或崇拜俾斯麥——除了極少數的新法西斯主義右翼團體，而他們對民族歷史的公眾論述沒有任何影響力。

放棄歷史、擁抱歐盟，不讓民族主義再起

　　2009年，德國為條頓堡森林戰役的兩千週年紀念日，舉辦

6　譯按：Barbablanca。在義大利語中，巴巴羅薩（Barbarossa）為「紅鬍子」。

7　編按：德國納粹黨將神聖羅馬帝國稱為「德意志第一帝國」、德意志帝國稱為「德意志第二帝國」，因此將納粹德國稱為「德意志第三帝國」，此稱謂在1923年首次出現。

了大型展覽；然而，大眾討論的主題並非讚揚赫爾曼形象的男性戰士。相反的，2009年被訂定為「瓦盧斯年」，**紀念的是被打敗的羅馬將領。**

歷史學家們忙著證實，和十九世紀歷史學家的描繪不同，瓦盧斯並不是陰柔無能的軍事領袖。除了為瓦盧斯翻案外，他們也提醒大眾，赫爾曼在任何方面都不代表德意志民族。

因此，當今德國的民族論述，並非立基於十九世紀的民族主義迷思上，反而是加以解構。**大多數現代德國的一般民眾，對於中世紀的歷史幾乎一無所知。**帝國時代每個德國學童都熟悉的英雄傳說，如今都已經褪色消散。

外國觀察家對德國民族認同的辯論，有時會過度高估法西斯主義再起的危險。東西德統一時，愛爾蘭評論家康納‧克魯斯‧奧布賴恩（Conor Cruise O'Brien）便警告「第四帝國」誕生的可能性。

如此危言聳聽的觀點固然罕見，但國際間對於德國統一後未來的擔憂，讓本來就不支持德國的前任英國首相柴契爾夫人（Margaret Thatcher），召集了許多有名的德國歷史學家，討論德國的民族特質。

假如這次會談的報告可以相信，那麼他們確實想出了範圍很廣的民族刻板印象，對統一後的未來也充滿了焦慮的推測。在東歐，對德國民族主義復興的恐懼也更加強烈。畢竟東歐在德國二十世紀統一世界的野心下，所受的痛苦遠勝於西歐。

波蘭卡臣斯基（Kaczyński）兄弟[8]想塑造的粗糙政治性歷史，加上固定控訴德國政治人物是納粹黨或受到納粹所控制，

都是這種恐懼最明顯的呈現；雖然和二戰後相比已經不那麼普及，但要真的消失，恐怕還需要很長的時間。

德國人對於他們民族過去中最恐怖的部分，如今依然沒有足夠的理解。然而現在大部分的人，似乎都很樂意對抗極端民族主義的召喚。

對於當代德國還有另一個常見的迷思，除了外國人之外，甚至也有許多德國人都接受了——德國缺乏任何民族主義，甚至可以說反民族，這也就是為什麼他們對歐盟如此熱情。

有些人甚至認為後民族主義，是德國知識分子再次將自己的想法，強加在其他歐洲人身上的表現，因為其他歐洲人對於自己的民族認同和歷史，都沒有任何不滿。

更強烈反德國和反歐洲的評論者則認為，**歐盟實際上是德國最新統治歐洲大陸的做法。**德國的經濟力量意味著，歐元區較弱勢的國家持續面對債務危機、實施緊縮政策，都是其霸權的新興型態。

事實上，現今的德國並未因民族認同問題而煩惱。大部分的人都以身為德國人為傲，而他們自豪的是經濟表現、政治穩定和文化，以及體育上的成功。奧迪汽車（Audi AG）的廣告標語「Vorsprung durch Technik」（科技領導創新），概念其實深植於十九世紀建構的經濟民族主義計畫，但現在很少德國人會將引以為傲的經濟成功，與擴張主義的對外政策連結。

8　編按：雅洛斯瓦夫（Jarosław）與其孿生兄弟列赫（Lech）曾任波蘭總理與總統，
　　前者批評德國試圖把歐洲聯盟，轉變成聯邦制的「德意志第四帝國」。

他們的歷史意識相當淺薄。這也可以說是對支持十九世紀民族主義歷史意識的反應。**當民族主義轉變為超級民族主義，最終成為國家社會主義後，深刻的歷史意識就遭到嚴重破壞，以至於再也無法復甦。**

但這本身似乎是值得慶幸的事，畢竟強大而統一的德國，在深刻而正面的歷史意識的驅動下，曾經在上個世紀兩度將歐洲帶向滅亡邊緣。

如果德國能將焦點放在歷史以外的面向，並將歷史意識建立在大屠殺和國家社會主義等獨特的負面經驗，或許對二十一世紀歐洲的整體健康來說，反而會是好事。

▲柏林的大屠殺紀念館。許多國家、民族的歷史，都包含了駭人的罪行和重大創傷；民族記憶如何面對這些事件，就和事件本身一樣意義重大。

資料來源：Fabrizio Bensch/ Reuters/Corbis

第八章

外人敬畏的維京，
我們是追求lagom的農夫

瑞典王國

撰文／彼得·阿朗森（Peter Aronsson）

瑞典林雪坪大學（Linköpings universitet）文化遺產和歷史應用教授。研
究領域包括地方、區域和國家在歷史和史學、社會底層的政治文化、
歷史文化方面的互動；他也是瑞典皇家文學、歷史和文物學院（Royal
Swedish Academy of Letters, History and Antiquities）的成員。目前，他正在協
調一項由歐盟資助的關於歐洲國家博物館的大型計畫。

瑞典王國
Kingdom of Sweden

　　瑞典王國於十一世紀形成，十七世紀成為稱霸歐洲北部的強國。1809年，瑞典控制下的芬蘭被併入俄羅斯；1814年從丹麥手中取得挪威。1905年，挪威脫離瑞典獨立，現代瑞典的版圖最終形成。

　　傳統的鐵、銅和木材出口國，其水資源也很豐富，但石油和煤礦資源十分匱乏。經濟自由與教育普及而使瑞典開始歷經快速的工業化，並從1890年代開始發展製造業。二十世紀中期，瑞典成為一個福利國家，並於1995年加入歐洲聯盟。

　　採君主立憲制，國王僅履行代表性或禮儀性職責，不干預議會和政府工作。立法機構是瑞典國會，共有349名議員，選舉產生首相，議會選舉每4年舉行一次。

▋ 基本資料

國慶日：6月6日。

加入聯合國日期：1946年11月19日。

語言：官方語言為瑞典語。

首都：斯德哥爾摩。

面積：449,964平方公里。

地理位置：位於北歐斯堪地那維亞半島，西和西北部與挪威交接、東北與芬蘭交接，東臨波斯尼亞灣（Gulf of Bothnia）及波羅的海。

人口：1,000萬人（2021年）。

宗教：以基督教路德教派為主（約占總人口超過80%）。

※資料來源：中華民國外交部網站

瑞典人和其他歐洲人一樣，在1945年因為戰爭和危機的終結而如釋重負。戰爭、暴力和侵略，讓許多國家都產生了歷史的宿命感。

然而，瑞典卻開始相信，歷史屬於過去，而貧窮、泥濘、疾病、性別與階級的劃分都即將結束。世界將會由仁慈而充滿創造力的政治家、工程師和專家管理，他們值得人民信任，能解決所有可能發生的問題。

瑞典選擇在戰爭時期保持的中立立場，不只來自過去歷史的影響，也改變了國家的未來，讓他們以世界的良知和人權維護者自居，發明和設計也征服了全世界；發明家阿佛烈‧諾貝爾（Alfred Nobel）創造了炸藥，但他更廣為人知的成就，是以自己的名字設立了獎項，也讓瑞典成為世界的理性中心。

瑞典重視現代，民族的驕傲與過去歷史的榮光沒有關聯。意識形態和歷史似乎都已終結，每個世代對過去都有自己的解讀。不過瑞典人並非一直懷抱相同的自我形象，也並非所有人都有著相同的觀點。

在西元一千多年，現代瑞典西南方地區約塔蘭王國（Göta Rike）的耶阿特人（Geats），和東部地區斯韋阿蘭王國（Svea Rike）的瑞典人歷經長時交戰，最終讓瑞典這個國家（或稱斯韋阿蘭）漸漸成型。

根據中世紀編年史學家記載，耶阿特人和羅馬帝國的哥德侵略者有關聯。中世紀歷史學家發揮豐富的想像力，將這個又稱為西哥德人（Visigoths）的勇敢民族，描寫為《聖經》人物諾亞的孫子，瑪各（Magog）的直系後代；他們向南方遷徙到

黑海，在410年占領羅馬，並征服西班牙。歐洲所有受過教育的菁英階級，都很熟悉這個故事。

一千年之後，在1434年的巴賽爾大公會議（Council of Basel）中，瑞典的代表重述了這個故事，希望能得到教皇身邊比較好的位置；英國方面則回應，即便這個故事可能是真的，或許只有勇敢的人離開瑞典，剩下的懦夫都留在國內——因此，瑞典代表仍然坐在桌子的最遠端。

最宏觀的瑞典歷史版本，融合了塔西佗（Tacitus）[1]西元一世紀的《日耳曼尼亞志》（Germania）、《聖經》故事和冰島的傳奇（Icelandic sagas），鼓舞了瑞典征服大部分的北歐。

瑞典國王古斯塔夫二世‧阿道夫（Gustavus II Adolphus，統治期間1611年－1632年）對三十年戰爭的介入，更影響了東歐歷史的發展，一直到卡爾十二世（Karl XII，統治期間1697年–1718年）戰死沙場為止。關於這位國王究竟是被挪威敵人所殺害，或是死於對戰鬥感到倦怠的自己人手中，至今仍有爭議。

在這段所謂的「黃金時代」，**瑞典結合了中央集權政府、君王個人特質、新教信仰，以及創新的戰爭技術，讓整個國家達到前所未有的動員程度**。這個小而貧窮的國家轉型為北歐強權，並且扭轉了長期以來的傳統——列強習慣挑撥丹麥和瑞典彼此敵對，使北歐無法形成壟斷波羅的海貿易的單一強權。

從十八世紀開始，瑞典的波羅的海王國就一點一滴落入新興的俄羅斯手中，過程一直持續到二十世紀初。1809年，在拿

---

1 譯按：羅馬帝國執政官、元老院元老，也是著名的歷史學家。

破崙戰爭期間，俄羅斯征服了當時屬於瑞典領土東部的芬蘭。這樣的打擊，在挪威被迫放棄與丹麥的同盟時，稍微得到減輕。而挪威與瑞典在1814年－1905年間，形成了鬆散的聯盟。

維京人不只是海盜，
是偉大的探險農家

十九世紀民族主義的歷史學家，主要回顧的是瑞典在十七世紀的輝煌；對於逐漸失去領土的痛，他們則向其他地方尋求慰藉：在十八世紀科學家卡爾・林奈（Carolus Linnaeus）等偉大知識分子的領導下，科學興起，而工業也大有進展。這兩者都讓瑞典民族在縮小的領土上，再次感到自豪。也因此，**瑞典人在歷史方面強調的通常都是人民，而非君王。**

十九世紀的歷史學家將農人描繪為穩定的象徵，對土地擁有絕對權力。此外，維京人則為歷史帶來些許粗暴色彩——但這都與現代保持著安全距離。這個學派的瑞典民族歷史從冰河時期開始，當時整個斯堪地那維亞半島都覆蓋在冰川下。

當冰河在大約一萬多年前消退時，露出了一片處女地，準備讓人們定居。許多不同部落都在此留下遺跡，被往後的考古學家們發掘。隨著最初的文明被更進步的文明征服，農耕文化漸漸成形，稱為新石器文明，而這個時代便稱為新石器時代。

新石器時代部落為日後的瑞典播下種子，往後都在此耕作和製造鐵器：證據就是土地上留下的器具和石頭上的雕刻。維

京人是第一個在石頭上刻下盧恩字母（Runes）[2]與後人溝通的民族，訴說著他們的家族關係、居住地點和高貴舉動：「好農夫霍姆哥特在妻子奧登蒂莎過世後，豎立石碑。」其中一塊這麼寫：「哈斯麥拉不會再有好管家能照顧農地；羅德巴勒刻下這些文字；奧登蒂莎是西格蒙德的好姊妹……。」

十九世紀初期的瑞典盛讚維京時期，視其為民族的驕傲。在他們的想像中，那是擁有富饒田園的社會，樸質的北歐人會聚集在法庭中做出決策，執行正義。榮譽是團結家庭的概念，男性和女性都必須不計代價守護自己的榮譽。

充滿活力的維京人向西方或東方出發冒險，有時貿易，有時則是掠奪。而**在另一頭的基督教世界中，對北歐人的敬畏和恐懼很快就傳遍了全大陸**。維京人在793年，攻擊英格蘭東北岸林迪斯法恩（Lindisfarne）的盎格魯－撒克遜修道院，消息傳開後，恐懼之情更甚。

據說，修士們曾經如此禱告：「請上帝從北方人的憤怒中拯救我們。」這些恐怖的故事很可能經過加油添醋，以強化人們對教會的忠誠，以及為保護國家而做出犧牲的意願：**西元九世紀的盎格魯－撒克遜統治者，會利用對維京人的恐懼，有效鞏固自己的政治實力。**

在不同斯堪地那維亞國家的民族記憶中，維京人扮演的角色也不同。二十世紀初，在奧斯陸（現挪威首都）南方發現美麗的維京戰船，對於當時爭取政治獨立的挪威人來說非常重

---

2 編按：使用範圍遍布於斯堪地那維亞半島與不列顛群島，現已滅絕。

要，讓他們建立起更獨特的文化認同和傳承。

冰島的殖民者[3]被和當代挪威極地學家相提並論——維京人是受到景仰的探險家，而不是海盜。在丹麥，隨著農業現代化，維京人被視為遠古的先人，是同時兼顧農業和海上旅行的農人。

在工業掛帥的瑞典，維京人被描繪為技術絕佳的工匠和商人先驅，曾經與東方進行貿易。最後，芬蘭甚至必須發明出不存在的芬蘭維京人，才能在十九世紀被視為「真正的北歐人」。

當社會又動盪，就得翻開不堪的歷史看看

除了維京時代的戲劇性發展，以及「偉大時代」的城堡和文化寶藏美學價值（儘管這幾乎都是少數歐洲貴族移民的成就）外，**瑞典的歷史重心幾乎都放在農耕文化。**

瑞典農民在政治上的重要性，遠超過其他歐洲國家。大量的獨立農民爭取並獲得政治影響力，在地方、區域和國家層次都是如此。從十七世紀開始，政治的代表性就正式寫在宗教、法律和政治規定中。

四級議會（riksens ständer）[4]在1617年出現，只短暫在幾次專制時期，因為君王與上議院的鬥爭而中斷。漸漸的，新教教

3　編按：在 1262 年－ 1944 年間，冰島被挪威和丹麥統治。

4　編按：僅次於國王的最高權力機構。

會創造出社會融合的均勻通道（宗教改革發生於 1527 年[5]），並且由學校、議會當局和民族文化加以補強。

這讓瑞典人以他們「allmoge」（獨立農民）的自由為傲，認為這是十九世紀建國最關鍵的核心。相對之下，都市的中產階級和貴族人口非常稀少。君王偶爾會與貴族締結重要的政治聯盟，但其他時候則是與繳稅的人民。

隨著社會主義民主框架的建構，以及集體主義式的獨立國家成形，二十世紀初期的歷史學家，開始調降獨立農民和民族運動的重要性；勞工階級、宗教復興運動和節制運動（禁酒），逐漸被視為社群建設、民主化和公民權的重要推手。

此外，他們也強調了十六世紀古斯塔夫一世（Gustavus I Vasa，統治期間 1523 年－1560 年）政權的強大國力，以及十七世紀黃金時期成功的官僚制度。

如今，瑞典歷史的主流觀點，就是**人民如何從粗魯的叛亂分子，轉變為高效社會和政治機器中的順民**。1933 年農民和勞工的政黨建立了堅固的政治同盟，避免政治激進化；再加上 1938 年雇主和工會之間達成共同協議，都為現代化提供了穩定的框架。1945 年後，瑞典人開始覺得他們進入了「非歷史的理性現代」。

1970 年代初，經濟出現停滯，威脅了這種歷史已經終結的概念。1980 年代尾聲，在經歷了 1986 年總理奧洛夫・帕爾梅（Olof Palme）被刺殺、全球化加速、蘇維埃帝國瓦解、申請

5　編按：所有布道都改以母語進行，主教的軍事權力被解散。

加入歐盟、社會民主政權出現裂痕等事件後，瑞典人又重新找回歷史。

1993 年－1994 年，全國性的大型展覽計畫「瑞典歷史」，試圖呈現統一連貫的瑞典歷史。1990 年代初期的討論，帶出了許多瑞典特質，例如安靜、害羞、尋求共識和「lagom」的概念（意思是不過多也不過少，恰到好處），這些都被視為瑞典政治和個人層面的本質。

瑞典總理約蘭・佩爾松（Göran Persson）在 1990 年，主動召開關於大屠殺的大型國際研討會；他也建立官方負責單位，教導瑞典學童和大眾關於種族屠殺的議題——這個主題一度被排除在中學課程之外，且大眾普遍缺乏相關意識。

與此同時，許多研究也質疑瑞典傳奇性的良善。難道瑞典不是在 1921 年，率先建立種族生物學相關機構[6]的國家之一嗎？而且直到 1959 年才將之關閉？難道瑞典沒有在毫無可信科學根據的情況下，直到 1970 年代都還強迫「不理想」的女性節育？

難道瑞典沒有快速配合希特勒「純淨種族」的要求，並允許德軍過境？難道瑞典對同盟國的支持不算來得太遲？二戰過後，瑞典難道沒有快速承認俄羅斯在波羅的海的地位？難道瑞典當局沒有持續祕密且違憲的監控人民，至今依然不改？

這些讓人不舒服的問題，在 1990 年代嚴重威脅了瑞典自豪的形象。

---

6 編按：指人種生物學研究所（Statens institut för rasbiologi），早期的重點是研究瑞典人口中北歐種族特徵的普遍性，以及與其他種族混合的所謂「不利因素」。

新自由主義的保守派政黨溫和聯合黨（Moderaterna），決定放棄以傳統的瑞典形象作為號召，而是將自己塑造為新的勞工黨，以及福利國家的新捍衛者。於是，這個版本的歷史，失去了政治和意識形態的基礎。

如今，對於良好福利國家的懷念讓瑞典人凝聚，但他們也意識到，這樣的時代已經過去了。2010年，國王為一場永久性的博物館展覽開幕，內容按照時間順序展示了瑞典的完整歷史。同時，也出版了50年來第一部完整的歷史，並結合了電視節目和商業贊助。

如今瑞典人站在歷史的十字路口，卻沒有任何標示可以告訴我們方向。瑞典的歷史究竟只是休閒消遣，或是成為社群和政治整合的框架呢？

強調中世紀的用意——我們要幸福

和其他西方國家一樣，**文化遺產和博物館成為瑞典經濟越來越重要的元素**。許多國家都希望將中世紀的城鎮和工業化的廢土，改建成文化中心。瑞典近年來承受的創傷回憶相對較少，要利用歷史來團結人民或許相對容易，也能讓歷史觀光成為愉快的假日活動。

哥特蘭島（Gotland）上的中世紀城鎮維斯比（Visby），在1995年被列入世界遺產。如今，當地仍舉辦充滿活力的中世紀文化重現活動，包含重新演繹1361年殘酷的丹麥入侵，成功凝聚了島上的57,000名居民，讓他們引以為傲。

每年都有超過八十萬訪客來此「時間旅行」，並享受大量的美食和佳釀。他們運用歷史原料，創造出了新的產業。和過去500年相比，維斯比在相關單位和機構的支持下，如今變得更加中世紀了。

《聖殿騎士團》（*Tempelriddaren*）是小說家楊・庫盧（Jan Guillou）所寫的三部曲，主角是虛構的十字軍騎士亞恩・馬格努森（Arn Magnusson）。這本書在1990年代末期，更新了瑞典人對阿拉伯文化的看法。

亞恩在聖地花了20年與薩拉丁（埃及的民族英雄）交戰，有時也與當地人結交，最終回到瑞典。他同時展現出為國而戰和建設國家的能力，因此喚醒了兩種價值觀：**軍事上的榮耀和現代化。**

主角亞恩在故事中的故鄉，是位於西哥德王國的西約特蘭（Västergötland），而作者也曾經找到證據，的確有符合亞恩敘述的人物存在。即便缺乏絕對的根據，也未影響「中世紀世界」的開發。

這座以歷史為主題的樂園，由亞恩的故事為基礎，成為瑞典最成功的樂園。在樂園中，中世紀如此真實，卻又與我們的世界不同。樂園就像童話世界，讓訪客們能扮演不同的社會角色。瑞典男性（通常支持平權）可以假裝自己是騎士；而職業婦女則讓自己在虛構的宮廷中屈膝行禮。

十七世紀黃金時期的戰爭，在藝術家和工匠間喚醒了極大的熱情，卻也成為排外極右派的政治模型。這很諷刺，因為大部分的軍官都是移民，而黃金時代最受推崇的瑞典國王卡爾

十二世，則遭到徹底擊垮。

斯德哥爾摩的瓦薩號（Vasa）戰艦，讓人們得以探索這種對於過去的熱情。戰艦保存良好、裝備完全，在1628年的處女巡航中沉沒，連一發砲彈都還沒發射過。戰艦在1961年打撈上岸，展現了瑞典頂尖的工程技術，如今可以在斯堪森博物館（Skansen）附近欣賞；那裡也展示了瑞典農民的生活。

相較之下，瑞典的工業遺產就沒有那麼華麗且引人遐想了。雖然瑞典工業確實也有特殊的美感，有時稱為「industrial cool」，但這個相對沒那麼古老的歷史元素，也相對不那麼令人興奮或引發懷舊感了。**瑞典人對於自然的愛和農民的傳統，或許比較有利用價值。**

然而，如今瑞典最受歡迎的文化產品，應該是阿斯提・林格倫（Astrid Lindgren）的童書，特別是《小搗蛋艾米爾》（*Emil i Lönneberga*）和《長襪皮皮》（*Pippi Långstrump*），兩本書都外銷到許多國家。她的家鄉甚至由溫莫比（Vimmerby）改名為阿斯提・林格倫的溫莫比。

假如其他國家對瑞典歷史有任何概念，或許都是把整個斯堪地那維亞混為一談。維京人在世界各地都有著暴力的形象，因此成為從漢堡到輪胎等許多品牌的商標。

對北歐來說，瑞典強權時期留下的印象或許是十七世紀時，三十年戰爭使德國人口銳減三分之二的傷害。然而，波羅的海國家會記得，瑞典統治時期良好的法律與秩序——與隨後的俄羅斯專制形成對比。

瑞典福利國家的形象傳遍世界。全世界都相信，和許多國

家相比，**瑞典的政府負擔更多照顧個人福祉的責任**；此外，許多人也會聯想到瑞典性放蕩和自由女性的刻板印象。

而諾貝爾的一生提醒我們，瑞典在二十世紀經歷了全世界最快速的工業成長；與此同時，導演英格瑪‧柏格曼（Ingmar Bergman）的電影，則向世界展現了瑞典的憂傷。

這類刻板印象並非全然謬誤。**瑞典的民族認同，源自一個擁有強大獨立農民的社會，這些農民在中世紀就已經具備政治意識**。工業化和都市化比較晚發生，讓瑞典成為世界最富有的國家之一，有著強力政府和穩固的勞資聯盟。瑞典從 1814 年後就未曾經歷戰爭，也是富強背後的原因之一。

無論是在瑞典境內或國外，比較不為人知的傳統是，充滿野心的政府和組織精良人民之間的成功談判。或許可以說，瑞典社會不是受到國家政權的脅迫而屈從，反而是**有組織的社會侵入了國家政權**。如此的結果，就是社會和國家的概念可以彼此代換，而帶來的寶貴價值或許更反映在外國人的刻板印象，而非瑞典人的自我形象。

舉例來說，瑞典人覺得自己害羞而「lagom」，而外國人則看中他們的個人主義，特別是在性相關的議題上。假如我們看得再深入一點，會發現瑞典人在某些方面很極端。

瑞典擁有全世界最世俗化的社會，也非常注重個人獨特性的發展。然而，為了要在教育、職涯、配偶或家庭上自由選擇，而不需要仰賴父母和家庭，這些人會需要「同伴」幫忙。因此矛盾也產生了：瑞典人需要強大的國家，才能更好的保障個人自由。

▲社會民主黨的「百萬計畫」社會住宅運動（1965年－1974年），目標是提供普遍能負擔的住居。但有些地區很快就成為貧民窟，也象徵了設計有效福利政策的困難。

資料來源：Frank Chmura/ Alamy

第九章

先屬瑞典後屬俄國，期待北約中有我

芬蘭共和國

撰文／皮爾約·馬爾科拉（Pirjo Markkola）

于韋斯屈萊大學（Jyväskylän yliopisto）的芬蘭歷史教授，研究領域包括
十七世紀以來芬蘭婦女生活史、宗教信仰和社會工作。

芬蘭共和國
Republic of Finland

　　十二世紀芬蘭被瑞典統治前,一直保持原始公社制度。1809年,成為俄羅斯沙皇統治下的大公國;隨著十月革命爆發,芬蘭於1917年宣布獨立,共和國於1919年成立。二戰結束後,芬蘭成為戰敗國,主權和外交長期受制於蘇聯,直至其解體,最後於1995年加入歐盟。

　　主要經濟支柱是製造業,以木材、金屬、工程、電訊和電子工業為主。通信產業以諾基亞為代表,芬蘭也號稱是網際網路使用比例、人均手機持有量最高的國家。

　　政治體制以議會為主,多數行政權力控制在由總理領導的內閣中,而總理由議會選出。內閣由總理本人、中央政府各部長及司法長官組成。

基本資料

國慶日:12月6日。

加入聯合國日期:1955年12月14日。

語言:芬蘭語、瑞典語併列官方語言。

首都:赫爾辛基。

面積:338,145平方公里。

地理位置:北接挪威北部,西北與瑞典、挪威為界,東臨俄羅斯,西、南濱臨波羅的海及芬蘭灣(Gulf of Finland)與波羅的海三國(愛沙尼亞、拉脫維亞、立陶宛)相對。

人口:550萬人(2021年)。

宗教:以基督教路德教派為主(約占總人口71%)。

※資料來源:中華民國外交部網站

　　對於芬蘭歷史的述說，通常都是戰爭底下的生存故事，但這些戰爭令外國人難以理解。對許多業餘歷史學者來說，芬蘭的歷史夾在瑞典和俄羅斯——西方和東方——之間，實在太過複雜，大概只有芬蘭人自己能夠理解。有些研究歷史的學者犯下神話化的錯，而其他人則試圖更正誤解。

　　另一個版本的芬蘭歷史，則是自耕農與強壯女性的故事。芬蘭人以自己的農民為榮，因為**他們不曾落入封建主義中**。農民社會也被用來解釋芬蘭強壯女性的傳統，對這些女性來說，國家在**政治平權方面的早慧似乎自然而然**。

　　芬蘭在1907年成立的第一個議會中，就有10%的成員是女性。芬蘭人通常宣稱自己是第一個賦予女性投票和參選權力的國家，但其實在地球的另一端可以找到這兩方面的先驅。然而，**世界第一位女性議會成員的確出現在芬蘭**，領先了紐西蘭和澳洲。

　　2007年有兩個重要的週年紀念日：議會改革的100週年，以及脫離俄國獨立90週年。芬蘭在1809年成為俄羅斯帝國下的大公國（grand duchy）之一[1]，而這個事件也在2008年和2009年受到紀念。這些紀念日是紀念複雜芬蘭歷史的方式。

　　西方教會和東方教會的行動，讓基督信仰來到這個位於歐洲最北方的角落。十二世紀以後，芬蘭的南部和西南部都受到西歐的深遠影響。這個區域在十四世紀時，瑞典和諾夫哥羅大

1　編按：瑞典帝國及俄羅斯帝國在1808年－1809年，於芬蘭地區爆發戰爭。最後瑞典戰敗，其東部三成領土被割讓，成為附庸於俄羅斯帝國的芬蘭大公國。

公國（Novgorod）簽訂《內特堡和約》（*Treaty of Nöteborg*）後就成為瑞典的一部分。1520年代路德派宗教改革也傳播到此處。

在瑞典的統治下，建設了許多機關單位，例如郵政系統、上訴法院和土庫大學（University of Turku）；區域的行政變得更有效率，而新興的城市則帶動了貿易。

十九世紀初拿破崙戰爭讓芬蘭的歷史轉向。瑞典和芬蘭約六百年的連結斷裂，芬蘭成為俄羅斯帝國的一部分。俄皇亞歷山大一世（Alexander I）與拿破崙在1807年簽訂《提爾西特條約》（*Treaties of Tilsit*），部分的目的是逼迫瑞典加入對英國的大陸封鎖體系。

亞歷山大一世隨後便與瑞典爆發戰爭，接著侵略芬蘭，宣稱芬蘭將永遠加入俄羅斯。1808年底建立芬蘭政府，並在1809年3月舉行波爾沃議會（Porvoo Diet）的成立典禮。

在《哈米納和約》（*Treaty of Hamina*）的協議下，瑞典將托爾訥河（Tornio River）以西的領土和奧蘭群島（Åland Islands），割讓給俄羅斯。

俄羅斯承認芬蘭的路德派信仰、法律和社會秩序，而這些層面都受到瑞典深遠影響。俄羅斯建立起芬蘭大公國的中央行政體系，受俄羅斯皇帝直接統治。

芬蘭人逐漸形成了一個觀念，**即芬蘭在1809年成為內部獨立的國家**，擁有自己的權力；而在十九世紀到二十世紀之交，芬蘭則開始爭取自主權。俄羅斯對於國家團結和現代化的努力，被視為壓迫，因此該時期被稱為「壓迫時代」。

1905年俄羅斯的全面罷工結束時，俄羅斯皇帝同意讓芬蘭

進行改革，讓芬蘭擁有一院制的議會。男性與女性都被賦予相同的投票權和參選權。

1917年12月，利用俄國爆發革命之際，芬蘭議會宣布獨立，而俄羅斯臨時政府則在1918年承認芬蘭獨立。在1918年的冬季和春季，芬蘭的紅色社會主義者和保守主義者間，曾短暫爆發血腥的內戰。

這場內戰的本質太過複雜，其證據就是很難找到一個大家都能接受的名稱——根據觀點立場不同，曾經被稱為革命、叛亂、階級鬥爭、「veljessota」（手足之戰）、「kansalaissota」（公民之戰）和內戰。

1939年11月，芬蘭與蘇維埃聯邦爆發冬季戰爭，持續了三個月。所有國際媒體都密切關注這場戰事，而其中「渺小且勇敢的芬蘭」形象，促成了「冬季戰爭精神」（Talvisodan henki）的說法，指的是當時芬蘭的民族共識。

一段短暫的和平後，芬蘭與蘇聯的「繼續戰爭」在1941年6月爆發，持續到1944年夏末。接著是拉普蘭戰爭，芬蘭在蘇聯的命令下，擊退取道芬蘭北部侵略俄羅斯的德國人。這些戰爭使芬蘭10%的領土落入蘇聯手中，大約12%的人口則被迫遷出割讓的領土。

1945年後，芬蘭與蘇聯的關係成了重大議題。芬蘭在冷戰期間試圖與東方集團建立良好同盟，卻因而影響了和西方的關係。1956年－1980年代的芬蘭總統烏爾霍・吉科寧（Urho Kekkonen）強調保持中立的政策，即便在處理國內事務時，也會利用外交政策的論點。

受瑞典壓迫，才發展出民族意識

自從蘇聯瓦解後，許多人爭論芬蘭與東方的關係究竟是巧妙的權力政治，或是不必要的奉承強大鄰國。1992年，芬蘭政府提交申請加入歐洲共同體，最後在1995年成為歐盟會員國。然而，加入北大西洋公約組織（NATO）的提議，在起初國內僅獲得少數人民支持[2]。

這些歷史事件的元素，都是後代子孫用來定義自己和過去的依據。由於**芬蘭人沒有古老的獨立國家，也沒有所謂的民族榮光**，因此他們的自我定義，在不同時期就得用不同的方式去找尋。

歷史學家奧斯莫·尤西拉（Osmo Jussila），找出了書寫芬蘭歷史的三個中心故事，但不同版本則有些許變化：瑞典－芬蘭、芬蘭人爭取獨立，以及1809年的國家誕生。過去的歷史學家關切的層面，也包含了芬蘭女性早期的社會平等、芬蘭在二戰扮演的角色，以及在冷戰期間的巧妙外交政策。

瑞典－芬蘭指的是芬蘭隸屬於瑞典王國的時期[3]，但與此同時，芬蘭人卻能建立自己的身分認同，劃出清楚的界線。這樣的說法在1918年後才漸漸受到支持，並且出現許多版本。

有些人強調，瑞典對芬蘭的暴力占領，讓當地部落社群傳統的自主性告終；其他人則認為，瑞典政府僅能控制教會，無

2　編按：2022年5月，芬蘭因受俄烏戰爭刺激，申請加入北約。

3　編按：1150年－1809年。

法影響世俗事務。

　　人們對瑞典統治時期的芬蘭有了認識，也就是在這段期間，**芬蘭人受到瑞典壓迫，卻發展出了民族意識**。更近代的歷史學家則否定瑞典－芬蘭的概念，此一概念也沒有出現在學校教科書中；然而，仍可以聽見人們談論「瑞典統治時期」，而瑞典－芬蘭一詞，也沒有完全消失在關於芬蘭的論述中。

　　芬蘭從十八世紀開始爭取獨立，主導者是在瑞典國王古斯塔夫三世（Gustav III）跟前失寵，或是對他感到失望的官員。這些人被描繪為民族英雄，但近期的研究則將他們定義為叛亂的士兵，其中有些人甚至移民到俄羅斯，且在俄羅斯1808年入侵芬蘭時加入俄羅斯部隊。

　　在比較古老的論述中，1809年3月的波爾沃議會建立，代表芬蘭的建國。一直到1960年代前，這都是芬蘭國家形象的主流論述。然而，俄皇亞歷山大一世的某些說法引發了論戰。

　　當亞歷山大一世說，他要將芬蘭抬升到其他「國家」的層級，究竟是什麼意思？他承認芬蘭的宗教、憲政和特權，目的是什麼——他指的是真正的憲法，還是基本的法律而已？

　　一份最近的研究顯示，十九世紀的芬蘭學者，選擇忽視以下概念的定義變化：十九世紀末，芬蘭有意識的建立內部獨立的概念時，1809年的事件被以民族主義的觀點扭曲解讀。

　　1917年芬蘭宣布獨立後，芬蘭民族主義的歷史學家就開始灌輸他們版本的芬蘭形象，也就是早在十九世紀就已經與俄羅斯分開。人們普遍覺得，芬蘭一直以來都向著獨立邁進。雖然近期的研究打破了這個概念，媒體仍然將1809年塑造為獨立故

事的一部分。

1809年我們獨立，
但1944年抗俄戰敗才真獨立

芬蘭尋找深植的獨立意識的渴望顯而易見。同時，也在尋找女性解放的根源。**芬蘭人通常會很驕傲的和外國人分享他們國家的貧窮，以及努力工作的必要性。**

在農業社會中，無論男性或女性都必須工作。這個論點被用來說明勞動人口中大量的女性，女性在政治和專業組織中的較高地位，以及女性受到的高度教育。**同樣的特徵在所有北歐國家都存在，但在此卻被塑造為獨特的芬蘭特色。**

一般認為，芬蘭和其他北歐國家的不同之處，在於芬蘭很早就賦予女性公民權和選舉權；然而，其他北歐國家（瑞典除外）的女性，也早在一戰初期就擁有投票權和選舉權。

當今的觀點中，芬蘭歷史的關鍵時刻和民族認同的基石，似乎都是二十世紀的戰爭，從相關研究的分量和書籍的銷售量就可見一斑。二戰的政治活動、內戰的血腥戰場，以及相關的政治糾葛都令學者和大眾著迷。

在千禧年之際，「1914年－1922年的芬蘭戰爭受害者」計畫（Suomen sotasurmat，1914–1922），試圖精確計算1918年內戰中，遭到殺害或處決的死亡人數，在國家檔案館的網站上可以找到調查的結果。這個計畫是立基於歷史的政治行動，目標在於透過蒐集詳細歷史數據，以緩解民族創傷。

　　近期還有另一個類似的例子，也就是將1944年的戰爭重新訂名為「防禦勝利」（torjuntavoitto）。其目的是在強調，即便芬蘭在面對蘇聯的戰爭中落敗，卻成功阻止了蘇聯在1944年夏天的全面進攻。「防禦勝利」這個術語讓人們得以用符合現代需求的方式，重新詮釋過去，同時也紀念退伍軍人。

　　另一項以研究為基礎的重新評量，則是針對繼續戰爭期間芬蘭與納粹德國的關係。歷史學家曾經認為芬蘭是孤軍奮戰，但近期的研究則提出質疑，有證據顯示納粹德國和其他勢力，在1944年的「防禦勝利」中扮演了關鍵的角色。在過去幾年來發表的數份研究，都認為不應該將芬蘭－蘇聯的戰爭，與更廣泛的納粹－蘇聯衝突區分。

　　在網路論壇中，戰爭的重要性更受到關注。2009年春天，以二戰間和戰後愛沙尼亞歷史為主題的專欄，出現了熱切的討論。另一場辯論則是關於政治人物在繼續戰爭，和二戰後戰爭法庭扮演的角色。

　　其他受歡迎的主題也都和戰爭歷史相關。然而，1808年－1809年的戰爭卻未引發如此的熱忱，也鮮少人討論1809年對芬蘭社會帶來的影響。然而，瑞典統治的重要性，似乎仍是個嚴肅的議題，而作家們也爭論瑞典和俄羅斯對於芬蘭社會發展的影響。

　　在芬蘭高中教育中，瑞典統治的歷史研究並非必修課程，因此1809年可以說成為芬蘭歷史的起始點。然而，對更早期歷史的忽視，讓芬蘭人對於自身歷史的理解出現扭曲，也影響了他們對現代社會的想像。

　　人們忘記了芬蘭社會中的重要制度——議會、立法和司法體系、教育系統、地方行政系統和教會 —— **都是以瑞典遺留的部分為基礎。**

　　如果能用更長遠的觀點來了解，芬蘭歷史是如何在多文化的情境中形塑，不只可以讓人們看得更清楚，或許也能讓芬蘭人對遙遠的過去更感到驕傲。

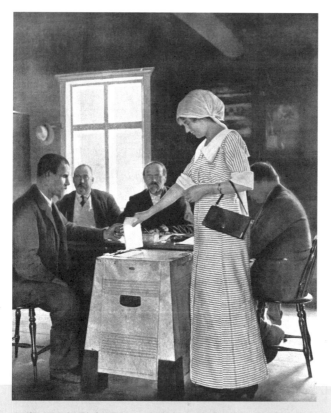

▲當1906年議會採行一院制後，芬蘭所有社會階級的男性和女性，都擁有投票權和參選權。女性從1907年第一次選舉後，就積極行使這些權力。

資料來源：Bettmann/Corbis

第十章

以水立國以商富國，
三件事全球楷模

荷蘭王國

撰文／威廉‧弗里霍夫（Willem Frijhoff）

阿姆斯特丹自由大學（Vrije Universiteit）歷史學名譽教授；他的著作包括《1650年：團結來之不易》（1650: Hardwon Unity, 2004）、《信念的體現：荷蘭歷史宗教文化十論》（Embodied Belief: Ten essays on religious culture in Dutch history）。

主要研究領域是歐洲和北美文化、宗教史以及教育史，尤其是近代早期歐洲的文字、學校教育和大學。

荷蘭王國
Kingdom of the Netherlands

　　尼德蘭（Nederland）的意思為低地國家，此名稱來自於國內平坦而低溼的地形。其國土中，只有約50%的土地高於海拔1公尺。從十六世紀開始，荷蘭人利用風車及堤防排乾積水，逐步由海中及湖中製造出圩田。現今荷蘭國土總面積中，有17%是人造的。

　　荷蘭工業非常發達，為全世界第一個現代資本主義國家；主要工業有石油化工、冶金、電子、鋼鐵等，並且是歐洲第二大和世界第九大天然氣生產國。年產量占歐盟30%以上和世界年產量約2.7%。農產品出口值在歐盟排名第一，運輸、銀行、旅遊業也發展興盛。

　　為議會制君主立憲制國家，且採用典型協商民主制度；立法權屬國王和議會，行政權屬君主和內閣。下議院每隔4年改選，由選民直接選舉產生，其中最大的政黨聯盟組成內閣。

▌ 基本資料

國慶日：4月27日。	
加入聯合國日期：1945年12月10日。	
語言：官方語言為荷蘭語及菲士蘭語（Frysk）。	
首都：阿姆斯特丹。	
面積：41,543 平方公里（其中陸地面積33,893平方公里，水域面積7,650平方公里）。	
地理位置：位於西歐，東鄰德國，南接比利時，西部及北部瀕臨北海。除東南一帶山丘最高海拔 300 餘公尺外，全境地勢低窪，近三分之一低於海平面。	
人口：1,770萬人（2022年）。	
宗教：基督教、天主教。	

※資料來源：中華民國外交部網站

如果你問任何荷蘭人，形塑他們國家的力量是什麼，答案都會是：水。或是更貼切的：我們和水的戰鬥。「我正面臨挑戰，但我會生存下去」（Luctor et emergo），荷蘭水域最多的省分澤蘭省（Zeeland）如此驕傲的宣稱。

人民是荷蘭的第二種力量，總是與大自然競爭，克服物理困境，並創造出新的地景規畫。雖然人民有時會被迫讓步，但**縱貫荷蘭歷史的關鍵字是「安全」、「設計」和「追求完美」**——這是荷蘭的核心。

荷蘭位居過渡地帶，在商業和人民方面都是如此。他們總是向外尋求完美：最初是望向天堂，而後則效法他們心目中的典範國家。他們曾經著迷於法國，這是他們在十六世紀和十七世紀，對抗西班牙人的第一個盟友；然而，如今的他們仰慕美國（且近乎盲目的追隨）。

這也難怪荷蘭的喀爾文主義者，如此執著於教義上的預選說[1]；而從中世紀初期開始，荷蘭商人向海外的國家和經濟體追求財富，似乎也不令人意外了。綜觀歷史，**荷蘭人面對國家發展限制和自然的威脅，給出的答案就是殖民和移民、國際商業往來、貿易公司和海外投資。**

對許多國家來說，水會造成分裂。然而，在荷蘭精神中，水讓國家從內部團結，並且向外挑戰，突破限制。北海凝聚了荷蘭與英格蘭、蘇格蘭、菲士蘭（Frisia，從丹麥西南部，向南

---

1 譯按：主張上帝早已決定得救與否，信徒唯有抱持堅定的信仰才能驗證是否為選民，並強調辛勤工作、勤儉以榮耀上帝。

經德國西北部，延伸到荷蘭的海岸地區）和斯堪地那維亞，其間的連結遠比荷蘭東部和歐陸鄰國德國間的更為堅固。

荷蘭和西班牙打了八十年戰爭後取得獨立，商人探險家立刻出發找尋新的貿易和開拓路線。許多荷蘭式的地名，例如合恩角（Kaap Hoorn）[2]、斯匹茲卑爾根島（Spitsbergen）[3]、巴倫支海（Barents Sea）、澳洲的阿納姆地（Arnhemland）和塔斯馬尼亞州（Tasmania）、紐西蘭（New Zealand）、印度洋上的島國模里西斯（Mauritius）⋯⋯都見證了荷蘭人的擴張。

兩個世紀以來（1641年－1853年），荷蘭人壟斷了與日本的所有貿易。其他荷蘭的征戰雖然最終落敗，卻也留下了痕跡，例如麻六甲（Malacca）、錫蘭（Ceylon，現斯里蘭卡）、南非、荷屬黃金海岸（Dutch Guinea，現迦納）、新尼德蘭（New Netherland，現紐約州、紐澤西州部分地區）和新荷蘭（New Holland，現巴西東岸）。

然而，**荷蘭殖民帝國建立的主要功臣，是貿易組織荷蘭東印度公司**，成立於1602年，是歐洲第一個半公開的股分有限公司。不久之後，荷蘭就控制了整個廣大的印度尼西亞群島。

荷蘭的殖民統治往往有效率又粗暴，即便在傳教方面也投入許多，卻總是把利益放在文明之前。他們在美洲奴隸貿易中扮演重要的角色，在庫拉索（Curaçao，荷屬安地列斯群島的自治國）首府威廉斯塔德（Willemstad）歷史中心的建築物上仍

2　編按：位於南美洲最南端。

3　編按：靠近北極。

清晰可見，持續激起其帝國在加勒比海殘存的殖民地，以及荷屬圭亞那（現獨立為蘇利南共和國）的憤怒情緒。

以水立國

在荷蘭歷史中，水的確是「起源」。荷蘭列入聯合國教科文組織世界遺產名單的九座紀念碑，有七座與水有關：貝姆斯特圩田（Beemster Polder），是荷蘭首個自湖中闢水造地而成的圩田[4]，在1609年－1612年間由阿姆斯特丹（當時繁榮的世界經濟中心）附近的投資人所建造；十八世紀的小孩堤防風車群（Kinderdijk windmills）；原本在須德海（Zuiderzee）上的斯霍克蘭島（Schokland）；阿姆斯特丹的水防線；建造於1920年的抽水站；瓦登海（Wadden Sea）；以及阿姆斯特丹市中心的古老運河（Grachtengordel）。

荷蘭人在數個世紀中，不斷形塑著自己的土地，讓他們成為了頂尖的設計師，而位於烏特勒支（Utrecht）的施洛德住宅（Schröder House）[5]，以及鹿特丹的范內勒工廠（Van Nellefabriek）[6]都是他們偉大的成就。

若要說荷蘭是堤防、圩田和風車的國度，似乎有點老套，不過卻真實反映了荷蘭自古以來的求生奮鬥，即便是內陸最安

4　編按：指經圍海造田取得的土地。

5　編按：由荷蘭風格派運動（De Stijl）建築師赫里特・里特費爾德（Gerrit Rietveld）建造，被列入世界文化遺產。

6　編按：被認為是「國際風格」建築的代表作，同樣被列入世界文化遺產。

全的區域也是如此。

水不僅僅是荷蘭歷史中最重要的物質,也是民族認同的核心,**承載了荷蘭人的集體想像**。例如十七世紀畫家揚‧范‧高延(Jan van Goyen)的河景畫、雅各布‧范勒伊斯達爾(Jacob van Ruysdael)筆下的陰鬱天空,以及范‧德費爾德家族(Van de Velde)的海洋繪畫,都反映了荷蘭人心中自然與文化的強烈交流,以及他們試圖操控水力的努力。

海平面上升影響了荷蘭西部地勢較低的國土,喚醒了古老的恐懼和災變的記憶,讓許多人陷入恐慌。這樣的威脅絕非空穴來風:1995年1月,由於萊茵河與馬斯河[7]河水上漲,周邊區域超過二十萬居民被迫疏散。

氣候變遷對荷蘭人的影響,遠大於其他歐洲國家,這也解釋了**為什麼他們積極投入環境保護、規畫和生態保護**;特別是萊茵河與馬斯河,將整個歐洲西北部的垃圾、化學汙染和核廢料都帶到荷蘭。

1953年1月1日的北海洪災,在曾經的澤蘭(Zeeland)群島,導致超過一千八百人死亡;此後荷蘭政府便吸取經驗,修建了三角洲工程(Deltawerken)[8]。這個現代荷蘭工程技術的象徵,反映了古老的格言:「上帝創造世界,但荷蘭人創造自己的國家。」

7　編按:西歐的重要河流,流經多國工業區,荷蘭語為 Maas,又稱默茲河(法語:Meuse)。

8　編按:防止海岸被侵略,減少海水倒灌;是至今最大型的防洪計畫,被選為世界七大工程奇蹟之一。

　　也因此，貫穿圩田區，沿著澤蘭西南部的河岸到東北的上愛塞省（Overijssel），有一條所謂的「聖經帶」，代表了**荷蘭最正統也最堅定的虔誠主義，以及對預選說的信仰**。

　　而毫不意外的，荷蘭歷史博物館近期在教育部指示下，將「土地與水」列為五大歷史主題中的第二項，其他則是國族認同，以及普世性的「富有與貧窮」、「戰爭與和平」和「身體與心理」。

圩田文化──荷蘭企業的決策模式

　　建設堤防、引流圩田、灌溉和磨坊，是中世紀晚期以來荷蘭最早外銷的技術，而荷蘭建造港口的工藝至今依然舉世聞名。科技創新是十七世紀荷蘭商業興盛的原因，不只在造船、港口管理和都市設計等領域，也包含了工程、數學和城鎮強化等。

　　這個世紀的畫家發展出新的視覺呈現技術，代表人物有弗蘭斯‧哈爾斯（Frans Hals）、林布蘭（Rembrandt）和維梅爾（Vermeer）；製圖師也讓荷蘭探險家能行遍世界。

　　荷蘭發明的望遠鏡、顯微鏡和擺鐘，改變了人們對自然、空間和時間的感知。

　　印刷術讓荷蘭的大學成為新歐洲科學中心，特別是萊登大學（Leiden University）。而許多人認為，十七世紀初期的阿姆斯特丹，之所以能成為世界經濟中心，都多虧了市政當局採用的創新溝通技術，包含每日報紙、股市、風險分擔管理和精算科學。

　　建造於1665年的阿姆斯特丹市政廳，如今是荷蘭王室的宮殿，被譽為世界第八大奇觀。市政廳最初的裝飾設計，反映了荷蘭市民社會的所有價值：自由的平等主義社會、讓商業繁榮的和平環境、社群的包容性、人人平等的司法，以及對上帝的信仰。

　　世界上沒有任何一個地方，比荷蘭更需要學習水的管理。1809年，路易・波拿巴（Louis Bonaparte）成為荷蘭第一任真正的國王。他的兄長法蘭西皇帝拿破崙・波拿巴（Napoléon Bonaparte），在1806年將巴達維亞共和國轉型為荷蘭王國。路易隨後創立了水務局。

　　中世紀時，水利委員會和堤防委員會是全國首創的選舉型組織結構，其中代表不只包含地主仕紳，也包含了擁有土地的平民和農夫。這兩種組織至今仍扮演重要的角色，被認為是荷蘭的民主中心。

　　所謂的「圩田模式」，**也就是考慮所有關係人的利害後，找出所有人都能接受的解決方式**，至今仍是荷蘭公司企業和工會主義所採取的決策模式，也是企業文化的一部分。

　　古老的水利委員會，符合許多荷蘭社會自古以來的基本特色。這個組織用平等主義的結構來管理社群利益，包容不同意見、理想和動機，重視功績制，並且用協商取代威權和權勢。個別利益的片斷化，體現了這個歷史性組織在法律上的特色：**防止任何多數派取得控制性持股**，在包含政治、社會和文化等領域，都必須不斷結盟。

打從建國就不要國王要自由

荷蘭歷史的第二原料是人。古代羅馬帝國的邊界，穿越現代荷蘭東部的奈梅亨（Nijmegen）和烏特勒支，但羅馬人只留下了一些遺跡、地名和墓碑。古羅馬帝國至今幾乎完全遭到淡忘，只留下了巴達維人（Batavi）[9] 的傳說——根據古羅馬歷史學家塔西佗的說法，他們是荷蘭歷史中第一批居民。

從現在的觀點看來，中世紀傳說是由西方的伯爵和騎士故事、北方菲士蘭的自由傳說（Friese vrijheid）[10]，和對東方漢薩同盟（De Hanze）[11] 的懷念所構成。這段時期的某些雄偉紀念碑得以保存，例如烏特勒支和布瓦杜克（Bois-le-Duc，如今稱為聖托亨波斯）的美麗修道院、鄉間和城鎮的教堂，及許多壯麗的城堡，例如木登城堡（Muiderslot）和盧夫斯泰因城堡（Loevestein）。

荷蘭的城鎮、公國和郡縣，在中世紀都屬於神聖羅馬帝國，一直到1648年的《西發里亞合約》才正式承認荷蘭獨立。然而，早在十四和十五世紀，荷蘭就在勃民第公國的統治下團結。他們對繼承爵位的西班牙國王發起反抗（1568年－1645年的八十年戰爭），換來了國家北部（現荷蘭）的獨立，並與南

9　編按：古羅馬時，生活在今荷蘭中部的日耳曼人部落。當地被羅馬人稱作「巴達維亞」（Batavia），因此荷蘭人自稱巴達維亞人，後來的殖民地如荷屬東印度等，也因此被稱為「巴達維亞」。

10　編按：西元1248年，神聖羅馬帝國承認了菲士蘭人的「自由」地位。相較於當時其他歐洲政權，此地區最大的特色即是它並不存在封建制度。

11　編按：十二世紀中期，萊茵河流域的城市之間形成的商業、政治聯盟。

部（現比利時）分裂。

　　反抗軍被暱稱為「丐軍」（Geuzen），激勵他們的除了對自由的渴望之外，還包含了對教會改革和福音復興的訴求。由於他們的主要領導人信奉喀爾文派的教條，喀爾文教派就成了新興荷蘭的國家信仰，但其他重要教派依然存在，包含了天主教。這奠定了荷蘭未來**宗教多元和包容的基礎**。

　　反抗軍於1579年在烏特勒支同盟建國後，採行寡頭制的共和政體，直到1795年的巴達維亞革命後才民主化。事實上，新國家本來是由7個小型獨立共和國所組成的聯邦，這些「省分」各自由地方菁英階層管理。

　　雖然不是一開始就反對君主政體，但這個去中心化的政治組織，有著都市化的社會和中產階級文化，再加上過去和外國統治者的負面交手經驗，於是很快**就決定不要有國王** [12]。

　　位於臨海城市海牙的荷蘭王國國會（Staten-Generaal），會為了戰爭或其他共同利益而讓所有共和國團結，但荷蘭當時並沒有真正的國家元首。

　　通常省督會由拿索王朝（Huis van Nassau）的支系，奧倫治－拿索家族（Huis van Oranje-Nassau）擔任。他會以共和國公僕的身分統帥陸軍和海軍，但沒有任何正式的政治權力；然而，在賦予他準主權的人民面前，他也擁有極高的威望。

　　1815年，拿破崙時代結束後，荷蘭在奧倫治王朝統治下成

---

12 編按：由領導反抗西班牙的「沉默者」威廉（Willem de Zwijger，為奧倫治親王），
　　擔任第一任省督（stadhouder，又譯為執政）。

為君主立憲的荷蘭王國，國土範圍在1830年革命前都涵蓋了現在的比利時。這個王國的架構持續演進，緩慢形成了真正的荷蘭，也就是由主權獨立的省分所形成的聯盟：一開始有7個，接著是11個，目前則是12個。

不久之前（1986年），夫利佛蘭省（Flevoland）才剛加入。這個省分實際上是由一些填海造陸的圩田構成，首都萊利斯塔德（Lelystad）則是為了紀念深具遠見的工程師康奈利斯‧萊利（Cornelis Lely）[13]。

1848年的憲法改革讓荷蘭成為自由派國家，採行現代議會政體，並展開了商業、工業、殖民和科學的第二段黃金歲月。然而，荷蘭「自主主義」（particularism）的先天弱點也因此揭露：荷蘭陷入不同教派和意識型態的分裂，包含了新教、天主教、社會主義、自由主義等等，每個派系都宣稱自己擁有完全自主性和自決權。

以包容、民主、自由為常，卻不再以母語為傲

荷蘭在一戰維持中立，二戰則是國家團結面臨的第一場考驗。二戰除了造成「好」荷蘭人與「壞」荷蘭人、納粹合作者與反抗者的裂痕外，也讓這個曾經以新以色列自居，為歐洲遭迫害的猶太人提供庇護所的國家，留下了大屠殺的深遠創傷。

---

13 編按：他計畫了三角洲工程中的「須德海工程」。

　　戰爭過後，去殖民化的浪潮來得快速且粗糙。荷蘭在1949年失去印尼，而荷蘭社會的「柱狀化」[14]結構也在1960年代瓦解，**取而代之的是更中央集權、侵略性的世俗化福利國家，由許多世界級的公司主宰**——飛利浦（Philips）、荷蘭皇家殼牌集團（Royal Dutch Shell）、聯合利華（Unilever）——並且傳承了過去的強大經濟實力。

　　然而，喀爾文主義的影響仍持續至今。荷蘭守護著選舉制度，**自詡為世界的道德羅盤，是「領袖國家」**：反對核子戰爭、支持國家間的和平交流、對所有少數族群的包容、政治受害者的庇護所，以及有些矛盾的，隨時準備放寬成癮性藥物、同性戀和安樂死的法律和實際限制。

　　過去10年間，荷蘭自由放任的社會，被迫面對預料之外的雙重問題：來自地中海非西方文化國家的大量移民，以及狹義伊斯蘭教的出現，更別提威脅了福利國家制度的經濟問題。

　　荷蘭社會在面對這些突如其來的嚴苛考驗時，顯然措手不及，至今仍在努力找出融合、多元、多文化和社會參與的解決方式。以目前來說，荷蘭政治又回到保守的民族主義，而整個國家對歐洲整合的堅定信念也開始動搖。

　　然而，如果你問任何一個荷蘭人，他的國家對全體人類最大的貢獻是什麼，他大概會回答：包容、民主和宗教自由。有些了解社會學家馬克思・韋伯（Max Weber）著作的人，或許

---

14 編按：pillarization，指社會按宗教或意識形態，被垂直分為若干柱狀集團的現象，導致集團內成員與外部少有接觸。

會說是喀爾文主義的敬業精神和道德正直。

喀爾文主義帶來的影響，即便單純從當今的文化角度來說，都不只是深植的個人主義態度，同時也**造就了荷蘭這個自由的國家，以及其懷抱的道德任務和全球責任感**。

另一方面，水、人類與自然間持續的共存和拉鋸，都讓荷蘭成為實事求是的社會：**生理上的生存永遠在精神追求之前**。荷蘭人面對科學的態度和日常生活相同，總是會先思考實際的行動、解決問題和技術，而不是發展抽象的概念、價值觀或普世原則。

十七世紀荷蘭的重要哲學家巴魯赫・斯賓諾莎（Baruch Spinoza），就是個標準的理性主義者；與他時代接近的法國數學家笛卡兒（Descartes），在荷蘭也找到歸屬感；而二十世紀的畫家皮特・蒙德里安（Piet Mondrian）則發展出單純由形狀和顏色構成的幾何概念[15]。

荷蘭諾貝爾獎得主的領域通常是在物理、醫學、經濟而非文學。然而，文學依然存在，只是它以遭到大部分歐洲忽視的美麗古老語言所書寫。遺憾的是，如今**大多數的荷蘭人都不再以自己的母語為傲，也不願意在外國人面前使用**。

---

15 編按：又稱「幾何形體派」。

▲荷蘭人文主義學者伊拉斯謨（Erasmus of Rotterdam）和伊斯蘭哲學
家詩人魯米（Rumi）的壁畫，位在鹿特丹的一座清真寺旁，象徵著
對於包容宗教和文化的普世追求。

資料來源：Erasmus House, Rotterdam

第十一章

我們建國了——但當初加入某國會不會好些？

捷克共和國

撰文／帕維爾‧塞弗特（Pavel Seifter）

倫敦經濟學院（London School of Economics）全球治理研究中心的高級訪問學者。1997年任捷克駐英國大使，2003年退休。曾在布拉格擔任當代社會史講師，1968年蘇聯入侵後被迫離職；後來參與社會運動，重返學術界。

他也是布拉格當代歷史研究所（Institute of Contemporary History in Prague）的共同創始人，布拉格國際關係研究所（Institute of International Relations in Prague）副所長。從1993年到他在成為捷克駐英國大使前，擔任瓦茨拉夫‧哈維爾（Václav Havel）總統的外交政策主任。

捷克共和國
Czech Republic

　　起源於波希米亞王國，是神聖羅馬帝國的首都和三十年宗教戰爭的起源地，後成為奧地利帝國和奧匈帝國的工業中心。一戰結束後從奧匈帝國獨立，和斯洛伐克合併為捷克斯洛伐克（Czechoslovakia），最後在1993年，以和平的方式分裂為獨立國家。

　　主要經濟產業有機械製造、鋼鐵、化工、啤酒釀造等，在中歐新興民主國家其中最為發達，為已開發國家水準。目前不是歐元區成員。

　　實行議會民主制的共和國，國家元首由總統擔任，國家總理是政府首長。總統5年一任，可連任一次。總統為虛位元首，只具有限權力，多數決策由國會認可。原先總統由國會聯合推選，自2013年1月起，總統透過直選兩輪選舉產生。

基本資料

國慶日：10月28日。

加入聯合國日期：1993年1月19日。

語言：官方語言為捷克語；英語、德語及俄語為較常用之外國語言。

首都：布拉格。

面積：78,866平方公里。

地理位置：地處歐洲中部，北與波蘭為鄰，東與斯洛伐克交界，南與奧地利相連，西與德國接壤。

人口：1,075萬人（2022年）。

宗教：多數人無宗教信仰，20%有信仰的人口中，以天主教及基督教為主。

※資料來源：中華民國外交部網站

捷克最近的一次建國，是在 1993 年 1 月 1 日，其過程非常倉卒，引用了歷史來賦予其正當性。總理選擇了一個具有象徵意義的地點來舉行建國演說：國家墓園──站在神話英雄扎博伊（Záboj）和斯拉夫（Slavoj）的雕像下。

這兩位英雄在將近兩個世紀前被創造，為中世紀的建國神話再添加了些血肉。新的議會立刻開始爭辯，國慶日究竟應該是新共和國建立的 1 月 1 日，還是 10 月 28 日，也就是獨立的捷克斯洛伐克在 1918 年誕生的那天。還有人提議訂在 9 月 28 日，也就是波希米亞[1]守護者聖溫塞斯拉斯（St. Wenceslas）在 935 年被殺害的日子。

最終，議會選定了 10 月 28 日，**確立了新的國家與過往捷克斯洛伐克的連貫性**；與此同時，5 月 9 日的節日也移到 5 月 8 日：前者是過去 50 年來，紀念蘇聯紅軍在 1945 年解放這個國家；後者則紀念第二次世界大戰歐洲戰爭的結束。

雖然在外人眼中，這似乎是很難以理解的改變，但對捷克人的自我認識來說，卻至關重要；因為這改變了捷克 1945 年以來，在歐洲扮演的角色。捷克不再是共產國家，不再被迫慶祝 1945 年紅軍的到來，反而成了二戰的勝利者。

這也為捷克從 1945 年起，大量驅逐捷克斯洛伐克的德國人和匈牙利人，提供了正當化的藉口──這個行為或許是捷克在二十世紀歷史中最大的爭議。這個例子也說明了，捷克當時的

---

1 編按：古中歐地名，占古捷克西部三分之二區域，現位於包括布拉格在內的捷克共和國中西部地區，也常用來指代捷克地區。

議員們如何草率隨性的改寫歷史。

神聖羅馬帝國的中心，
但對德國很感冒

有兩股勢力主宰了捷克的歷史：當代的捷克實用主義，以及即將成為傳統的保守主義。雖然人們的民族主義不如過去那樣強烈，卻仍時常忽視國內的歷史學家，反而偏好十九世紀「民族復興」以來不曾改變過的，殘存的愛國情懷。因此，政治人物一再訴諸浪漫的民族論述，大致上的內容如下：

捷克民族是居住在波希米亞土地上的古老（斯拉夫）民族，歷史長達數千年，始終懷抱基督信仰。當偽造的中世紀捷克手稿在十九世紀初被「發現」時，似乎證實了捷克的歷史更為悠久，充滿古老的英雄。

在所有的波希米亞公爵中，聖溫塞斯拉斯如今在捷克的歷史地位殊勝（雖然實際上，與他自相殘殺的兄弟在建國上付出了更多）。打從一開始，捷克人就對德國人很感冒，因為德國人從十三世紀開始，在波希米亞邊境的土地上定居。

當「國父」查理四世（Charles IV，神聖羅馬）在 1346 年，繼承波希米亞王位成為卡雷爾一世（Karel I），捷克民族的榮光於焉展開；查理四世讓伏爾塔瓦河（River Vltava）畔的布拉格，成為神聖羅馬帝國的中心，並於 1348 年在此創立了中歐第

一間大學[2]。

在查理四世的統治後，接著是一段時間的衰退。不到一個世紀，1419年胡斯戰爭（Hussite Revolution，亦稱波希米亞戰爭）爆發。神職人員約翰・胡斯（Jan Huss）批判羅馬教會道德衰弱，因此被綁在火刑柱上燒死，而後則被視為殉教者（這樣的故事在捷克歷史中一再出現）。

主教派出十字軍，但數度在「對抗所有外來者」[3]的戰役中被打退。然而，胡斯派[4]中的激進分子，最終在1434年的利帕尼戰役（Battle of Lipany），因為同伴變節而戰敗（捷克歷史中另一個常見的主題）。

在魯道夫二世（Rudolf II，1576年—1611年在位）的統治下，布拉格再次成為歐洲的文化中心，而捷克語持續蓬勃發展，與新教弟兄合一會（Unitas Fratrum，又稱摩拉維亞教會）關係緊密。

下一次歷史性的災難發生在1620年，波希米亞人在白山戰役中被天主教和哈布斯堡王朝的聯軍打敗（而亡國），有27位將領遭到處決，許多波希米亞的貴族和知識分子都選擇離開國家，其中包含了著名的學者約翰・康米紐斯（Jan Comenius）[5]。

---

2 編按：查理大學（Univerzita Karlova），愛因斯坦（Albert Einstein）曾在此任教。

3 作者按：也就是捷克作家阿洛依斯・伊拉塞克（Alois Jirasek），在1894年出版的經典民族主義小說書名「Proti všem」。

4 編按：Husité，為歐洲宗教改革的前驅。

5 編按：現代教育之父，最早提倡公共教育的學者，並引入有插圖的教科書。

　　隨之而來的是300年的苦難，布拉格的「黑暗時代」（或稱「Temno」，這是伊拉塞克1915年另一部小說的書名）。捷克被迫回歸天主教，幾乎喪失了自己的語言，整個國家陷入煙消雲散的危機中。

　　然而，從十八世紀晚期開始，民族復興運動者喚醒了沉睡的人民，展開語言復興，推動波希米亞「美文學」[6]、學術，甚至是歷史的發展。復興運動成功了，因此在1918年，捷克人、東南部的摩拉維亞人，和斯洛伐克兄弟們的國度得以重建。

　　復興主義者所創造的民族歷史模型，與捷克民族的童年相符。**重要的不是歷史本身，而是國家建立的基石。**這個脆弱的小國需要一些支撐，於是**他們回溯到自己「斯拉夫的根源」。**

　　胡斯派信仰提供了波希米亞人是「上帝的戰士」的說法，而胡斯本人則強化了捷克是殉道者民族的理念。相對的，巴洛克時期[7]則被視為苦難的時代，有著外來的貴族、「非捷克」的羅馬天主教會，以及「德國」的哈布斯堡奧地利王朝；**德國人於是以世仇的身分出現在捷克的歷史中。**

　　在整段過程中，平民（農人、工匠、牧師、教師和作家）被描繪為波希米亞／捷克歷史的傳承者，為這個國家和民族帶來所謂「庶民」的特色，而有些人則將庶民誤以為民主。

　　這種民族主義式的捷克歷史模型，以許多方式不朽的流

6　譯按：belles-lettres，源自法語，意為「美麗的」或者「美好的」，指以純藝術為主要追求的文學作品。

7　編按：在此約指整個十七世紀以及十八世紀上半葉。

傳下來，包括布拉格高堡公墓（Vyšehrad Cemetery）的先賢祠[8]、聖溫塞斯拉斯和胡斯派領袖揚‧傑式卡（Jan Žižka）的騎馬雕像、畫家阿爾豐斯‧慕夏（Alphonse Mucha）20張巨型畫布所組成的新藝術[9]《斯拉夫史詩》（*Slovanská epopej*）、國家劇院充滿象徵意義的裝飾，以及劇作家貝多伊齊‧史麥塔納（Bedřich Smetana）的歌劇。

身處中歐，奈何還漸邊緣化

然而，捷克的歷史並不只有愛國者的版本而已。捷克的歷史與許多波希米亞土地上的民族息息相關──先是受到哈布斯堡王朝統治，而後則和斯洛伐克人共同建立了捷克斯洛伐克。

歷史學家揚‧克倫（Jan Křen）透過歐洲的角度來看捷克歷史，將捷克放在更廣大的中歐歷史框架中。如此一來，就能看出波希米亞的土地，從一開始就面臨許多劣勢；**不僅距海遙遠，也遠離古典文明的中心。**

因此，和其他國家相比，捷克的出發點就已經晚了，被迫努力追趕。這是捷克歷史中最大的特色，而中歐大部分的國家也都面臨相同的命運。其他重要的主題，例如歷史被迫中斷，和國家以受害者自居等，也都並非捷克獨有的議題。捷克鄰近的斯洛伐克人、匈牙利人、奧地利人、波蘭人和德國人也處境

8　編按：埋葬了許多捷克的藝術家、科學家、政治家。

9　譯按：Art Nouveau，是十九世紀末至二十世紀中期廣泛存在於歐美的「裝飾藝術風格」，由於其對審美的極致追求，而被評為二十世紀大眾文化的至高點。

相似，後兩者所經歷的動亂尤為嚴重慘痛。

雖然起步得比較晚，但中歐很幸運。西斯拉夫人所建立的大摩拉維亞公國（Greater Moravia）在九世紀晚期分裂；因此，和日耳曼部落所面臨的情形不同，公國內的人民尚未發展出歸屬感，也未發展出與東法蘭克人對抗的勢力。

然而，捷克歷史並未完全與西歐分開。大約885年，波希米亞君王博日沃伊（Bořivoj）公爵建設布拉格，並在此建造城堡。在接下來的一千一百多年間，布拉格都是波希米亞土地毫無爭議的中心，也是其國家的首都。

如今，捷克元首的座椅，距離博日沃伊公爵當時所選擇的地點僅僅差了幾碼而已。捷克曾經是神聖羅馬帝國的一部分，因此左右了當時國際關係；然而，帝國對捷克的內政事務沒有直接的管轄權，在政策制定上也沒有太大的影響力。

從十二世紀末期到十三世紀，波希米亞經歷了激進的現代化。市鎮和村落紛紛興起，而這樣的型態將一直維持到十九世紀中期後。從實用的角度來看，文化景觀[10]可以說已經成形。

德國人移居來此，主要是成為新市鎮的居民；從十四世紀開始，**越來越多德國人移居到邊境地區。他們成為當地原生社群的一分子**，到十九世紀之前都未形成獨立於捷克人之外的群體。因此，中歐和捷克的土地，成了西方和東方間的過渡區。

隨著胡斯所引導的捷克宗教改革運動，波希米亞得到了難得的機會，可以深入歐洲歷史中心。然而，一個世紀後的德國

---

10 譯按：cultural landscape，指漸漸發展而成且與人類生活機能性相關的景觀。

才是宗教改革真正的搖籃，胡斯派依舊偏遠孤立。這個波希米亞國家漸漸**不再是神聖羅馬帝國的中心，與西方的連結也慢慢削弱**；與此同時，新興世界秩序的建立也讓捷克日益邊緣化。

十五世紀和十六世紀，鄂圖曼土耳其的擴張削弱了地中海貿易，而伊比利半島的航海大發現，也將世界的焦點轉移到大西洋岸。在快速全球化的歐洲經濟中，波希米亞的地位越來越邊緣。

1618年，波希米亞人在布拉格起義，對抗哈布斯堡王朝，三十年戰爭因此爆發，對捷克的景況更是雪上加霜。戰爭終於結束時，國家精疲力竭，人口大幅減少之外，也完全落入哈布斯堡王朝的掌控中，重要性隨之跌入谷底。**當西歐即將展開工業革命以前的現代化，波希米亞卻在哈布斯堡王朝強制推行的羅馬天主教和專制統治下停滯不前。**這片土地成了歐洲的邊緣，而不再是中心。

我們是「沒有民主主義者的民主」

捷克的現代化大約到1800年才展開，而隨之興起的是民族主義。在所有社會、經濟和知識發展上的變化中，有一項特別突出——只有兩個種族，開始在波希米亞的土地上形成族群認同：波希米亞和摩拉維亞。

同一時期的德國人面臨艱難的抉擇，究竟要待在未來即將成為德國的偏遠土地上，或是在多民族的哈布斯堡王朝享受特權。對捷克人來說，答案簡單多了：**他們更傾向在奧地利聯邦**

下擁有自治權，而不是成為德國的少數民族。

　　歷史學家和捷克領導人法蘭提塞克・帕拉茲基（František Palacký）解決了這個兩難。他對自主權的堅持，開啟了更多政治可能性，包含成為哈布斯堡王朝內部的亞國（像匈牙利），或以「使用捷克文地區」的定位行使有限度的自治；又或是加入以維也納為首都的奧匈帝國。他的著作《捷克民族在波西米亞的歷史》（*Dějiny Národu Českého*），闡述了自己的策略。

　　捷克的主流歷史論述有些屬於愛國派，有些則更偏向黨派政治，通常採用的策略都是**強調捷克歷史的中歐根源**，或更宏觀的歐洲根源。當捷克斯洛伐克於戰間期建立，這些論述也於此合流。

　　捷克斯洛伐克第一共和國，建立於 1918 年一戰結束、哈布斯堡帝國滅亡後，通常被視為二十世紀捷克歷史的顛峰。

　　建國的首任總統托馬斯・馬薩里克（Tomáš Masaryk）是個心胸開放的學者和政治家，在現代歐洲和美國人脈廣泛（他的妻子是美國人），將捷克斯洛伐克向西方的現代化敞開。

　　另一方面，馬薩里克對捷克歷史和建國有自己的詮釋，主要聚焦於胡斯和弟兄合一會。因此，「馬薩里克模型」將十九世紀的民族復興延續到二十世紀。

　　他在布拉格城堡中扮演「哲學家國王」的角色，提振了捷克的自信：他的共和國很現代化、外交手段傑出、經濟高度發展，而且是中歐唯一有效運作的民主制度。

　　不過，由於戰間期歐洲的紛擾，再加上國內的許多問題，共和國最終滅亡。國內的問題包含了各政黨民族主義的自私，

以及不成熟民主制度的表面化；馬薩里克甚至曾經說到：這是「沒有民主主義者的民主」。

無論如何，捷克人第一次認同了自己的國家。除了民族復興運動外，第一共和國在捷克的歷史意識上，留下了最深刻的印記。捷克人和猶太人都高度推崇第一共和國的包容性，甚至到了神話的程度；但共產黨、德國人和匈牙利人則大力抨擊共和國對他們政治立場的反對；斯洛伐克人抱持的立場則是毀譽半參。

接下來發生的事件，至今依然問題重重。在1938年的《慕尼黑協議》中，英國和法國可以說是將捷克交給了希特勒；而後，極端右翼、傾向法西斯主義的第二共和國建立。隨之而來的是納粹德國的占領，捷克對他們有抵抗也有合作。

在戰後想重建成民主和福利國家的捷克斯洛伐克，同時卻驅逐了超過兩百五十萬德國人，和約六十萬匈牙利人。此舉是日後的捷克，必須為自己辯解的爭議問題。

斯洛伐克已向前邁進，捷克卻還迷失方向

戰後的捷克經歷了政治衝突的三年，在1948年由親莫斯科的共產黨取得政權，展開了長達40年的共產黨統治。加入蘇維埃文明的捷克人，再次中斷了與西方的連結。

諷刺的是，捷克與西歐有著共同的馬克思主義社會主義淵源，國內的共產黨（成立於1921年）勢力龐大，能與法國和義

大利的共產黨並駕齊驅，這才導致了捷克斯洛伐克在戰後與西方分道揚鑣，受到東方集團桎梏。**1946年，超過一半的人民都投票給共產黨**，顯然是出於自由意志，選擇了日後悔恨不已的命運。

歷史創傷不斷累積，慕尼黑和捷克斯洛伐克之夢的終結；戰爭期間幾乎沒有抵抗或軍事上的英勇表現，再加上德國占領時與之合作；戰後驅逐德國人；階級鬥爭以及隨之而來的恐怖景況、作秀的審判和1950年代冷戰的新集中營。

夢想幻滅之後的強烈反應，出現在1960年代的「布拉格之春」，讓捷克斯洛伐克在動盪的1968年，再次短暫成為歐洲舞臺的中心。當蘇聯在同年8月，以軍事干預鎮壓改革運動時，包含共產黨和非共產黨在內的整個國家，都團結起身反抗。

然而，在行動失敗後，只剩下少數的異議分子還公開反抗強硬路線的共產黨統治。當莫斯科領導的共產黨東方集團，在1989年毫無預警的瓦解時，這些異議分子在思想家瓦茨拉夫·哈維爾（Václav Havel）[11]的領導下，透過非暴力手段（天鵝絨革命）取得政權，並短暫燃起了西方的希望，特別是對左派來說。

1989年和往後幾年的事件，讓整個中歐重新回歸歐洲。捷克加入了各種歐洲組織，包含在1999年加入北大西洋公約組織，在2004年加入歐盟。然而，這樣的改變能否讓捷克從邊緣重新回到歐洲中心，還有待時間的證明。

整個二十世紀，對捷克民族的心理狀態來說格外創傷，而

---

11 編按：後成為首任捷克共和國總統。

捷克的歷史卻必須不斷探討這個時期。**共產主義的過去令人羞愧，人們急於加入對共產主義遲來的鬥爭**，並且將過去簡化為祕密警察留下的文件，以及加害者和受害者間的關係。

至於比較久遠的歷史事件中，「慕尼黑創傷」也無法避免的印在捷克人心中。1938年《慕尼黑協議》所造成的傷口，或許永遠無法復原。他們應該對抗德國人，保護自己嗎？他們是否遭到背叛？他們的國家真的能存在嗎？蘇維埃在1968年的入侵和共產黨1948年的政變，其實也都喚起了同樣的問題：我們是否應該拿起武器？

當然，我們永遠不可能知道捷克人到底應該、不應該怎麼做。毫不意外的，任何時代、事件、國王、英雄和地點，都必定有所爭議。即便1989年末的勝利時刻，也在幾個星期內就失去光芒。

外界無法理解的是，脫離蘇維埃控制的捷克與斯洛伐克人將國家一分為二。**斯洛伐克人充滿自信的向前邁進，但捷克方面卻似乎迷失方向**，甚至開始**懷疑起捷克民族的整個概念**。如此大不敬的問題，其實早在十九世紀末期就有人提起：**如果捷克加入其他比較有意義的先進社會，而不是留在捷克民族發展有限的社群**，是否能為人類文明做更多的貢獻？

首任總統馬薩里克，在1894年寫過一本名為《捷克問題》（Česká otázka）的著作，捷克裔法國籍作家米蘭・昆德拉（Milan Kundera），在1967年為捷克斯洛伐克作家大會，進行了題為「對捷克民族存在的懷疑」的演講，而哲學家雅恩・帕托什卡（Jan Patočka）也將其一篇歷史論文的標題訂為「捷克

人為何？」（Co jsou Češi?）。

不在歷史上尋找自己的身分，民族如何再次強大

現代的捷克知識分子，不再像十九世紀和二十世紀那樣，為民族的未來描繪藍圖；**捷克人已經放棄傳統，不再向民族中的長者或老師尋找自己的身分。**

如今的市場、媒體和政治人物，試圖找尋歷史中不相關的片段，以達到自身的娛樂或政治目的。如此簡化論的代價，就是我們將失去統一的歷史論述和評判。如今一般人的觀點是，歷史已經失去其權威：**就算沒有歷史，捷克人也能過下去。**

面對歷史，捷克人還有另一種比較愉快的逃避方式：他們**發明出諷刺輕浮的歷史，讓虛構成為現實，現實成為虛構。**

捷克人認同「好兵帥克」[12]，早已不認為他只是第一次世界大戰小說中的虛構主角而已。他們對於虛構的發明家和旅人亞拉・齊姆爾曼（Jára Cimrman），也抱持著類似的態度。他的紀念牌如今位在捷克的倫敦大使館建築上。

布拉格瓦茨拉夫廣場上，聖溫塞斯拉斯雕像所在地，是捷克民族過去在遇到威脅或慶祝勝利時的聚集地；如今，雕像在幾百碼外有了一個小分身：他穿著盔甲，坐在死掉坐騎的肚子

---

12 譯按：Švejk，他是幽默小說家雅羅斯拉夫・哈謝克（Jaroslav Hašek），1923 年同名作品的主人公。小說深刻揭露了走向末路的奧匈帝國的種種弊病，並諷刺當時的社會現象。

上；馬匹的四腳朝天，懸掛在購物中心的天花板。

　　現在，捷克人面對的問題並非他們對歷史的態度，而是他們對現在與未來的理解──沒有任何理想的概念。**假如民族共同體沒有意義，那麼民族的歷史大概也沒有意義。**

　　或許每個捷克的歷史學家──民族復興運動者、馬薩里克學派的支持者、馬克思主義者、反共產黨的異議分子、歐洲派和後現代派──都會這麼認同。

▲〈突雷尼人的皮鞭和歌德人的劍之間〉（*Between the Turanian Whip and the Sword of the Goths*），由阿爾豐斯‧慕夏於1912年繪製。畫中展現了一個民族的靈魂昇華進入神聖的領域中。這是慕夏大型創作《斯拉夫史詩》的一部分，整個作品由20張畫布組成，描繪了捷克民族的歷史。

資料來源：Castle of Moravsky Krumlov

第十二章

亡國百年，戰鬥是
我們建國的唯一方式

波蘭共和國

撰文／伊沃娜・薩科維奇（Iwona Sakowicz）博士

在格但斯克大學（Uniwersytet Gdański）教授歷史，專攻十九世紀的波蘭歷史。

波蘭共和國
Republic of Poland

波蘭歷史悠久，早在50萬年前就有先民居住。在十八世紀被奧地利、俄羅斯、普魯士瓜分3次，進入持續一百多年的亡國時期；一戰後復國，1939年德國入侵，標誌二戰的正式開始，期間受到極大摧殘，為死傷最嚴重的國家之一。戰後建立波蘭人民共和國。1989年12月改國名為波蘭共和國。

目前是歐洲經濟成長最快的國家之一，每年經濟成長率超過6%。61%的就業人口屬於服務業，30%屬於工業和製造業，其餘8%屬於農業部門。儘管是歐盟的成員，但並未採用歐元作為法定貨幣。

政府結構為雙首長制，總統為國家元首，由公民直選產生，任期5年，可以連任一次。總統享有國防和外交權力，行政權則由總統任命的總理及內閣掌握。

基本資料

國慶日：5月3日。

加入聯合國日期：1945年10月24日。

語言：官方語言為波蘭語。

首都：華沙。

面積：312,679平方公里。

地理位置：位居中歐，陸地與7個國家接鄰，邊界總長3,496公里，北濱波羅的海，目前領土疆界係第二次世界大戰後所界定。

人口：3,816萬人（2021年）。

宗教：天主教。

※資料來源：中華民國外交部網站

當我在1980年代就讀大學時，歷史是個很熱門的領域。這是因為共產波蘭的特殊情況，政治與個人看待過去的態度密不可分。歷史是凝聚反共勢力的力量，強化了我們對波蘭的既有印象——波蘭是遭到西方背叛的國家。

這樣的感覺可以追溯到久遠的過去，追溯到家族中流傳著的故事：祖父母在二戰期間或戰後，被逮捕、監禁或射殺。共產黨體系似乎永遠堅不可摧，絕望感則讓許多年輕人轉而研究過去。

歷史可以告訴我們，為什麼我們在二戰後再次失去獨立，而我們又該如何反應。我們的世代和過去無數世代的波蘭人一樣，**重複經歷著被統治和違法的反抗運動。**

從這個角度來看，十八世紀的分割是波蘭歷史中的關鍵事件。波蘭內政系統的脆弱，以及鄰國（俄羅斯、普魯士和奧地利）的強大和貪婪，意味著即便經歷國內的改革，波蘭仍失去獨立。

在1772年－1795年之間的三次瓜分，波蘭這個人口大約一千兩百萬的大國，完全從歐洲地圖上消失；直到超過一百二十年後才又重新出現，並以「波蘭王國」[1]，這個俄羅斯統治下半自治國的形式，在1815年－1831年間存在著。

從1569年至瓜分之前，波蘭這個國家的政治系統都相當特殊，時常被西方認定為無政府狀態。當時波蘭被稱為「波蘭王國與立陶宛大公國」，政治形態為貴族民主制，其中政治階層

---

1 譯按：Kingdom of Poland，又稱波蘭會議王國，簡稱會議波蘭或俄屬波蘭。

控制了立法機構，並限制了民選國王的權力。

歐洲第一部憲法，在這裡誕生

波蘭的貴族強力反對任何對個人自由的限制，並憎惡專制國家的概念。我們或許可以說，這個系統是現代君主立憲和民主制度的前身。即便只有貴族擁有政治權力，但他們占了總人口的10%，以當時的歐洲來說，這樣的特權階層比例極高。波蘭人通常認為他們的波蘭－立陶宛聯邦，是個包容性高的多種族國家，人民享有相對較高度的自由。

在提到國土瓜分之前的包容性時，波蘭人總是十分驕傲。值得注意的是，在歐洲充滿宗教迫害的時代，**波蘭不只是基督教各教派的避風港，對猶太人來說也是如此。**

1264年的《卡利什法》（*Statute of Kalisz*），保障了猶太人個人和宗教上的自由。傳統上對新教教派和所有激進基督教派的包容政策，在1573年的《華沙聯盟協約》後有了法源依據。這成了十六和十七世紀，波蘭憲法法規的一部分，而不同教派間的和平共存理念，只有偶爾在實務上被打破而已。然而，波蘭是個不使用火刑柱的國家──許多十六、十七世紀的歐洲國家就不是如此了。

十七世紀中期，波蘭的政治和經濟系統都開始衰退，最終成為國土瓜分的原因之一。波蘭分裂前的最後一搏，推行了一系列的改革，試圖大膽扭轉命運，於是有了1791年5月3日的憲法。

1990年後，這個日期成為紀念日，紀念歐洲第一部現代憲法，以人民主權和行政、立法權的分立為基礎。這段短暫的時期讓波蘭充滿希望，但情勢急轉直下，俄國在憲法實行後一年就將其推翻——即便如此，這部憲法仍是當今波蘭人的驕傲。

國土瓜分、外交失利，
全世界都與波蘭為敵

波蘭政治階層，也就是貴族，對國家分裂的反應分成兩個部分：一方面接受政治現實，另一方面又強烈渴望重建國家。歷經了一連串失敗且慘痛的起義（規模最大的發生於1794年、1830年－1831年和1863年），而歐洲代表波蘭進行的外交介入也失利，讓波蘭人漸漸相信全世界都與他們為敵。

伴隨起義而來的，只有強烈的鎮壓。俄羅斯政府對造反者的懲罰，通常是漫長的監禁刑期、放逐到西伯利亞，或是沒收所有的財產。波蘭十九和二十世紀的反抗，都表現出類似的特徵：叛軍的裝備通常不甚精良，而和理性的準備相比，他們似乎更重視熱情與信念，堅信能突破逆境，取得勝利。

面對看似絕望的情勢，起義的發起人們通常都懷抱遠見。然而，當今的波蘭人對這些起義也出現不同的看法。即便是為了自由，毫無勝算的抗爭仍削減了國家人口；這些年輕的理想主義者不是被殺害，就是遭到放逐。如今，有些波蘭人認為這是英勇的行為，有些則惋惜慘痛的損失。

即便在國土瓜分時，波蘭一分為三，**但俄羅斯始終仍是人**

們心目中的罪魁禍首。沙皇從瓜分中得到最大的利益：波蘭的土地有80%落入他手中。規模最大也最慘烈的起義，也是為了對抗俄國統治。

從十九世紀末到二十世紀初，德國化在波蘭強制推行，但造成的記憶創傷卻遠不及強制實施的俄國化。面對「野蠻的」俄羅斯人，波蘭人有著文明化的優越感，但同時又有著弱者面對壓迫者的恐懼和憎恨。

或許對波蘭人來說，爭議性最高的歷史事件是1944年的華沙起義。波蘭家鄉軍（Armia Krajowa）奮鬥了63天，希望在蘇聯到來之前從納粹手中解放華沙，但最後仍吞下敗仗。

他們的希望和英雄主義，換來了慘痛代價：大約一萬六千名波蘭士兵在戰鬥中遭到殺害，超過六千人受傷。平民的死傷也不計其數：約有二十萬人遭納粹殺害，而首都華沙大部分被夷為平地。

多數波蘭人至今仍然相信，蘇維埃的軍隊故意在維斯瓦河（Vistula）停頓，等待納粹先平定起義軍。如此一來，他們就能藉德國人之手，擺脫波蘭首都最活躍的獨立分子，讓波蘭共產黨更容易取得政權。這樣的想法並非毫無根據，也增長了戰後波蘭的反共產主義和反蘇維埃情結。

華沙起義，可以說象徵了過去兩個世紀的波蘭歷史。**充滿悲劇的英雄主義，缺乏組織和規畫；然而，充滿愛國情懷的年輕人，卻願意賭上一切放手一搏**。對我的世代來說，這是場傳奇性的事件。在共產黨統治的黯淡時期，這是終極愛國主義的展現。對往後的世代來說，這卻是波蘭的難題：戰鬥是唯一報

效波蘭的方式嗎？

我們憎恨俄羅斯的理由與方式

　　第二次世界大戰後，波蘭被迫成為蘇維埃的附庸。許多人認為，蘇維埃是俄羅斯相當危險而強大的型態。戰後的安排對波蘭來說，似乎是新的國土瓜分，因為波蘭不只失去主權，也失去了大片國土。

　　新的波蘭－蘇維埃邊境在1945年劃定，將波蘭領土往西大幅限縮。雖然有些戰前屬於德國的土地被劃入波蘭，但完全不足以彌補失去的部分。波蘭的國土減少後，數百萬被迫因此西遷的波蘭人，也帶來了對於俄羅斯這個東邊鄰國的憎恨。

　　波蘭的共產體制並非固定不變，制度會隨著蘇維埃聯盟本身情勢而改變。共產政府在最初的1950年代極為高壓，在1960年代和1970年代則逐漸放寬。反共行動在二戰後就開始組織，但很快遭到軍方和警方勢力排除，使得波蘭人的不滿沒有任何宣洩的出口。

　　社會動盪加劇，大型工廠的工人們開始發起罷工和示威。在1956年和1970年，軍隊和民兵暴力鎮壓大規模抗議，殺害超過一百名抗議者和旁觀者。工人的訴求大都以經濟層面為主，但許多波蘭人和西方人都認為，這是對高壓政治體系最根本的反抗。1976年後，非暴力的反對勢力興起——在同一年中，共產政府才用最極端的手段對付示威罷工的勞工。

　　1976年後的反對勢力都懷抱著一種信念：波蘭身為蘇維埃

集團的一分子，最終必須建立自主的社會，透過法律的手段來捍衛人權。

他們用半公開的型態，開始進行許多活動，包含蒐集簽名連署的抗議信件、為政治犯的家人提供法律和經濟幫助等。他們也在私人住家中提供歷史和文學課程，加深人們對波蘭和其文化的認識，因為這對於波蘭民族的存亡至關緊要。其他的反抗活動則包含書籍、手冊和傳單的印刷。

這類非暴力的行動局限於小規模團體，但相關消息很快傳遍了整個國家，而許多波蘭人都開始對解放燃起希望。從1950年代開始，他們就會收聽西方的收音機廣播節目。

波蘭的自由歐洲電臺（Radio Free Europe）和BBC，都讓聽眾了解反抗勢力的行動，以及政府的鎮壓策略。**違法收聽充滿雜訊的廣播節目，是波蘭人可以在家執行的安全反抗方式，**相當受到歡迎。

然而，甚至連公開支持共產體系的共產黨員，有時也會從這個管道取得基礎的政治資訊。在極權主義的國家中，這種歐威爾式的雙重思想[2]現象相當普遍。

雖然波蘭一向有著反共產黨的思想和天主教傳統，但到了1970年代末期，波蘭統一工人黨的規模仍然相當龐大，有超過三百五十萬名成員。入黨是工作升遷的必要條件，所有國營事業的重要職位都需要黨證。

2　譯按：Orwellian doublethink，也譯為「雙想」，來自英國作家喬治‧歐威爾（George Orwell）的作品《1984》，意指同時接受兩種相違背的信念的行為。

　　然而，即便是黨員也會對共產黨統治的成果感到不滿。經濟困難、特定種類的食物和工業產品短缺，以及商店中長長的隊伍，都成了生活常態。只有極為短暫的時期，才能看見貨架上充滿物資、經濟相對富庶（但只是表象）；而後，共產波蘭人民的每一天都乏味、單調而艱苦。

團結工聯和教宗來訪，
加速了共產集團的崩潰

　　共產波蘭岌岌可危的政治體系，在來自克拉科夫（Kraków）[3] 的樞機主教嘉祿・沃伊蒂瓦（Karol Wojtyła），於 1978 年獲選為教宗聖若望保祿二世（Pope John Paul II）後，再次受到沉重打擊。

　　聖若望保祿二世是好幾個世紀以來，第一位非義大利人的教宗。當他在 1979 年拜訪波蘭時，數百萬波蘭人夾道歡迎，回到家時內心都充滿勝利的歡欣：這是官方主張無神論的共產波蘭，第一次允許如此大規模的宗教集會。

　　許多前往迎接教宗的波蘭人，實務上都不是天主教徒，但**參與這樣的活動，讓他們表達了對官方意識形態的不滿、對缺乏自由的抗議，以及對波蘭歷史和傳統繼續傳承的信念。**

　　波蘭人和天主徒兩種身分的連結，在十九世紀國土瓜分後終於確立，因為兩大侵略者分別是俄羅斯東正教和新教徒。**面**

3　編按：波蘭第二大城市。

對危險的敵人時，天主教信仰是波蘭民族自我認同的依歸。當然也有信仰新教或東正教的波蘭人，但占的比例很低。在二戰後，波蘭天主教被賦予了強烈的反共特質。

團結工聯（Solidarność）是波蘭第一個官方認可的獨立貿易公會，也是波蘭人的驕傲。工聯於1980年8月，在一連串的罷工行動後成立；這證實了共產黨的威權衰弱，而反對派已獲得多數民意的支持。

1980年代，團結工聯已不再只是貿易公會，而是涵蓋範圍廣大的反共社會運動，旗下包含了各種政治觀點。而工聯在國際上也意義重大：共產集團中的第一個獨立組織證明了，**可以強迫共產黨接受其體制的自由化。**

共產黨官方在絕望之下，於1981年12月13日實施戒嚴。接下來幾年的強力鎮壓，卻沒有消滅反對勢力。在最初的驚嚇過後，地下活動繼續進行，重複著行之有年的模式。

波蘭人已經很熟悉印刷和發送書籍、手冊和傳單的過程。小型聚會在私人住家中舉行，大型聚會則在教堂，目標都是維護人權。有時也會發動罷工，讓社會動盪加劇。團結工聯持續以地下化的型態運作，地方性和全國性的架構都規畫縝密。

最終，共產黨官方無力鎮壓團結工聯，於是在1988年開啟協商談判——因為戈巴契夫（Mikhail Gorbachev）在1985年成為蘇聯共產黨總書記，讓談判得以成功。1989年的波蘭圓桌會議，推動了團結工聯和其他獨立貿易公會的合法化、半自由的選舉，以及國家政治結構的實際改變。團結工聯在1989年1月4日的大選中獲得壓倒性勝利，促成了共產體制解散，讓波蘭

成為自由民主的國家。

　　這場「**團結工聯革命**」加速了整個共產集團的崩潰，因而在中歐和東歐帶來巨大的改變。這個區域得以和平的從極權國家，轉型為民主國家，是波蘭人的驕傲：證明了他們能將反抗轉化為正面的創造力。

　　過去200年來，除了1918年－1939年間的短暫時期以外，波蘭幾乎沒有獨立發展的機會。共產主義瓦解、自由意識的成長，以及加入歐盟，對波蘭轉型為正常的民主國家，都提供許多助力。

　　歷史對波蘭人來說非常重要，因為歷史代表了他們一部分的自我認同。即便如此，歷史卻無法提供年輕世代重新出發的範本，讓他們不致遭受任何失敗打擊。

▲1950年代的海報，由波蘭共產黨為了5月1日所印製。國際
勞工節成為對共產黨體系展現忠誠的儀式，人民被迫在領
袖面前遊行，維持著快樂的勞工和農民之國的假象。

資料來源：Marc Charmet/The Art Archive

第十三章

鄂圖曼、奧地利、德國，蘇聯之後，自己作主又如何

匈牙利共和國

撰文／拉斯洛·康特勒（László Kontler）

中歐大學（Central European）布達佩斯校區的歷史學教授。研究集中在匈牙利和中歐以及比較思想史；在他眾多的出版物中，最著名的是《匈牙利的歷史：中歐的千年》（*A History of Hungary: Millennium in Central Europe*, 1999）。

匈牙利共和國
Hungary

匈牙利在過去千年間曾被多個民族統治。1918年奧匈帝國瓦解後，匈牙利蘇維埃共和國建立。後於1989年擺脫共產制度，同年10月23日改國名為匈牙利共和國。

自然資源貧乏，主要礦產是鋁土，蘊藏量居歐洲第三。全國60%地區有地熱資源。農業占重要地位，主要產品有小麥、玉米、馬鈴薯和甜菜。工業以機械製造、精密儀器、食品加工和紡織為主，葡萄酒釀造也非常出名。

實行多黨議會制，總統由議會選舉產生，每5年選舉一次，為虛位元首，但亦有權指定總理。總理為行政首長，領導匈牙利政府，由國會最大黨的領袖出任。

基本資料

國慶日：8月20日。

加入聯合國日期：1955年12月22日。

語言：官方語言為馬扎爾語（Magyar，即匈牙利語）。

首都：布達佩斯。

面積：93,030平方公里。

地理位置：為歐洲中部內陸國家，北接斯洛伐克，東臨烏克蘭及羅馬尼亞，南接斯洛維尼亞、克羅埃西亞、塞爾維亞，西鄰奧地利。

人口：970萬人（2022年）。

宗教：羅馬天主教（37.2%）、喀爾文教派（11.6%）、路德教派（2.2%）、希臘天主教（1.8%）、其他（1.9%）、無特定宗教（27.2%）、無宗教信仰（18.2%）。

※資料來源：中華民國外交部網站

匈牙利民族的建國歷史悠久，但匈牙利的統一和主權在漫長歷史中，大多數時期都顯得岌岌可危。這些因素說明了為什麼匈牙利對於「建國」如此執著。西元1000年，史蒂芬一世（Saint Stephen I）通過加冕成為匈牙利國王，推行天主教君主制，是匈牙利歷史的重要里程碑。

根據個人觀點不同，史蒂芬對人民和鄰國的鐵腕統治，可以解讀為精明的治國之道，或是宗教虔誠的展現，又或是更遠大的野心，要將匈牙利的命運與「西方文明」連結在一起。無論哪一種解讀是正確的，歐洲沒有其他民族的歷史，會如此頌揚此種政體的施行。

史蒂芬一世的來歷，一直是敵對的民族主義陣營間討論和嘲諷的主題。其中一方認為，一個世紀前來自東歐大草原的征服者馬扎爾人（magyarok，即匈牙利人），是一群使用孤立語言的野蠻人，唯一的技能就是燒殺擄掠。另一方則認為他們是榮耀的戰士，裝備精良、精神文化豐富，教導歐洲人如何烹煮肉類、使用叉子和穿褲子。

然而，顯而易見的是，史蒂芬一世和他的後代徹底改變了馬扎爾人的社會。**地域性組織取代了以血緣關係為基礎的社會結構**，而對《聖經》福音的虔誠，則取代了古老的異教徒信仰。這些改變的速度和內涵，也定義了往後大部分的匈牙利歷史。

調整和適應是匈牙利歷史的中心。而匈牙利在歷史中，究竟有多少獨立行動的自由，也是時常討論的議題。匈牙利是在充滿敵意的環境中，努力求生的小型民族嗎？或是努力想維護得來不易的歐洲成員身分？可能的答案有太多了。

「我們有點什麼。我們真的有點什麼……但或許真的不算什麼。」這句不太標準卻吸引人的匈牙利文,一再出現在1960年代蘇聯熱門喜劇演員,阿爾卡迪・賴金(Arkady Raikin)的表演中。

許多聽眾把這解讀為苦澀自嘲的幽默,表達的是「古拉什共產主義」[1]下人們所感受到的委靡,思考著自己是否只滿足於「有點什麼」,而非追求「真正有意義的事物」。

不擴張國土的地方強權,
意外逃過黑死病

從西元1000年以來,許多匈牙利人心中真正有意義的事物,都是他們假設的(西)歐洲標準:或許是限制中世紀王權的貴族會議、拉丁基督信仰和改革後的教派、人文主義哲學和啟蒙運動的理想、市場經濟資本主義,以及議會立憲制度。

而匈牙利人心中的有點什麼,則大概是以下幾件事:1222年的《金璽詔書》(*Golden Bull*)[2]確立了貴族反抗君王的權力,幾乎與英國的《大憲章》(*Magna Carta*,1215年)同時為中世紀的立憲主義奠定了基礎;1460年代晚期,國王馬加什一世(Matthias Corvinus)建造了阿爾卑斯山北方第一座文藝復興

1　編按:Gulyáskommunizmus,也譯作「馬鈴薯燉牛肉式共產主義」,得名於匈牙利名菜「Gulyás」。這道菜需要混合各類不同的食材,意指匈牙利政策混合了多樣理念。

2　譯按:指中世紀至文藝復興時期,由拜占庭帝國皇帝或是歐洲君主所頒發的詔書,以繫上金質裝飾品來象徵「金印」,而非傳統的蠟印,故稱金璽詔書。

式宮廷。

　　於此期間，中世紀「匈牙利王國」（regnum Hungariae）撐過了1241年凶殘的蒙古（韃靼）人入侵，以及1301年阿爾帕德王朝（Árpád dynasty，從896年馬扎爾人到來後，就一直統治匈牙利的家族）的殲滅。匈牙利在十四世紀時奠定了地方強權的地位，甚至逃過黑死病帶來的大量死亡。

　　匈牙利的城鎮規模小且稀少，鎮民代表在地方會議中不是缺席，就是被降級為輔助性角色。此外，商人也只想著為皇室宮廷和貴族提供奢侈品，而無意開拓國內的市場。匈牙利雖然倖免於經濟和人口上的「十四世紀危機」，但唯一的原因就只是**沒有經歷過度擴張。因此，匈牙利也無法享受西歐復甦時的動力。**

　　直到1635年，匈牙利才成功建立永久性的大學[3]。然而，事後證明只是徒勞，因為受大學教育的知識分子，通常都很樂意旅居國外。馬加什一世對於藝術和學習的慷慨解囊，只不過是上位者在少數菁英知識分子的建議下所做出的行動，一般大眾的思想依然落後。

　　馬加什一世在首都布達（Buda）和北部城鎮維謝格拉德（Visegrád）的雄偉居所，如今是考古學遺址，可以從殘垣斷壁中判斷出原本的設計。這也引導出了匈牙利過去宏大敘事[4]的另一個主題：衰敗。

3　編按：羅蘭大學（Eötvös Loránd University），原稱布達佩斯大學。

4　編按：grand narrative，又稱大敘事，是關於歷史意義的敘述，預期透過某種主導思想（規律），來提供社會發展合法性。

被多個民族瓜分統治，
直到十九世紀中

首先是鄂圖曼帝國的蘇萊曼二世（Suleiman II），在1526年摩哈赤戰役的勝利，在匈牙利歷史中造成重大裂痕。而後，國家一分為三：西方匈牙利王國的殘存部分，由哈布斯堡家族繼承，中央是鄂圖曼土耳其占據的三角形區域，東方則是外西凡尼亞公國（Principality of Transylvania）的雛形，這個公國永遠受到強大鄰國外交關係的變動所影響。

匈牙利這個一度繁榮的地方強權，如今成了兩大帝國的邊境區。新教改革在這三個區域的傳播，更強化了**匈牙利深陷兩種「異教信仰」的感受**：伊斯蘭教和哈布斯堡王朝的天主教反宗教改革。

過程中也有許多妥協。在十七世紀時，哈布斯堡王朝偶爾會發動鎮壓（引發合法的抗議、陰謀論和武裝抗爭），但這些都不是信仰再次改宗的主要原因，對於進步和繁榮也未造成阻礙。「衰敗」也不能全然歸咎於鄂圖曼土耳其的出現，或是內戰對於人力和物力資源的損害。然而，這些戰爭所累積的影響依舊嚴重。

當哈布斯堡家族在十七世紀末期，發起驅逐鄂圖曼土耳其人的行動時，匈牙利境內只有2%的土地有人開墾，而匈牙利的人口大約和兩個世紀前相同。

重新定居（特別是北斯拉夫和南斯拉夫人、羅馬尼亞人和

德國人）改變了喀爾巴阡盆地[5]的種族組成。雖然中世紀的匈牙利王國在種族上也很多元，但到了十八世紀末期，匈牙利人所占的比例已經降到大約40%。

如同鄂圖曼土耳其人帶來了長遠的影響，與之息息相關的匈牙利衰敗也有著更久遠的原因。即便鄂圖曼土耳其人近在咫尺，而大西洋遠在天邊，但國際的興衰循環，在十六世紀末前也刺激了匈牙利的經濟；然而，**農業卻沒有跟著資本化，工業也沒有興起**。其中一個理由是，即便在鄂圖曼土耳其人到來之前，匈牙利的貴族就能從農業發展中獲益，而不需要經歷產業轉型，只要加強對土地和農民的控制即可。

不過，同一批貴族卻以維護「土地的自由」，對抗專制政權為傲，有時也成為民族革命的堅定領導者；其中一個例子就發生在1699年，利奧波德一世（Leopold I）驅逐土耳其人後。

新的哈布斯堡政權太過強勢，於是引發了八年的拉科齊獨立戰爭，由外西凡尼亞公國的貴族，拉科齊・費倫茨二世（II. Rákóczi Ferenc）領導。1711年，費倫茨的努力以失敗告終，但和平協約卻回復了古老的匈牙利憲法，並讓匈牙利成為哈布斯堡王朝中的自治單位。

雖然匈牙利時常對於自身的殖民地位感到不滿，不過卻得到了國內的和平，終於能有比較良好的復甦條件。這一切都考驗菁英階級面對瞬息萬變世界的能力；有時壓力來自十八世紀末期，哈布斯堡家族兩位開明專制君王：瑪麗亞・特蕾莎

---

5 編按：分屬現匈牙利、奧地利、克羅埃西亞、捷克等地。

（Maria Theresa）和約瑟夫二世（Josef II），必須改善墾殖和行政的制度，並接受公共財和社會責任的概念。

　　菁英階級們的失敗，讓某些僵化的結構和關係得以保存，使匈牙利在面對現代化的挑戰格外艱難。他們的成功則在很大程度上，讓匈牙利歷史展開最生氣蓬勃的篇章：改革時代和爆發性的高潮，也就是1848年－1849年的匈牙利獨立戰爭。

　　社會出現了務實改革風潮，目標是由教育和社會解放，來提高國家競爭力；然而，這卻受到十八世紀末法國大革命造成的氛圍所壓抑。改革思潮後來在1820年代再次浮現，並且與政治菁英自古對憲法維護的追求相結合，更融入了對本土文化的關注。帶來的結果是自由主義傳播和「民族覺醒」計畫——結合了民族解放和物質進步的構想。

民族解放折衷方案——奧匈帝國成立

　　這些變化並不局限於匈牙利人，也延伸到斯拉夫人、克羅地亞人、羅馬尼亞人和其他少數種族。然而，匈牙利自由主義者採用的概念是**「單一族群國家」，意味著雖然個別公民都享有平等權利，卻會犧牲特定社群的權利**，因而造成其他族群的不滿，局勢也變得緊繃。

　　不過，新的動能似乎能幫助匈牙利突破狹隘的框架。在激烈爭辯「祖國和進步」的議題時——特別是進步派支持者塞切尼·伊什特萬（Széchenyi István）伯爵和民族主義英雄科蘇特·拉約什（Lajos Kossuth）——越來越多人開始為文明的進

步感到振奮歡欣。

接連而來的行政和法律翻修，促進了市場發展，並將法律保障的權利擴張到先前未受保障的人民，或是借用拉約什的說法：「擴展憲法的壁壘。」這代表著廢除農奴制，在法律前一律平等，以及代議民主──匈牙利內部擁有自由選舉權，與奧地利的關係，僅有對哈布斯堡王室的承認而已。

這些是1848年3月不流血革命的成就；然而，不到一年半的時間，卻盡數作廢。維也納政府[6]在帝國多處爆發革命動亂[7]的羞恥後，終於恢復了國力。**奧地利的部隊在俄國支持下**，將新興成立的匈牙利軍隊打得體無完膚。

革命政府面對的另一項挑戰，則是手邊無數待完成的任務，特別是如何以各方都滿意的方式，完成農民解放；而匈牙利菁英階層與少數民族之間彼此並不信任，導致了許多血腥衝突和持續的仇恨。

匈牙利帶著這些問題一路走到了1867年。**匈牙利的菁英階層用不合作態度，面對奧地利的高壓政府**，而奧地利政府在國際情勢上也遭遇困境；因此，情勢使然之下，新的折衷方案浮現──奧匈帝國成立。

多虧了少數1848年老將的審慎，例如「民族智者」費倫茨・戴阿克（Ferenc Deák），讓奧地利皇帝法蘭茲・約瑟夫一世（I. Ferenc József）從外來的獨裁者，轉型為匈牙利的立憲制

---

6 編按：奧地利帝國首都位於維也納，是十九世紀中所有哈布斯堡王朝領土的集合體。與神聖羅馬帝國、西班牙帝國、奧匈帝國合稱「哈布斯堡帝國」。

7 編按：1848年革命也稱民族之春，是歐洲史上最大規模的革命運動。

君主。

彼時，匈牙利和奧地利在哈布斯堡王朝中已具平等的地位。匈牙利推動並不符合多數民意的自由議會制度，而隨之而來的是工業資本主義（在這個以農業為主的國家，鄉村社會中人民與權威的關係，幾乎保持著古代封建的特色）和「美好年代」[8]式的都市現代化。

解放後的猶太人聚集在匈牙利，在國家經濟和文化發展都扮演重要角色。表面上看似飛速進步、繁榮發展，大多數人都相信匈牙利過去的「偉大」再次復甦。然而，約瑟夫一世和馬加什一世時期的匈牙利，有著關鍵的差異：種族組成。

即便匈牙利人做出了他們可以接受的最大讓步，少數派民族依然感到不滿，進而對匈牙利國家統一性造成威脅。1867年的折衷方案，是由哈布斯堡王朝兩大主要族群的菁英階層所訂定，而犧牲了其他少數族群[9]；雖然當時可行，但其所仰賴的系統在1918年後瓦解，因為許多法律上的問題，都找不到能滿足所有人的解決方式。

1920年的《特里阿農條約》（*Treaty of Trianon*），確定了「歷史上的匈牙利」解散——將三分之二的土地和人口（其中三分之一屬於匈牙利民族）交給鄰國[10]。

---

8 譯按：Belle Époque，從十九世紀末開始，至一戰爆發結束；由於科技進步和經濟騰飛，突然扭轉長期蕭條所帶來的悲慘痛苦。

9 編按：指匈牙利王國境內的「非馬扎爾人」，同樣渴望得到民族自治權。

10 編按：一戰後奧匈帝國滅亡，匈牙利宣布獨立。由於奧匈帝國包含數個不同種族，故需要重新劃定匈牙利、奧地利及其他新興獨立之國家的邊界。

這成為匈牙利歷史上最大的悲劇，至今仍引發許多意識形態和政治上的爭議，甚至預示了未來的恐怖事件，例如1944年的匈牙利大屠殺（政府方主動與占領的德軍合作，造成數萬人民死亡）[11]，以及1956年革命的血腥鎮壓。

從某種角度來說，《特里阿農條約》反映的是心胸狹隘的匈牙利菁英，對少數民族政治壓迫；但另一方面，《特里阿農條約》也代表敵對強權出於策略上的利益，利用種族衝突作為戰爭手段，願意接受與之結盟的新興國家提出的要求。

匈牙利人對政治懶散，因為日子還行

《特里亞農條約》帶來的真正悲劇，是讓當初導致匈牙利朝戰爭發展的結構得以存續。匈牙利民族的意識中，想像的是一個中型國家，其中**馬扎爾人的崇高地位，並非建立在統計學上的多數或種族認同，而是其歷史和政治上的成就**。因此，被迫限縮在如此小型的國家，無疑是一大打擊。

對內而言，條約的缺失讓他們合情合理感到憤怒，渴望報復。在鄰國和資助者的眼中，匈牙利這個曾經傲慢的壓迫者，如今已變成小心眼的滋事者，且對國際情勢的穩定造成威脅。

可以預見的，匈牙利在二戰再度與德國結盟。的確，霍爾蒂・米克洛什（Miklós Horthy）政權為了不得罪西方勢力，並非心甘情願的合作。但另一方面，反猶太人的法律早在1920年

---

11 編按：超過四十萬名猶太人被送往奧斯維辛集中營。

代就引入匈牙利，當時全世界根本還沒聽過希特勒的名號。

議會的表象無法掩蓋米克洛什政權的獨裁本質，但這剛好符合基督教中產階級的需求，而此階級為鞏固政權提供了很大的助力。此外，他們也樂於接受右翼激進主義的引誘。

在這段期間，將匈牙利文化推向世界的代表人物有現代藝術畫家拉斯洛・莫侯利－納吉（László Moholy-Nagy）、戰地攝影師羅伯特・卡帕（Robert Capa）和作曲家貝拉・巴爾托克（Béla Bartók），然而他們都選擇移民離開。

前面已經提過匈牙利大屠殺。假如這還不夠，到了1944年秋天，匈牙利成了納粹德國碩果僅存的同盟，而米克洛什為時已晚又思慮欠周的棄船打算，只讓匈牙利國內的民族主義分子有了可乘之機。

蘇維埃的坦克將一切摧毀殆盡，就連1918年－1920年間保留下來的後封建結構亦然。然而，取而代之的究竟是什麼，恐怕完全不在匈牙利人的掌控之中。

即便沒有俄國部隊，戰後的資源極度缺乏和空白狀態，都助長了共產黨的發展。他們充滿信心的行動主義、簡單的解決方式和組織，似乎都回應了當時的心理狀態。

政治策略、軍事壓力、暴力、政治操作和機會主義，都使得1945年－1947年間蓬勃發展的民主制度，在1948年轉變為仰賴莫斯科的獨裁政權。然而，諸如「明天我們將扭轉世界」等口號，也吸引了心悅誠服的合作者。

1950年代的蘇維埃化和史達林主義，對於匈牙利人的社會和政治道德，都是痛苦的考驗，然而，人們在面對這件事時的

表現卻有些不同。

在1956年「匈牙利十月事件」革命期間，短暫出現的伊姆雷・納吉（Imre Nagy）政權遭到蘇聯坦克鎮壓。蘇維埃政權的可怕罪行和對人民帶來的痛苦，使得一股新的（但仍模糊不清的）民主共識漸漸成為主流，而反蘇維埃的怒火代表傳統的威權主義幾乎不可能復興。1956年的事件，在匈牙利歷史中的地位，幾乎和1848年－1849年的傷痛相等，同時也讓匈牙利的地位在國際上大幅回升。

而1956年又重演了1849年、1918年－1920年和1944年－1948年的模式，**國際性的突發事件再度剝奪了匈牙利人決定自己未來的機會**。1956年後，另一種熟悉的國內發展模式也重演（從1849年後、1867年後和1920年後的歷史就可以看出）：**恐怖的情境催生出新政權，透過多數匈牙利人可以接受的手段，鞏固自身統治**。

同樣和1848年－1849年相似的是，1956年的革命也使匈牙利人必須從現實角度評估自己的困境，並做出妥協。同時莫斯科方面也了解到，他們的統治有其局限。如此一來，匈牙利的領導人——以亞諾什・卡達爾（János Kádár）為首 —— 便有機會得到多數民意的支持（及少數人的忠誠）。

卡達爾給予人民大部分蘇維埃集團國家人民沒有的福利，包含有限度的言論自由和取得文化產品——謹慎控制向上的社會流動和資本主義。他們讓人民接受了蘇維埃監護下的共產黨官僚體系（nomenklatura），以及特定的禁忌，例如一黨專政或將1956年定義為「反革命」。

　　然而，自由化的過程，或為了挹注此過程而日益增加的外國貸款，都不足以維持1980年代的生活標準；因此，新政權無力信守承諾。即便如此，到了1989年，共產黨終於遭到推翻時，**匈牙利人已經習慣於缺乏信心，並對政治感到懶散** —— 不需要做出太多妥協，就可以獲得適度的舒適生活。

　　很少人準備好面對建立民主制度的新契機，而這次很顯然他們終於是命運的主人，無論成敗都完全自己承擔。他們的表現如何，或許要等待一段時間後，由後代子孫來評判。

▲1881年亞歷山大・維列瓦爾德（Alexander Villevalde）的畫作，描繪了1848年匈牙利革命的一隅。1830年代和1840年代的改革導致了這場「合法革命」，又演變為反哈布斯堡王朝的戰爭，最後在沙皇軍隊的介入下平息。

資料來源：Private Collection

第2部

亞洲：
只要換政權，歷史就重新寫

Scale 1:48,000,000

第十四章

全世界最連貫的正史

中華人民共和國

撰文／羅志田

北京大學中國歷史教授、成都四川大學歷史學特約教授，主要研究民
族歷史、遺產和記憶之間的關係。

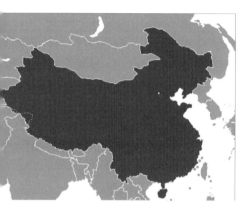

中華人民共和國
People's Republic of China

　　1911年辛亥革命推翻滿清，後經歷北洋、國民政府時期；1921年中國共產黨成立。1937年中日抗戰全面爆發，抗戰結束後，國民黨政府與中共在1946年展開全面內戰。1949年10月1日，中華人民共和國政府成立；中華民國政府和中國國民黨，於同年12月10日遷往臺北。

　　中國政府一開始採用計畫經濟體制，改革開放後朝向以市場經濟體制為主的混合經濟。在1980年代廢除集體耕作、設立經濟特區、國有企業改革重組，讓中華人民共和國成為世界成長最快的經濟體。

　　全國人民代表大會為其最高權力機關，設有常務委員會；主要行使立法權，並選出國家元首（國家主席）、行政機構（國務院）、司法機構（最高人民法院）、檢察機關（最高人民檢察院）等職務。

基本資料

國慶日：10月1日。

加入聯合國日期：1971年10月25日。

語言：國家通用語「普通話」，以北京語音為標準音，以北方方言為基礎方言，以典範的現代白話文著作為語法規範。

首都：北京。

面積：約960萬平方公里。

地理位置：位於亞洲東部與太平洋西岸，東西距離約5,200公里（橫跨5個時區），南北距離約為5,500公里。與14個國家接壤，和俄羅斯併列是世界上鄰國數量最多的國家。

人口：14.02億人（2020年）。

宗教：官方立場為無神論，未規定法定宗教。主要宗教等有佛教、道教、伊斯蘭教、基督宗教（天主教和新教）、中國民間信仰（和道教結合，分布最廣）。

　　和其他國家不同，歷史在中國社會中有著極高的重要性。事實上，**中國或許擁有全世界最古老且連貫的正式歷史紀錄。文字歷史從西元前1600年開始，西元前841年後有了精確的紀錄，一直持續到今天。**

　　古代的官方歷史由宮廷的天象官記錄，天象官同時也負責舉行祭儀記錄天象，甚至直接和上天溝通。身為歷史學家，他們主要的任務是記錄該朝代的重大事件，以及記錄君王的言行舉止。

　　有些學者或許只記錄統治者的言談，有些則關注更廣泛的事件。他們的紀錄不受政治干預——一直到唐朝（618年－907年），帝王甚至無權閱讀自己的事蹟紀錄。

　　古代中國人崇敬上天，卻未曾為賦予「全能的神靈」這樣的形象。相反的，人世間和上天有持續不斷的互動。帝王被視為上天之子，存在的目的是要在人世間施行天意。

　　然而，帝王的行為是否符合天意，會反映在老百姓的態度上，因此有道是：「天視自我民視，天聽自我民聽。」君王體察民情的方式稱為「采風」（蒐集風），意思是蒐集民謠和民間故事，以了解民間普遍的觀感。因此，歷史學者的另一項任務，是組織整理采風得到的資訊，讓統治者了解自己的統治，是否真的符合上天的旨意。

　　據說，古代國家最重要的兩件事就是祭祀獻祭和戰爭。祭祀對象是想像中的神靈和祖先。在中國古代，**祖先不只是所有知識的源頭，同時也是人們身分認同的基石，因此受到高度的崇敬。於是，維護祖先的歷史記憶，也成了歷史學者的重要責**

任，而且早在文字歷史出現之前就是如此。

在文字紀錄出現後，古代的記錄方式（篆書銘刻）仍有諸多限制，可供書寫的媒材也很稀少，因此意味著只有極重要的事件才會被記錄，而記錄的篇幅也很簡短。相對詳盡的故事，則必須透過詩歌和口傳的方式流傳，在古代的宮殿中大約有三百位「瞽矇」[1]的存在。

這兩種類型的歷史逕渭分明，正如古書所說：「史為書，瞽為詩。」[2]因此，**史官也扮演著空間上和時間上的連結**：前者是從社會最底層連結到上天，後者則是由過去到現在。

偉大的漢朝史學家司馬遷，對史官提出了守則：「究天人之際，通古今之變。」明確的說明了這樣的連結。從中央政府到地方諸侯，所有的統治政權都任用了這樣的史官。

留予後人說，為新政權提供正當性

即便是地方性的事物，也會有史官記錄和采風。正因為中國人對歷史記憶懷抱的崇敬，中國的歷史紀錄才能如此長久而不間斷。而後，即便國家史官的地位下降，歷史紀錄的轉移仍受到極高的重視。

唐朝期間，朝廷設立了負責記錄和編修歷史的「史館」。自宋朝（960年－1279年）起，每個新的朝代都會為前朝修歷

---

1 編按：中國有兩種史官：太史和瞽（音同「古」）矇。當時人們傳述歷史大致以瞽矇傳誦為主，而以太史的記錄幫助記憶。
2 譯按：出自《春秋・左傳》。

史，**不只整理出歷史教訓，也為新的政權提供了正當性。**

如今我們所知最早的歷史著作是《尚書》與《春秋》。前者是從商朝（約西元前1600年－1046年）到西周（西元前1046－前771年）的政府文件彙整，而後者則是魯國在西元前722年－前481年間的歷史紀錄。

據信，這兩本書都是由孔子編寫。除此之外，孔子也編寫了《詩經》，其中蒐集了周朝宮廷，和其他地方政權的詩詞歌謠，這或許和采風的習俗有關。假如這些文獻真的是由孔子彙編整理，那麼這位古代聖哲的確可以譽為中國史學之父了。

孔子對於身處時代的政治和文化混亂都深感不滿。傳言，他編寫《春秋》的動機，就是希望讓違反天道的人們感到悔恨，並在書中對他們加以針砭。孔子透過具體「作為」（行事）的描述，來表達自己的看法價值。

孔子會透過對於歷史事件和人物的選擇，來表達褒揚或貶抑：寫作的筆法批判了描述對象的行為是否符合天意。因此，在記錄的同時，也進行了詮釋。歷史寫作承擔了評判歷史事件和統治政權的重責大任，並且會直接影響特定政權的合法性，以及統治者的歷史地位。

因此，**史家有兩項任務：盡可能精確的記錄歷史，並針對內容適切讚譽和批評。**這兩者間顯然有衝突。然而，當為前朝記錄歷史成了慣例後，這類內在衝突就因為勞務分工而外顯。

歷史紀錄被區分為兩個面向，一是對於當今朝廷行事的記錄（會成為後世學者的素材），二是對於前朝歷史的批判。前者會提供大致正確的「真實紀錄」（其後的朝代會如此看待這

些紀錄），而後者的編寫所受到的限制則相對較少。

君主是否替天行道，歷史知道

　　新的統治政權會覺得自己有義務，賦予前朝正確的歷史定位。因此，每個政權都有責任為前朝建立起歷史檔案，並撰寫歷史紀錄。隨著這樣的過程漸漸系統化，國家、地方政府和個人都致力為自己的行事留下適切的紀錄。

　　雖然孔子的目標是評判過去和現在，但他的守則是「知其所以，觀其所由」。以此為基礎，建立中國歷史書寫的傳統：理論必須透過事件的記述來呈現。而事件的中心是個人。一直到二十世紀，中國歷史書籍都是以重要人物的傳記為主。

　　然而，個人的成就未必能代表其重要性，歷史學者同樣也重視展現高度道德標準的人物。除了帝王的生平外，司馬遷在《史記》中也首次為伯夷著列傳，記錄了伯夷和叔齊兄弟倆對抗周武王的事蹟。

　　周武王在稱王之前，帶領軍隊攻打自己的統治者商紂王。周武王推翻商朝，建立周朝並登基為王後，伯夷和叔齊兄弟倆拒絕吃周朝的糧食，選擇讓自己餓死。

　　這類歷史記憶在中國文化的重要性，也反映在古老的經典《易經》中：「君子以多識前言往行，以畜其德。」伯夷和叔齊之所以名留青史，正是因為他們高尚的德行，不屈服於周武王的威勢。

　　理所當然的，官方的歷史都是政治鬥爭中勝利者的觀點；

然而，中國歷史也有著不以成敗論英雄的悠久傳統。即便一個朝代推翻了前朝，卻還是必須忠於事實、記錄前朝的人事物。

歷史學家往往會發現自己陷入角色的衝突。不以成敗論英雄的觀點，在大眾文化中更為顯著。

中國歷史中，關羽和岳飛這兩位偉大的英雄都壯志未成——前者是西元三世紀東漢滅亡時期的武將，後者則是十二世紀為南宋而戰的忠臣——事實上，兩人都可以說是敗軍之將。然而，他們卻成了民間崇拜的對象。

因此，歷史和史學在中國的重要性遠遠超過西方。歷史闡發了天道和人間的基本概念，並且建立起文化和政治的身分認同。我們幾乎可以說，**歷史仲裁了君王是否替天行道，因此判定政權是否具備正統性。**

在春秋戰國時期（西元前770年－前221年），政治局勢動盪，地方諸侯權力擴張；然而，文化層面卻有著集中化的趨勢。當時，諸子百家爭鳴，各派學者都希望用自己的理念改變天下。

這通常被視為思想解放的象徵。然而，他們關心的是全天下，而不是單一國家的國政。「天下」的概念涵義廣泛，可以代表整個物質世界，或是全體人類社會，又或是君王統治的土地；通常三個涵義都會包含在內。

漢武帝時期（西元前140年－前87年）獨尊儒術，研究儒學的學者被譽為「四民之首」（其他三種是農、工和商）。接下來的兩千多年，中國和西方最大的不同之處就在於，**中國的「真理」並非來自超自然的力量或神。**

孔子認為，夏、商、周三個朝代（合稱三代）是理想社會的黃金時期。往後的歷史中，受過教育的人們都致力於復興三代的社會秩序，努力在不公義的社會中實現大同世界。

五四運動後，
科學化的歷史才代表真理

獨尊儒術的結果，是歷史撰寫的重要性在某些層面有所降低。然而，由於經典的內容相對固定，且局限於遠古時代，歷史書寫仍然是為個人或事件，提供正當性的關鍵。

歷史被認為是通往真理的道路，特別是因為天意往往反映於民意之中，也因為人們認為，理想社會曾經存在於遠古的三代。因此，中國的基礎教育和研究學問，有很大一部分都是對史學的鑽研。

十九世紀時西風東漸，影響了中國社會的每個層面，情況才有所改變。有鑑於中國土地廣袤、人口眾多，侵略者的目標並非占領土地，而是採取成本較低的統治策略：透過文化滲透以得到經濟利益。

雖然事實顯示，當時中國的購買力相當有限，但西方在文化控制上取得了很大的成功，並且改變了許多知識分子的思想。由於儒家思想本身無法讓中國富強，因此在社會中的重要性日益降低。

當中國的文化受到貶抑，中國人對中國文化的態度也大幅改變。他們漸漸認為自己的文化很野蠻，在世界的舞臺只能占

據邊緣位置。到了二十世紀初期，中國失去了自己的重心。

　　不同領域學問間的權力關係出現了明顯變化。儒家經典不再能滿足國家富強的需求，因此逐漸式微。相對的，人們認為唯有對歷史廣泛的了解，才能讓國家和文化傳承永續，於是歷史研究得到了前所未有的重視。

　　然而，當代知識分子對於中國傳統學問已然喪失信心，於是在賦予歷史研究復興國家的重任時，卻也完全投入了西方研究和思想的懷抱。從二十世紀初開始，許多進步派的知識分子相信，傳統文化只應該保存在博物館中，才能為現代化開路。

　　即便是保守派的學者，也認為傳統文化已經過時。大部分的人都同意，傳統無法解決當代問題，甚至會對新社會的發展造成威脅。因此，為了有效排除過去，人們非常看重「過去」與「現代」的區別。

　　1919 年的五四運動後，人們認為科學才能代表真理。歷史研究的概念出現變革，加入了科學方法，目標是「重整國家民族的過去」。民族主義與科學於此合流。

　　假如少了科學方法，民族的研究就沒有意義；而假如少了中國學者習慣研究的「民族過去」，科學方法也就沒有了研究的主題。馬克思主義的歷史唯物主義（historical materialism）即是科學方法的展現，在中國學界日益受歡迎，並在 1949 年後成為歷史研究的引導準則。

　　因此，二十世紀的中國學者幾乎都採用了西方的理論和研究方式。**歷史本身必須成為科學，並且和其他眾多領域競爭。**終究，歷史和經典的研究一樣，無法達到富國強兵的目標，於

是人們放棄了透過歷史點燃民族復興的火苗。

然而，這給了歷史領域更多空間，可以發展為一般的研究學門。從1990年代中期開始，歷史領域出現了新的研究方式，讓學者們用新的觀點看待歷史問題，並採用新的文本和材料，以及新的表達方式。

現代中國的學校教育和民眾所關注的歷史，又出現了巨大的改變。2008年北京奧運會的開幕典禮，正凸顯了歷史在中國所扮演的角色如何轉化。整個典禮彷彿史詩的篇章或場景，強調了造紙和其他的科技，也就是所謂的「四大發明」（其他三項是羅盤、火藥和印刷術）。

這些發明如今都被視為中國文化的代表性象徵，但在一個世紀前，卻幾乎未受到任何矚目；直到近期才被重新發掘，並賦予了新的重要性。四大發明無疑是中國歷史的一部分，但和西方不同，科學未曾站上中國歷史的舞臺中心。因此，奧運開幕典禮所展示的，其實可以說是**西方觀點下的中國歷史**。

過去一百年來，歷史的功能和內容都出現巨變，造成了一定的混亂。無論對學者和一般人來說，歷史都不再如過去那樣重要，於是人們開始思考歷史的功能為何。

大約五十年前，歷史仍然是很重要的領域，而在中國諸多的科學研究機構中，至少有三間投入歷史研究（其他領域則通常各只有一間）。然而，在過去二十年間，大學的歷史系出現了危機感；而在瞬息萬變的時代中，文化認同的重要性急遽提升。整體社會開始對中國和中國人民的歷史興起了極大的興趣。至於這樣的興趣對於歷史研究來說，究竟是好是壞，就只能等待歷史來解答了。

▲2008年北京奧運開幕典禮，由導演張藝謀編導，內容包含了中國
歷史的壯觀展演，呈現十五世紀鄭和下西洋，一路航行到非洲的
壯舉。

資料來源：Jiao Weiping/Xinhua Press/ Corbis

第十五章

讓我們的優越普世化

日本國

撰文／成田龍一

日本女子大學的歷史學教授；撰寫了大量有關二十世紀日本的文章，

包括戰爭的影響、女性的角色以及記憶在日本民族意識中的作用。

日本國
Japan

西元五世紀出現首個統一政權，後確立天皇體制，引入唐朝文化；此後經歷了幕府和戰國時代。1853 年黑船事件後，政權還給明治天皇，富國強兵政策主導了近代日本的開端。1930 年代實行軍國主義，於 1945 年被盟國擊敗後宣布投降，轉型為以國會為中心的君主立憲制政體。

服務業占全國GDP逾 70%；動漫是日本文化藝術的重要形式，其製作的動畫節目占全球播放的 60%，因此享有「世界動漫王國」的美譽。

為君主立憲國家，該國憲法明定主權在民，而天皇則為日本國及人民團結的象徵，無政治實權。國家最高權力機構為國會，實行兩院制，眾議院有 480 席，參議院有 242 席，由 18 歲或以上的國民投票選出。

基本資料

國慶日：2月11日。	
加入聯合國日期：1956年12月18日。	
語言：官方語言為日語。	
首都：東京都。	
面積：377,976平方公里。	
地理位置：位於亞洲大陸東北岸外側，主要由本州、四國、九州、北海道四大島構成，呈弧狀分布，南北細長，綿延約 3,000 公里。	
人口：1億2,534萬人（2022年）。	
宗教：神道與日本佛教。	

※資料來源：中華民國外交部網站

　　諾貝爾文學獎得主小說家大江健三郎，在《我在曖昧的日本》（*Japan, the Ambiguous, and Myself*）一書中，將日本文學分為三種類型。第一種關注日本文化的「優越」之處；第二種致力達到「普世性」，創作世界文學；而第三種主要是大眾文學，「跨越」了民族心理的界線。

　　這三種文學模型──優越主義、普世主義和跨越──也可以用來更廣泛的解釋，日本在歷史中不斷改變的身分認同。

　　1853年美國東印度艦隊的將領馬修・培里（Matthew C. Perry），帶著美國總統的信函來到日本，要求江戶幕府開放日本貿易──當時幕府封閉日本已超過兩個世紀。

　　1868年是日本現代化的開端，江戶幕府被明治維新推翻，明治天皇實施中央集權，以推動急迫的現代化政策。資本主義的發展促進了鐵路、電報通訊系統和軍隊建設。

　　明治時代的形成期之所以與眾不同，是因為日本現代化國家較晚。日本在受到西方重大影響後，強烈感受到他們的國家大幅落後，才開始現代化進程。啟蒙思想家福澤諭吉為日本這段時期現代化的展望，做了很好的總結：「個人的獨立即是國族的獨立。」

　　福澤諭吉希望**向受到封建制度馴化服從的人民，注入新的活力**，指出一條由「個人獨立」通向「獨立國家」，並成為現代世界強國的道路。這個政策稱為「西化政策」，實行的目標是富國強兵。

　　然而，明治維新試圖建立類似於西方的新日本，但仍打著傳統天皇旗號，而天皇從上古時代就已經存在。因此，日本同

時使用三種不同的紀年系統：西元（來自基督信仰的西方）、明治時期，以及天皇年號，也就是天皇統治的年分。此外，公曆於1872年引入，但人們的日常生活依然使用日本傳統曆法（陰曆），又稱「和曆」。

誰為戰爭負責，答案至今依然被模糊

1889年施行大日本帝國憲法和帝國議會後，正式的憲政從此建立。憲法的中心是天皇的權力和地位，而日本人民皆為天皇的「臣民」，權力與義務也條列分明。

從政府的觀點來看，憲法的目的是推進現代化，並透過強調傳統體系的連貫性，凸顯日本與西方的不同。與此同時，在反政府者眼中，憲法中「臣民地位」的定義催化了未來變化，卻也矛盾的強調了日本優越的特質。

十九世紀與二十世紀之交，日本的軍事和政治都在世界舞臺大放異彩，一切都從1894年－1895年間日本與清朝（滿洲）的甲午戰爭，以及1904年－1905年與沙皇的日俄戰爭開始。

日本殖民臺灣後，在1910年將韓國納入大日本帝國，並持續侵略中國。日本快速成為重要的軍事強權。日本在一戰中加入協約國陣營，在東南亞對抗德意志帝國的海軍，使國家經濟迅速成長，將軍需原料運送至歐洲盟國。

因此，1920年代的日本普遍相信，現代化已經帶來真實收穫。他們相信日本已經是現代國家，而西方服飾也在一般民間流行。美國大眾文化滲透日本，電影和收音機成為受歡迎的娛

樂模式。人們開始追求速度，效率也成為宣傳口號，家庭間普遍使用著洗衣機和其他新興電器產品。

二十世紀日本現代學之父今和次郎，研究了戰間期大東京地區居民的信仰。他觀察到，隨著現代化的益處普及，「現代」這個詞的使用也越加廣泛。這個時代被稱為「日本現代化」，人們了解到日本可以接受西方形式的現代主義，於是現代化越來越普及且蓬勃發展。

同樣身為社會學家的柳田國男，則將支持日本傳統秩序的人稱為「常民」，認為他們在面對國家文化快速改變時，終將遭遇衰敗。

1929年，**當經濟大蕭條讓全世界陷入危機時，日本從傳統威權主義得到力量**；採取侵略性軍事政策，選擇以法西斯主義作為解答。既然現代化成就無法避免危機發生，日本便改變因應方式，試圖超越現代。**由於包含了西方特色，原本的現代化模型遭到否絕，日本決定回歸優越主義的傳統。**

而後，日本暴力推動優越主義，並發動全民動員的戰爭。富士山和櫻花原本就是日本的象徵，如今則被賦予具體的軍事意義，象徵了動員和國族團結。

日本天皇代表了2,600年的傳統，被描繪為全世界獨一無二的存在：祂就是神。雖然很少人真的相信天皇的神性，卻在小學教育中嚴格的如此教導。日本**優越主義在戰爭期間無所不在，並產生了強大的毀滅性力量**。

從1930年代開始，戰爭就是日本的一切。1931年日本帝國派軍隊進入中國東北滿洲國，到了1937年時與中國爆發全面戰

爭。神話在日本文化中地位重要——即便戰爭需要理性思考，日本卻回歸不理性的方式來提振士氣，激發民族主義的激情。

與此同時，日本人在新的殖民地採取類似於法國模式的同化政策，而不是英國模式的自治。從韓國（征服於1910年）和臺灣（1895年）開始，日本在殖民地傳授日語，也建造神社並強迫殖民地居民敬拜。當地人被迫改用日文姓名，並遵循日本習俗。

到了1941年，日本與美國、英國和法國的同盟國軍隊交戰。戰爭期間，日本軍隊犯下駭人的戰爭罪行，例如在南京屠殺超過十萬中國平民，在韓國施行強迫勞動，並將「慰安婦」（有些是日本人）當成性奴。甚至還有一群菁英階級的科學家，專門研究細菌戰。

然而，1945年空襲對日本人口的影響，以及美國投下原子彈的後果，都無法忽視。超過一百五十個城市受到空襲（詳細數字會因為資料來源而不同），導致超過五十萬人死亡。在受到原子彈攻擊的長崎和廣島，約有十四萬人和七萬人死亡。兩個地區都是針對平民百姓的無差別攻擊，而輻射的影響在往後幾年不斷造成死傷，並繼續影響著倖存者的子孫後代。

沖繩則爆發陸地戰，無數平民成為受害者，有些甚至是遭到日本軍隊處決。這樣的「暴行」讓日本在很長一段時間，都以戰爭受害者的角度自居。**他們追究戰爭責任時，卻不回應自己遭到控告的戰爭罪行**，建構出論述來捍衛日本。而關於誰應該為戰爭負最終的責任，至今答案依然模糊。

日本在1945年戰敗，由天皇本人正式宣告投降。接下來的

六年間，日本都受到同盟國軍隊占領，但天皇仍是象徵性的傀儡領導人。1947年重新訂定的憲法宣告永遠放棄戰爭，而日本在1952年重新得到主權。

日式管理──優越主義的模型

慘痛戰敗後，政治學家丸山真男提出回歸現代主義的必要性。根據丸山真男的看法，封閉的優越主義帝國政府，在戰爭期間扭曲了日本的特性，更將國家帶往災難性的失敗。他熱切的提出，日本應當再次效仿現代西方模式，才能修正前一個時代的錯誤。

隨著民主自由與人權價值的建立，丸山真男進一步提出創造「新日本」的說法。他和同僚通常都被稱為「現代原則主義派」，但即便他們堅持現代化要採取普遍模式，卻還是利用日本優越性作為出發點。

占領日本的同盟國總司令道格拉斯‧麥克阿瑟（Douglas MacArthur）也注意到這一點，認為日本快速現代化的過程，會因為民主制度不成熟而受到阻礙。因此，優越主義還是戰後時期的主流模式。

在1950年代晚期和1960年代，丸山真男和同僚受到許多批判，來自極左翼的抨擊尤為強烈。主要的反對理由是，他們完全參照現代西方，且觀點並未受到大眾支持。

亞洲馬克思主義者、民主主義者和關注常民歷史的歷史學家，都對丸山真男有所批判。左翼激進主義的詩人吉本隆明[1]

直言不諱，堅持政策的社會價值應當凌駕在對國家威望的貢獻之上。吉本隆明強調日本人民獨特的文化，這使他與丸山真男受西方影響的觀點產生衝突。

戰爭結束後數十年，日本快速成長為世界重要經濟勢力，只在1953年和1979年因為石油危機而出現兩次停滯。日本似乎正朝著普遍主義[2]的現代性前進。然而，這樣的發展實際上立基於獨特的「日本式管理」和「日本式工業關係」——優越主義模型依然受到重視。

日本當時的大量出口，顯示出**日本成功將其獨特性當成賣點**。1980年代，累積的資金被用來提升出口，特別是汽車產業。這使日本與美國間產生貿易摩擦，也造成了日本的「泡沫經濟」。

1989年冷戰終結和其他全球性變化，也對日本政治和經濟體系造成影響。保守的自民黨在1955年成立後長期掌握政權，如今卻開始衰退；他們的經濟政策，也就是將獲益重新注入公共建設，也失去了效力。新自由主義成為二十一世紀主流的經濟策略。

從日本近代發展模式中，也可以看出大江健三郎提到的三種模型：第一，追求現代化的特殊主義或優越主義路線，或許對應於1904年－1905年日俄戰爭前的時期；第二，追求普遍主義的現代性，對應於1931年入侵中國；第三，跨越現代性的規

---

1 編按：有「戰後思想反思第一人」的稱號，為作家吉本芭娜娜的父親。
2 編按：超越宗教、國家、民族的價值觀。

範，則在1973年後格外重要。

　　然而，依照時間來劃分階級並非完全準確。原因是前兩種模型，也就是優越主義和普遍主義，有時很難清楚區分，而從前者進展到後者時，政治環境也未必出現明顯的外在變化。

　　但顯而易見的是，較早期的優越主義路線中，日本的發展方興未艾；而稍後，在二十世紀上半葉，普遍主義勝出，直到日本在1930年代進入戰時編制。第三種跨越模型，從1920年代晚期開始出現，但最初受到壓抑，一直要到半個世紀以後才得以充分表達。1945年後，日本又再次重複了相同的過程。

現實和虛構的界線消失，歷史動漫了

　　二十世紀尾聲，由於經濟快速成長，讓日本轉型為大眾社會[3]。現代的跨越期，源自日本成功達到再現代化。雖然有時會描述為「後現代」，但比較適合的說法是「後戰後社會」。

　　社會學家見田宗介，將戰後日本歷史的時代稱為「理想時代」（對應1945年－1952年的形成期）和「夢想時代」（發展期），接著是「虛構時代」（1973年後的當代）。

　　根據見田宗介的觀點，當代日本的跨越模型，和戰後優越主義、普世主義都截然不同。他強調了一系列的事件，包含1995年奧姆真理教在東京地鐵釋放致命神經毒氣，以及一名年

3　編按：指政府承擔了越來越多責任（教育、薪資和工作條件等），削弱了傳統的
　　社會關係。

輕男性隨機連續殺害年輕女性等，認為這代表在犯人眼中，現實和虛構間的界線已經模糊。見田宗介認為，日本陷入了類似的情況，**現實和虛構的界線消失，於是朝著「不可能的時代」邁進。**

日本東京的秋葉原正是這個想法的中心；秋葉原是許多象徵當代日本的科技公司的本部。**從戰後發展期開始，日本就試圖透過科技實力追求進步**，從1960年代的汽車工業，擴展到1980年代的家電產品和電腦。這些商店沿著秋葉原街道羅列，而當地盛行角色扮演風氣，年輕人和咖啡廳的女服務生，都開始打扮成日本電玩和動漫裡的角色。

現在我們所見證的是「日本」本身概念的變化。大量湧入的跨國企業和外籍工作者，讓國家的邊界模糊，而構成日本的要素也不再明確。優越主義和普世主義不再亟需被區分，而「日本是什麼？」的問題也開始受到質疑。

一股對日本抱持無條件信仰的新運動提出了解答——即便知道優越主義的概念只是虛構，但仍然堅持優越主義的日本。

這個運動的中心是作家小林善紀，透過動漫這種受歡迎的媒介，創作出讚譽天皇的歷史書籍，堅持日本在第二次世界大戰中的行為是正確的。隨著持續執政54年的自民黨政府，在2009年失勢，改變的跡象越來越明顯；而民族主義的安倍晉三從2012年起擔任首相，日本開始出現回歸優越主義的徵兆。

2011年3月11日的東北大地震，是前所未見的大型災害，造成將近兩萬人死亡，在現代日本歷史中留下永恆的創傷。日本經歷過其他大型的地震，包含了1995年重創神戶的阪神大地

震；然而，規模九級的東北大地震，是有紀錄以來最嚴重的。

　　地震引發了海嘯，摧毀許多城市，造成福島第一核電廠事故，是1945年的長崎與廣島後，日本國土第一次出現核災受害者。這場重大災害的後續效應，將會再持續數十年，對日本的社會的影響深遠。而在日本社會中，新的社會意識和對於既有結構的重新審視，都在災後漸漸浮現。

▲美國的影響在1945年占領後日益增強，普世主義興盛，二十世紀下半葉時，許多日本的城市和地景變得和世界其他大城市沒有什麼區別。

資料來源：Keystone Getty Images

第十六章

有神話、有寓言，
卻沒有可信的歷史

印度共和國

撰文／米哈爾·鮑斯（Mihir Bose）
出生於加爾各答，在倫敦生活了四十多年。直到2009年，他一直是BBC
體育編輯，現在是一名自由撰稿人。他寫了23本書，主題包括二十世
紀印度歷史和印度板球。

印度共和國
Republic of India

　　約西元前1500年，雅利安人進入印度創造了吠陀文化，種姓制度開始盛行。西元前三世紀，孔雀王朝統一印度半島。西元八世紀，阿拉伯人入侵，引進伊斯蘭文化，最終建立蒙兀兒帝國。十五世紀末，西方殖民者蜂擁而至；二戰後印度對英國發動不合作運動，最後於1950年建立印度共和國。

　　印度是發展最快的國家之一，也是世界第五大經濟體，GDP和英國與法國相差無幾。勞動人口超過五億，其中以耕種農業、城市手工業、服務業為主。

　　目前政治體系為聯邦共和國，總統是國家元首、武裝部隊統帥；總統只有虛權，總理平時掌握實權。行政權力主要控制在以總理為首的部長會議（即內閣）。

▌ 基本資料

國慶日：1月26日。

加入聯合國日期：1945年10月30日。

語言：印度憲法中所列之官方語言有22種，其中印度文（Hindi）及英文居首要地位，政府部門之公文、法律文件皆以該兩種語文為主。

首都：新德里。

面積：南北縱長3,214公里，東西約2,933公里，面積達328萬7,000餘平方公里，係世界第七大國。

地理位置：位於亞洲次大陸，自北方喜馬拉雅山起，經恆河平原及德干高原，向南伸入印度洋，西瀕阿拉伯海，東濱孟加拉灣。

人口：13億5,441萬人（2018年）。

宗教：印度屬多元宗教文化，印度80%人口信奉印度教，其餘為回教、錫克教、耆那教、佛教、拜火教及基督教等。

※資料來源：中華民國外交部網站

　　印度的歷史和現在相比，並不是另一個國家。而這段致命的過去，使得現代印度社會壟罩在重重陰影之下。1992年12月的衝突事件，恰恰凸顯了這一點：印度教的暴民摧毀了位在阿約提亞（Ayodhya）的巴布里清真寺（Babri Masjid）[1]；他們宣稱，該建築是中世紀穆斯林統治者，摧毀了印度教羅摩神廟後所建造，所以應將此地還給羅摩神[2]。

　　羅摩神廟的政治問題，反映了歷史上印度教徒與穆斯林之間的衝突，且深深影響著印度政治。人們對於印度教徒的論點是否公允沒有任何共識，只有持續不斷的衝突與暴力，而大部分都是針對少數派的穆斯林。

　　2003年，美國學者詹姆斯・連恩（James W. Laine）出版了十六世紀「馬拉塔帝國」[3]創立者希瓦吉（Shivaji）的傳記。顯然，他在其中質疑了這位印度教英雄和對抗穆斯林入侵者的事蹟。這本書引來了軒然大波，使得進行研究的巴達卡東方研究機構（Bhandarkar Oriental Research Institute）遭到破壞，牛津大學出版社被迫將此書於印度下架。

　　印度人對於歷史鮮少有共識，因為他們的過去錯綜複雜；更糟的是，**印度文字歷史大都由外國人所記載**。印度和中國一樣，擁有世界上最悠久的文化傳統；但**和中國不同的是，他們並沒有古代的歷史紀錄**。

　　1960年，印度歷史學家馬宗達（R. C. Majumdar）出版了

1　編按：此衝突引爆各地穆斯林與印度教徒的血腥衝突，造成至少 2,000 人死亡。

2　編按：印度教認為，阿約提亞是羅摩神的出生地。

3　編按：最後一個印度教帝國。起始於 1674 年，終結於 1818 年敗給英國而滅亡。

《古典印度史》（*The Classical Accounts of India*），其彙整了許多外籍人士所書寫的印度史，例如古希臘作家希羅多德、麥加斯梯尼（Megasthenes）[4]、希臘歷史學家阿里安（Arrian）、古羅馬作家普魯塔克（Plutarch）、老普林尼（Pliny），以及古希臘地理學家托勒密（Ptolemy）。

「在受到穆斯林統治之前，並沒有任何印度人所書寫的古代印度史；因此，我們對古印度的政治歷史所知甚少。」馬宗達寫道。

這意味著，如同作者辛格爾（D. P. Singhal）在《印度人的歷史》（*A History of the Indian People*）所說：「從最早的起源一直到穆斯林入侵之間，有大約四千年的時間，除了凱爾哈納（Kalhana）的《王河》（*Rajatarangini*）[5]之外，印度沒有任何歷史文獻。更別說像希臘、羅馬或中國那樣的詳細記載了。」

印度雖然擁有約五千年的歷史，其中卻有超過四分之三沒有留下任何印度人所做的紀錄。雖然也有許多神話和寓言，卻都沒有歷史層面的可信度。

馬宗達的「穆斯林將歷史帶給印度」一說，是根據波斯學者比魯尼（al-Biruni）所著的世界歷史經典《比魯尼論印度》（*Alberuni's India*）。比魯尼在十一世紀，隨著統治者加茲尼的馬哈茂德（Mahmud of Ghazni）進入印度；在比魯尼的君王殺害、奴役印度人，洗劫富有神殿來建立雄偉的加茲尼王國（位

4　編按：古希臘使節，首位撰述印度歷史的希臘人。

5　編按：印度西北部地區（喀什米爾）的編年歷史，於十二世紀由梵文寫成。

於現在的阿富汗）時，他則寫下了經典巨作。

在那16年裡，馬哈茂德每個冬天都會前往印度，掠奪大量財富。在這些屠殺中，比魯尼冷靜的觀察印度人與自己截然不同的世界；他之所以能成為穆斯林世界著名的科學研究者，主要都得歸功於他向印度教徒所學習的科學和數學發現，以及對梵語的精通。這個故事說明了印度和世界間的往來關係。

「印度」是外人喊的，「婆羅多之地」才是我的名

即便「印度」（India）這個名字，其實也是由外來的侵略者創造。波斯人和希臘人想要定義沿著印度河（River Sindhu）居住的人，先前他們已經用「Indus」，來稱呼位於旁遮普邦的印度河，於是想用同一個字來指稱居住在印度河流域的居民。

不過，波斯人和希臘人的發音不太一樣，波斯的發音有送氣，於是成了「Hindu」，希臘則沒有送氣音，成了「India」。最終，「India」演變為指稱喜馬拉雅山以南的次大陸，而「Hindu」則用以稱呼居住於該地區的人民所信仰的宗教。

許多個世紀以後，歐洲的東方研究者意識到，印度教徒對於他們的宗教並沒有一個專門的稱呼（他們稱為「Sanatan Dharma」，意思是「永恆的道路」）。於是，這些學者們便創造了「Hinduism」來指稱印度教信仰。

但正如印度歷史學者尼拉德・喬杜里（Nirad Chaudhuri）所指出，這就像是把古希臘的宗教稱為「Hellenism」或甚至

「Graecism」（兩者中譯皆為「希臘主義」）一樣。這個名詞的創造帶來了最耐人尋味的轉折。

在現代的印度，「Indian」（印度人）代表了無論任何信仰的所有印度人。印度是個世俗的國家，許多穆斯林人開心的說自己是Indian，卻沒有意識到，這麼說其實無異於稱呼自己為印度教徒。

即便是現代的印度人，也樂意讓外國人寫他們的故事。描述印度如何爭取獨立的經典歷史著作《自由午夜》（*Freedom at Midnight*），就是由兩名外國記者所寫，分別是法國的多明尼克・拉皮耶爾（Dominique Lapierre）和美國的賴瑞・柯林斯（Larry Collins）。1982年的傳記電影《甘地》（*Gandhi*），則是由英國人李察・艾登堡羅（Richard Attenborough）製作。

印度在1947年脫離英國獨立後，並沒有改掉外國人所取的名字，而是決定採用兩個名字，一個對內、一個對外。在印度的語言中，印度的名字是「Bharat」（音譯為「婆羅多」），而印度政府稱為Bharat Sarkar，「Sarkar」即是政府的意思。Bharatvarsha的意思是「婆羅多之地」，也就是印度次大陸遠古時代的名稱。

在獨立之後的印度，國家政府授予人民的最高榮譽獎項是「Bharat Ratna」，字面上的意思為「婆羅多的珠寶」，也就是「印度國寶勳章」。然而，在所有的官方函文中，都還是使用了「India」這個字。

為了回應印度缺乏文字歷史的問題，創新的印度歷史學家高善必（D. D. Kosambi）決定，親自考察他位於浦納（Pune，

印度第九大城）的研究基地周遭，從考古學的角度來研究歷史；這在印度史的研究領域引領了新的趨勢。而後，其他學者跟隨高善必的腳步，在歷史遺跡田野調查，檢視建築殘跡、石塊、磚瓦和其他實體文物。

印度人的發明，
卻不能以印度人來命名

對當今印度人來說，最難面對的或許是英國人所帶來的影響——他們在歷史中埋下了無數地雷。**沒有哪一個外國勢力像英國那樣，凡事都充滿了目的性**。它和印度過往的外國統治者截然不同。

西元前326年入侵的亞歷山大，是有可信歷史以來的第一個侵略者，他的部隊帶著武器而來；1526年的蒙兀兒帝國，則是帶著砲彈和《古蘭經》（*Quran*）而來。然而，這些外國人最終都留在印度，成為土地的一部分。即便是亞歷山大所帶領的希臘部隊中，也有許多人選擇成為印度人。

相反的，第一批英國人來此的目的是尋求貿易對象。他們帶著女王伊莉莎白一世（Elizabeth I）寫給蒙兀兒帝國阿克巴大帝（Akbar）的請託信件（她還拼錯了他的名字），並強調他們只是旅居者而已。

近年歷史學家們關注的論點是，**在英國統治之前，印度其實就已經是世界經濟強國**。英國陸軍少將勞勃・克萊芙（Robert Clive）在1757年打敗孟加拉王公（Nawab of Bengal），又打敗法

國人，建立英屬印度。但在七年前的1750年，中國占全世界製造業出口約33%，印度占25%，而大英帝國則不到2%。

到了1860年，英國統治印度一世紀後，英國的製造業出口提升到20%，印度則降到8.6%。1900年，英國占了18.5%，印度卻降到1.7%。

英國有效的剝削了印度工業化之前的強勢製造業，而使之轉型為初級生產國，專門提供原料給工業化的英國。

雖然十八世紀晚期的英國，主要是利用印度來賺錢，但也有一些人致力於發掘古代印度的學問，其中包含了梵語研究的先驅學者威廉‧瓊斯（William Jones）和印度總督華倫‧黑斯廷斯（Warren Hastings）。他們的研究發現讓當代印度人都感到震驚，因為沒有人想過自己的祖先曾有如此成就。

人稱「東方瓊斯」（Oriental Jones）的瓊斯在黑斯廷斯支持下，創立了印度亞洲學會（Asiatic Society），並且開始了英國對在印學者的長期資助，希望對印度帶來助益。但許多年來，印度人都不得成為亞洲學會的成員或參與集會。

從黑斯廷斯與瓊斯開始，英國人成了印度改變的催化劑。他們帶來了新的想法和觀點，幫助印度與世界重新連結。這對於印度人的心理（特別是印度教徒），產生了巨大影響。

許多印度教的重大改革，例如廢除某些野蠻習俗，其實是由印度人而非英國人所領導；他們在英國觀點的影響下，重新檢視印度社會，發現需求並加以改變。

然而，在啟迪民智的同時，英國人也設下了限制，為印度人的力爭上游設下了天花板。其中一個經典的例子就是1865年

聖母峰命名。聖母峰的英文名稱「Mount Everest」，來自前任印度測量局長、英國上校喬治‧埃佛勒斯（George Everest）。

在他的協助下，人們第一次正確丈量喜馬拉雅山的高度，其中也包含了世界最高峰。然而，究竟是誰計算出聖母峰是世界最高峰呢？其實並不是埃佛勒斯本人。

在一開始人們試圖測量聖母峰的海拔高度時，它被稱為「Peak XV」；而在埃佛勒斯之後擔任印度測量局長的安德魯‧華歐（Andrew Waugh），要求他們的測量人員提供更準確的數學公式。

擔任這個職位的，是年輕的數學天才拉德哈納特‧希克達爾（Radhanath Sikdar）。他是孟加拉人，埃佛勒斯一直很欣賞他的才能。根據希克達爾的精密計算，聖母峰的高度為海拔8,840公尺。

然而，**世界最高峰可不能以一名印度下屬的名字來命名，**因此華歐認為這座山峰應該叫「埃佛勒斯峰」，並且讓這個名稱「在文明的國家中廣為流傳」。

如果說是比魯尼將歷史書寫帶入印度，那麼英國則是仰賴自己的專家來記錄印度歷史，即便這些專家未曾踏足此地。例如蘇格蘭歷史學家詹姆斯‧穆勒（James Mill），他在1818年寫出了《英屬印度史》（*History of British India*），許多世代以來都被當成英國學生的標準教科書，但他本人卻不曾去過。

經濟學家凱因斯（John Maynard Keynes）效力於印度事務部，**寫過許多關於印度財務管理方面的書籍，**也協助成立印度儲備銀行；**但他也不曾拜訪過印度。**事實上，他認為完全沒有

這個必要。

　　凱因斯與印度最密切的連結，是他的印度學生比摩拉・薩卡爾（Bimla Sarkar）。有傳聞說，薩卡爾也是他的愛人。假如傳言是真的，那麼凱因斯這位偉大的英國男爵，顯然認為和一個印度人上床是一回事，真的與數百萬印度人碰面又是另一回事了。

七萬人怎麼統治兩億五千萬人？

　　英國與印度的關係還有另一項重要特色：**打從一開始，英國人就表現得彷彿自己位處道德制高點**。這清楚顯現在國務大臣對英國國會發表的印度年度報告上。

　　這本紅皮書充滿了我們預期中的乏味政府紀錄和數字，但特別的是標題：印度道德與物質層面的進步。傳達的意思很清楚了：英國不只改善了印度的經濟條件（許多英國歷史學家至今仍如此認為），同時也道德教化了野蠻墮落的印度人民。

　　對印度來說，英國的道德優越感難以忍受。不過，**印度人的應對方式卻是，對於自身的黑暗面不斷粉飾太平，並假裝他們犯下的罪狀都只是誤會，或是根本不曾發生**。

　　英國在統治印度時出現過許多暴行，例如1756年的「加爾各答黑洞」（Black Hole of Calcutta），據說孟加拉大公將146名戰犯關在缺乏空氣的牢房裡，導致許多人窒息而死。1857年北方坎普爾（Kanpur）的比比加爾（Bibighar）也發生叛亂，許多男女老幼都遭到屠殺。然而，這些事件都受到忽視或美化。

　　和維琪法國[6]後的法國人相比，印度人面對殖民史的問題更為嚴峻：**假如沒有印度人的積極合作，英國根本不可能占領印度，更別說是統治了**。在大英帝國的鼎盛時期，印度的英國公務員從未超過九百人，部隊人數也僅有大約七萬人，而印度人口卻超過兩億五千萬人。

　　即便在普拉西戰役[7]中，為英國將軍克萊芙戰死的印度士兵人數，也超過英國人（四名英國士兵死亡、九人受傷、兩人失蹤；對比之下，死亡的印度士兵有16人，36人受傷）。

　　1857年發生的軍事衝突（英國人認為是兵變，但人們通常稱此為第一次印度獨立戰爭、印度民族起義），英國面臨生死交關之際，卻受到了許多當地人的幫忙，特別是錫克教徒和廓爾喀人（Gurkha）[8]。

　　英屬印度時期，英國能徵召印度人為他們打仗，甚至對付其他印度人，可以說是一項了不起的成就。事實上，整個大英帝國在各處的戰爭，都是由英國軍官指揮印度士兵行動，軍隊支出則來自印度政府的收益。

　　除了南非的第二次波耳戰爭（Anglo-Boer War，為白種人部族之間的戰爭，被認為不應有棕色人種參與）外，印度都為英國人而戰，拓張領土並維護其統治。在1914年的前50年間，印度部隊參與了大英帝國從中國到烏干達的十餘場軍事行動。

6　編按：二戰期間納粹德國控制下的法國政府，也是唯一自願放棄自由民主與憲政體制的國家。

7　編按：英國東印度公司與孟加拉王公的戰爭。

8　編按：原先是受聘於東印度公司的傭兵，後逐漸成為英軍的常備部隊。

連建國聖雄的故事都被美化

面對英屬印度時期，現代印度的回應是盡量粉飾自己曾經配合與合作，試圖否定英國的說法，證明印度是單純受到英國統治。**英國首相邱吉爾曾經說道，如果把印度稱為國家，就像稱赤道為國家一樣[9]。**

印度人會強調在英國統治前，他們就已經有著長久的文化一致性；但英國統治前，印度不曾有過政治上的統一。

在英屬印度之前，印度曾經有過兩位偉大的統治者：阿育王（Ashoka，西元前268年－前232年在位）和蒙兀兒帝國的阿克巴大帝（1556年－1605年在位）。但兩人都不曾完整統治廣大的印度次大陸。

即便是在文化一致性的方面，也有許多局限。舉例來說，印度人對於新年並沒有共識。在大多數地區，都是秋季時（10月下旬或11月上旬）慶祝排燈節（Diwali）[10]；但東部和北部地區，新年卻在春季的4月左右。

印度對歷史最大也最精密的美化和修飾，反映在1947年獨立的過程。在印度的版本中，一切都要歸功於聖雄甘地，透過非暴力反抗贏得自由，一滴血都沒有流。

9　編按：邱吉爾在演講中的原話應為："India is no more a political personality than Europe. India is a geographical term. It is no more a united nation than the Equator." 他認為「印度是一個抽象的概念，由少數具有政治頭腦的階級代表。」

10　編按：印度教徒視此為一年中最重要的節慶，慶祝「以光明驅走黑暗，以善良戰勝邪惡」的日子。

　　甘地被視為印度的國父，地位就像美國的華盛頓（George Washington）一樣。所有政府官員都必須前往德里的甘地陵墓弔唁，因為甘地就在該地受到火化。歷史學家們同意，華盛頓在約克城打敗英國部隊，贏得政權；然而，**在甘地的故事中，卻找不到這樣決定性的轉捩點。**

　　他一共領導過四次非暴力的抗爭行動，最後一次是在英國政權離開後五年[11]。他的行動改變了印度和印度人，讓他們抬頭挺胸，相信自己無須懼怕殖民者。然而，1947年8月15日（印度獨立日），甘地卻拒絕慶祝自由，選擇與加爾各答的穆斯林一同度過，希望能緩解印度教徒和穆斯林間的緊繃氣氛。

　　他同時也感嘆獨立談判帶來的分裂和暴力。事實上，印度獨立受到許多因素和環境影響，其中包含了日本於1941年－1942年間在遠東贏得的一連串勝利，摧毀了白人優越的迷思。

　　印度人時常迴避獨立之後的建國過程。其中一個很大的誤解是，英國統治了大部分的印度。然而，1947年時，印度次大陸有超過三分之一是由本地的印度王公統治，並不屬於英屬印度的一部分。

　　他們與英屬印度簽訂了對外關係的條約；英屬印度會在每個邦派駐駐紮官（resident），只要不威脅英國的整體統治，王公們基本上可以在領土中為所欲為。他們與英國最重要的往來，大概就是確保每次總督來訪時，都能打包一隻老虎帶走。

---

11 編按：英國議會於1935年通過《印度政府法案》（*Government of India Act 1935*），實行聯邦結構和省自治。

　　王公們甚至有自己的軍隊，有些人在兩次世界大戰中都效力於戰勝方（一戰為協約國，二戰為同盟國）。英國的法律或建造的鐵路都不曾進入這些王公的邦國。

　　1947年，印度次大陸的565個邦國都能選擇要加入印度或巴基斯坦，或是自行獨立。這些邦國能很好的融入現代印度共和國，都要歸功於薩達爾·瓦拉巴伊·帕特爾（Sardar Vallabhbhai Patel）。他是強悍嚴肅的古加拉特邦政治家，負責管理甘地的政治事業，並且在印度獨立後的第一屆內閣中，擔任賈瓦哈拉爾·尼赫魯（Jawaharlal Nehru）總理的副手。

　　英屬印度的第二項驚奇之處是，雖然看起來像個國家，卻缺少了國家的必要條件：眾人接受的司法體系。雖然建立了英國式的高等法院，推動了刑事法，但卻少了普通法或民事法。

　　在整段統治期間，英國不曾嘗試改變印度教、穆斯林或其他印度社群的法律，更別說推動司法現代化了。相關的規定和習俗維持著數個世紀以來的模樣──事實上，英國甚至努力強化原始的印度傳統習俗。

　　獨立以來，印度一直努力施行普通法[12]，卻在穆斯林等少數族群間造成許多問題。印度獨立時，並沒有開設戰爭法庭來審理與英國合作的印度人，也沒有像種族隔離後的南非那樣，成立真相與和解委員會。1947年8月15日，效力於英國的印度人只是聳聳肩，便成為了自由鬥士。

　　印度這塊土地在創造歷史上不曾有過任何問題，但很難找

---

12 編按：參考判決先例，最終產生類似道德觀念一般普遍的、約定俗成的法律。

到好的本土歷史學家。事實上，在古代的印度，詩學被認為比史學價值更高。**印度人正不斷努力從外國人所留下的歷史中，重新奪回自己的話語權。**然而，結果卻是持續的衝突和動盪。

▲〈普拉西戰役後的勞勃·克萊芙與米爾·賈法爾〉（*Robert Clive and Mir Jafar after the Battle of Plassey*），由法蘭西斯·海曼（Francis Hayman）繪製。
這場戰役是印度歷史的轉捩點，克萊芙在普拉西戰役中打敗西拉杰·烏德·達烏拉王公（Nawab Siraj-ud-Daulah）。他的勝利來自賄賂王公的手下大將米爾·賈法爾，他也將孟加拉的王位贈與這位將軍，但雙方都知道英國才是真正的統治者。

資料來源：National Portrait Gallery, London

第十七章

此地只有猶太人，
卻是民族大熔爐

以色列

撰文／科林・辛德勒（Colin Shindler）

倫敦大學亞非學院（SOAS University of London）以色列研究的名譽教授和高級研究員，以及歐洲以色列研究協會（European Association of Israel Studies）主席。近期著作包括《現代以色列史》（*A History of Modern Israel*, 2008）和《軍事猶太復國主義的勝利：民族主義與以色列右翼的起源》（*The Triumph of Military Zionism: Nationalism and the Origins of the Israeli Right*, 2010）。

以色列
State of Israel

　　以色列領土在歷史上曾為多個國家統治。猶太民族扎根在這片土地超過三千年，其文化、宗教和民族特性都在此形成；期間猶太人經歷了兩千年在世界各地的流浪與放逐，最後才在1948年建立以色列國，是世界上唯一以猶太人為主體的國家。

　　與歐美經濟關係密切，是中東地區唯一的已開發國家。憑藉強大教育基礎設施和體系，以色列擁有與矽谷媲美的高科技產業；鑽石、軍事裝備、電腦軟體、藥物是主要出口貨物。但自然資源相對貧乏，依賴進口石油、原材料、小麥等。

　　為實行議會制的民主國家，總統是名義上的國家元首，主要擔任禮儀象徵，必須指派國會裡的多數黨，或多數派聯盟領袖作為總理。主要權力在總理手上，並擔任內閣領導人。

基本資料

國慶日：每年猶太曆以珥月（Iyar）5日，通常在西曆4月或5月。

加入聯合國日期：1949年5月11日。

語言：希伯來語、阿拉伯語。

首都：耶路撒冷（以色列於1950年宣布首都為耶路撒冷，惟未獲國際普遍承認，耶城地位具高度爭議性，多數國家均將大使館／代表處設立於台拉維夫）。

面積：21,946平方公里。

地理位置：位於阿拉伯半島西北角，北接黎巴嫩，東北與敘利亞為鄰，東與約旦接壤，南及西南連接西奈半島，西瀕地中海。

人口：949萬人（2022年）。

宗教：猶太教、伊斯蘭教、基督教。

※資料來源：中華民國外交部網站

　　以色列既是古老國家，也是新興國家。現代以色列在1948年的血腥衝突中建立，大部分的以色列人都將之視為零和博弈，最終只能有一個勝利者。入侵的阿拉伯國家軍隊可以承受戰敗的損失，但以色列人相信，假如他們沒有成功，就只能面對滅亡。

　　1947年11月，聯合國大會181號決議提出了英屬巴勒斯坦的分割方案，建立兩個國家（阿拉伯國與猶太國）。猶太復國主義[1]者接受了這個提案，但巴勒斯坦的阿拉伯人拒絕。這場苦戰的戰敗者，稱1948年的戰爭為「Nakhba」（災難日），而勝利者則稱之為「以色列獨立戰爭」。

　　這場戰爭驅使超過七十六萬阿拉伯人流離失所，有些人則遭到驅逐；阿拉伯難民主要定居於約旦河西岸和加薩走廊，以及鄰近的阿拉伯國家。

　　當今的以色列被認為是猶太人的國家，有著特殊的巴勒斯坦阿拉伯少數族群，並充滿許多民族和宗教社群。阿拉伯人占總人口的將近20%，主要是遜尼派伊斯蘭教徒，再加上式微的基督教少數。還有說阿拉伯文的德魯茲教派（Druse），和非阿拉伯的穆斯林切爾克斯人（Circassian）。耶路撒冷有大型的亞美尼亞社群，而巴哈伊信仰（Bahai）[2]的總部則位在北部的港口城市海法（Haifa）。

1　譯按：Zionist，又譯為「錫安主義」。

2　編按：根據其教義，宗教的歷史是神差遣先知教化人類的進化過程，如亞伯拉罕、摩西、釋迦牟尼、耶穌基督等；而其創始人巴哈歐拉則是最新的一位。

撒馬利亞人（Samaritans）[3]的祖先，可以追溯至西元前六世紀，巴比倫人征服古代的以色列，如今他們居住在西部城市霍隆（Holon）。而目前有上萬貝都因人（Bedouin）[4]，居住在不受官方認可的村落，生活環境相當惡劣。

許多以色列人都將1948年視為「第三聖殿」[5]的重建，繼承了古代猶太人祖先的故鄉—— 首先被巴比倫人所摧毀，而後又在西元紀年初始被羅馬人再次摧毀 —— 散居世界各地的猶太人，是連接這些事件的橋梁。

同盟國贏了戰爭，
但猶太人肯定輸了！

猶太人無法忘記以色列的故土。事實上，**猶太教的發展被認為是對故土的永懷**，無論他們流浪到哪裡，都不會忘記《聖經》中對錫安（Zion）[6]的應許：「他們一天會對著耶路撒冷的方向禱告三次，祈求和平。」

由基督信仰的天主教早期教父開始，數個世紀以來的迫害讓猶太人領悟到，他們無法等待別人拯救，而必須靠自己的力量。歐洲十八世紀的法國大革命和啟蒙運動，雖然一度點燃了

3　編按：以色列人的旁支，自稱是西元前古以色列王國的後裔。
4　編按：在沙漠游牧生活的阿拉伯人。
5　編按：聖殿為猶太教信仰的核心，最初於西元前960年建成；猶太教末世論中預言會有一座「第三聖殿」被修建。
6　編按：指耶路撒冷城和猶太民族的總稱，比喻以色列是神的選民。

他們的希望，最終卻僅停留在理論階段。關心人民的民族國家出現、社會世俗化，以及所謂人文進步的黎明等，都未帶給猶太人絲毫喜悅。

在法國發生的屈里弗斯事件（Affaire Dreyfus，猶太軍官被誣告叛國），說明了二十世紀之交，「現代」的共和法國菁英階級中，反猶太主義有多麼盛行。接著，納粹主義影響了啟蒙運動後的德國，讓本來安居樂業的猶太人再次陷入危境。

「猶太人是我們的噩運！」這句話在當時響遍了數百個歐洲城市。一切都終結在奧斯威辛和特雷布林卡集中營。同盟國或許贏了戰爭，但猶太人肯定是輸了。

十九世紀時，大部分猶太人試圖適應現代世界。少數猶太人則選擇不這麼做，保持了他們的宗教傳統、獨特的文化和服裝，以及共通語言，例如意第緒語[7]。

因此，**這些極端正統派猶太人，在精神上重建起猶太區的圍牆，創造了與世隔絕的世界**；另一方面，疏離的猶太人則希望透過文化適應以及皈依基督教，與外界同化。大部分的猶太人都在適應的光譜上找到定位，並成為自己所在國家的忠誠國民。此外，有將近一萬兩千名猶太人在一戰中，為德意志帝國捐軀。

在東歐，沙皇的威權統治並未給猶太人太多融入的機會。十八世紀晚期，凱薩琳大帝（Catherine the Great，統治期間1762年－1796年）將猶太人集中在俄羅斯西方一處稱為柵欄

7　編按：意第緒（Yiddish）一詞也可以代表猶太人。

區（Pale of Settlement）的地區，並訂定許多歧視性的法律加以管理。在1881年－1914年間，有將近兩百萬猶太人，從該區域移居到西歐和美國，希望追求更好的生活。留下來的人則成為了革命分子；許多早期的布爾什維克黨[8]人 —— 名字裡出現：托洛茨基（Trotsky）、季諾維也夫（Zinoviev）、加米涅夫（Kamenev）、斯維爾德洛夫（Sverdlov）和拉杰克（Radek）——都是猶太人，但他們僅僅是擁有猶太名字而已。

當時逃離猶太身分是很常見的。也有一些人沒有放棄自己的身分，但試圖逃離自身的困境。

有些人嘗試在東歐創造地方自治區，其他許多其他人則向外探詢領土的解決方式，這類「猶太國度」在世界各地出現：從大洋洲到拉丁美洲，都有建立新「以色列」的計畫 —— 從作家伊利亞胡‧本雅明尼（Eliahu Benjamini），將著作命名為《猶太人的國家：烏干達、比羅比詹和其他34個計畫》（*States for the Jews: Uganda, Birobidzhan and 34 Other Plans*），就可見一斑。

這些計畫大都無疾而終，尤其是大多數的追隨者都在大屠殺中死去。然而，**猶太復國主義得以成功，主要是因為其本質上就是採取生存主義[9]的意識形態。**

十九世紀晚期，許多早期的猶太復國主義者，都不再採取宗教定義上的猶太，而轉向民族上的定義。然而，他們仍然維

8　編按：俄語中的意思為「多數派」，俄國社會民主工黨（最終演變為蘇聯共產黨）中的派別，列寧（Vladimir Lenin）為其領袖人物。

9　編按：積極的為區域性、國際性的社會崩潰，或是自然災難做準備。

持對《聖經》和猶太宗教經典學習的態度，這也是他們在革命上政治努力的背景。

因此，早期的猶太復國主義者，例如奧匈帝國的記者西奧多・赫茨爾（Theodor Herzl）[10]、德裔猶太人哲學家摩西・赫斯（Moses Hess）、波蘭醫師利奧・平斯克（Leon Pinsker）和匈牙利作家馬克斯・諾道（Max Nordau）都相信，錫安應該位在猶太人古老的故土以色列。

回到應許之地，反抗迫害

猶太復國主義是對猶太人社會階級的反抗，也是對壓迫者和暴君的反抗。同時，猶太復國主義也反抗了更廣泛的猶太拉比[11]權威，這樣的權威未受到現代影響，被動接受了猶太人遭受迫害的命運。

拉比階層認為，猶太人真正的救贖只會隨著真正的彌賽亞一起降臨——而任何人類的干預若意圖影響神的旨意，都是不名譽的。除此之外，他們必須建立界線來保護傳統猶太教，不受到理性主義侵蝕。因此，著名的拉比智者施奈爾・札爾曼（Shneur Zalman），選擇在1812年為沙皇的壓迫背書，而不是承擔拿破崙入侵俄羅斯時，法國革命者的自由精神可能帶來的汙染。

---

10 編按：現代以色列的國父。
11 編按：指精通《希伯來聖經》的精神領袖、宗教導師。

　　當然，也有少數拉比用不同的角度詮釋猶太教經典，因此強烈支持猶太人重返自己的聖地，例如德國教士茲維・赫希・卡立夏（Zvi Hirsch Kalischer）和西班牙裔的拉比葉胡達・阿卡萊（Yehuda Alkalai）。他們的跟隨者建立了宗教上的猶太復國主義，並反對反猶太復國主義的極正統派。

　　第一批猶太復國主義的移民比魯人（Bilu'im），在1882年從沙皇俄羅斯來到鄂圖曼帝國的巴勒斯坦。法國的埃德蒙・羅斯柴爾德（Edmond de Rothschild）男爵[12]等猶太復國運動者，開始從當地的重要人士和地主手中，購買無人居住的土地。

　　二十世紀早期的先驅者們，認為自己是**國際革命運動的一部分，將在巴勒斯坦建立示範性的社會主義國家**。事實上，以色列的開國者，例如大衛・本古里安（David Ben-Gurion）、伊扎克・本茲維（Yitzhak Ben-Zvi）[13]和伊扎克・塔邊金（Yitzhak Tabenkin）都是馬克思主義者，在第一次世界大戰前十年間，隨著第二波移民來此。

　　他們懷抱著社會主義的理想，希望能改變猶太人的世界，於是在1910年建立了第一個集體定居點，但這樣的「基布茲」（kibbutz）[14]，充其量只是實驗性質而已。

　　和歐洲帝國主義者不同，猶太人移民認為自己只是殖民地開拓者，而非殖民主義者。他們並沒有帶來軍隊和武器，而是帶著乾草叉和鋤頭。**他們希望打造一個國家，並且藉由國家來**

---

12 編按：羅斯柴爾德家族的法國成員，在以色列建國過程中給予了大量資金支持。

13 編按：分別為第一任總理、第二任總統。

14 編按：純猶太人聚落，混合猶太復國主義和烏托邦社會的社區型態。

形塑自己。

他們想在《聖經》中應許的以色列土地上，建造希伯來人的共和國，而不只是將鄂圖曼帝國的封閉落後之地，轉型成現代國家而已。這也將象徵猶太人不再是受到邊緣化和鄙視的族群，只能在歷史的角落努力求生。

男女都要從軍，人均軍事支出世界最高

猶太人大業最不幸的部分是，猶太民族主義和阿拉伯民族主義幾乎同時出現，於是開始爭奪相同的一小塊土地。雖然阿拉伯世界的土地遠比巴勒斯坦廣大許多，但猶太人若想掌控自己的領土，就意味著必須永遠處在警戒狀態。

在誕生的陣痛過了70年後，以色列的成功即便在阿拉伯世界也受到認同。以色列的勞動人口中，有25%具備大學文憑——在工業化國家中排名第三。然而，雖然發展了最尖端的高科技，但這也意味著背了離傳統價值。

以色列在1980年代擁抱全球化、放寬管制，背對了社會主義的傳統。舉例來說，曾經普遍受到欣賞的基布茲，漸漸在生存壓力下轉為私有化。如今，以色列最貧窮與最富裕人民的收入差距、教育和支出等方面，在西方世界排名第二，僅次於美國。10%的人口擁有了70%的財產。即便如此，以色列依然是個自我批判、不斷爭辯的國家，保持著崇高的改善目標。

以色列的身分認同來源之一，是公民的軍隊「以色列國防

軍」（Israel Defence Forces，縮寫為IDF）。1948年以阿戰爭是猶太歷史的轉捩點。猶太人不再冷靜的接受自己的命運 —— 他們好戰的軍隊不會容許這種事發生。

一戰期間，英國軍隊中猶太志願軍團的發起人澤維・賈鮑京斯基（Ze'ev Jabotinsky），在1923年創造了「鐵壁」（the Iron Wall）的說法。鐵壁一開始是用在防禦方面，指猶太屯墾區對抗阿拉伯攻擊的堡壘。

哈加拿（Haganah，猶太屯墾區域的防禦組織）在1920年於英屬巴勒斯坦託管地成立，而後成為以色列國防軍的核心；也有一些懷抱異議的民族主義團體，例如伊爾貢（Irgun）和萊希（Lehi），與哈加拿分道揚鑣，在1940年代對抗巴勒斯坦的英國軍隊。

如今，以色列國防軍仍深受以色列人敬重。以色列國民18歲時必須入伍服役三年 —— 女性則是兩年。服役完畢的預備役者，每年必須回單位服務一個月。這樣的義務持續到預備役者40歲為止。**以色列捍衛國家的決心強烈，也反映在他們世界最高的人均軍事支出。**

許多參謀長和高階指揮官，都會利用軍隊作為從政跳板。1992年起的五位以色列總理中，就有三位出身於以色列國防軍—— 伊扎克・拉賓（Yitzhak Rabin）、艾里爾・夏隆（Ariel Sharon）和埃胡德・巴瑞克（Ehud Barak）。然而，理想主義先驅的日子已經過去，以色列不再是民族的明燈。政治菁英的貪腐和品行不端，都不再令以色列人感到意外。

1993年，巴勒斯坦民族主義的領導人亞西爾・阿拉法特

（Yasser Arafat）與以色列總理伊扎克‧拉賓簽訂和平的《奧斯陸協議》。然而，以色列的右翼和約旦河西岸的猶太聚落，以及遜尼派哈馬斯（Hamas）等巴勒斯坦伊斯蘭主義組織，都反對這項協議。

以巴和平協議，卻沒有看到和平

哈馬斯從 1994 年開始，對以色列進行自殺式炸彈攻擊，為雙方的和談敲響了喪鐘。此後，雙方陷入政治僵局，並且不時爆發暴力衝突。巴勒斯坦伊斯蘭主義的興起，讓以色列驟然轉向右派，希望能選出有效保護人民的「強人」。

這使曾經受到懷疑的政治人物崛起，例如夏隆——他曾經用以色列的軍事實力對抗哈馬斯。與此同時，阿拉法特的巴勒斯坦自治政府陷入貪腐風暴，讓許多巴勒斯坦人民在 2006 年選舉投票給哈瑪斯。

約旦河西岸有爭議的猶太人聚落不斷擴張，但連續幾任以色列政府，都僅用空泛的「自然成長」來合理化其現象。

根據幾年來的民意調查，大部分的以色列人，都反對約旦河西岸聚落的存在 —— 這些聚落隨著以色列在 1967 年六日戰爭（第三次以阿戰爭）後，征服了新的領土而建立。

當以色列總理夏隆在 2005 年決定撤走加薩的聚落時，哈馬斯的飛彈攻擊卻沒有停歇，讓許多人感到意外。即便以色列內部促成《奧斯陸協約》的和平陣營，也因此而禁聲。

人們對未來不再懷抱願景，只能悲觀評估現狀。以色列人

嚴陣以待眼前的困境,直到伊斯蘭世界的宗教風暴平息為止。

持續占有約旦河?
因為這是上帝的許諾

從1948年建國以來,以色列經歷了劇烈改變——而有些人會說,這樣的改變是負面的。在1930年代和1940年代,歐洲左派和猶太人並肩對抗法西斯主義,撐過了大屠殺,也見證了以色列的建國。

英國左翼工黨的領袖安奈林·貝文(Aneurin Bevan)在1947年威脅要辭職,因為政府對巴勒斯坦內的以色列復國主義者缺乏同情。在非猶太人的觀點中,以色列的奮鬥就像在西班牙內戰中,為西班牙共和軍而戰一樣。許多人都在1948年為以色列捐軀。

然而,以色列接下來的世代在去殖民化時期成長並理解政治。他們的政治參與從反越戰、反南非種族隔離和反羅德西亞(Rhodesia)[15]少數族群統治起步。但他們從未對抗過法西斯主義,不曾發現滅絕營的真相,或是撐過1948年巴勒斯坦的艱辛戰爭。

1967年六日戰爭後,巴勒斯坦民族主義興起,讓國際社會注意到巴勒斯坦阿拉伯人的困境。和猶太人相比,**巴勒斯坦人的追求似乎更符合新左派的世界觀。**

---

15 編按:1965年宣布獨立並未獲承認,後經歷戰爭,且在1980年更名為辛巴威。

　　以色列內部聚落的擴張和朝向右翼的發展，都讓新左翼得以將其定義為殖民國家，是英國帝國主義，在巴勒斯坦託管地期間種下的非法種子。這樣的說法激怒了許多以色列的猶太人，因為對他們來說，大屠殺不僅僅是歷史而已。

　　有些國外觀察家，已經對以色列和巴勒斯坦永無止境的糾葛感到厭倦，並質問這樣的情況，是否其實打從一開始就不該出現？畢竟，英國在一戰後的國際聯盟託管地制度中，接下了這個地區的責任。

　　英國在1917年的《貝爾福宣言》中曾經承諾，只要「不危害巴勒斯坦非猶太社群的公民權和宗教權，就會支持猶太人在巴勒斯坦建立民族的家園」。

　　然而，到了1947年11月，在聯合國進行兩國方案表決，讓以色列獨立合法化時，英國卻決定棄權。英國遲遲不願承認以色列，最初甚至不願展現任何形式的政治同情。也因此，以色列拒絕加入大英國協。

　　1990年代以來，中東僵局讓歐洲的政治左翼開始推動以色列的去合法化。**以巴衝突被過度簡化，去除了歷史的脈絡，成為單純的善惡之爭。**當然，每一方都有權利和義務，從自己的觀點批判以色列的政策。

　　然而，許多論述引用的卻時常是遠古的謠言。各種圖像和言論塑造出的反猶太刻板印象，都是在許久之前就不應該繼續存在。即便最高聲批判以色列政府政策的猶太人，也開始捫心自問，他們的評論是否強化了那些想要瓦解以色列的論點，讓以色列的猶太居民面對未卜的前途。

我們的建國簡史

　　二十一世紀的中東地區，存在著以猶太人為主要族群的國家，並不符合馬克思主義的教條、後殖民理論或伊斯蘭信仰。這讓自由主義者、社會民主主義者、托洛斯基主義者、史達林主義者和伊斯蘭主義者團結起來，附和了1789年法國大革命初始，克萊蒙－坦尼厄伯爵（Clermont-Tonnerre）在法國國民議會前發表的論點：「猶太民族國家但凡有所求，都應當拒絕；猶太個人若有所求，則應當應允。」

　　以色列的建國，是全世界猶太人的共同目標，希望能將歷史轉向全新而未經試驗的方向。某種角度來說，**以色列是來自世界各地猶太流浪者社群的融合，每個群體都帶著自己的傳統和歷史**，而這個國家至今仍然在演進發展中。

　　有些猶太人來自衣索匹亞的貢德爾（Gondar），有些來自印度南方的切恩達芒格阿拉姆（Chennamangala），有些來自中亞的塔什干（Tashkent），有些則來自紐約曼哈頓的第五大道。

　　有些是極正統的哈雷迪教派（Haredim），居住在自己隔絕的土地上；有些是約旦河西岸的民族宗教信仰者；有些是來自阿拉伯世界的米茲拉希猶太人（Mizrahim）；有些是來自美國的猶太教改革派；有些是彌賽亞信徒猶太人，相信耶穌是真正的彌賽亞 —— 而大部分的以色列人在文化上都很傳統，且信仰虔誠。這一切都造成持續的衝突和激烈爭論。以色列國防軍的服役義務，是不同背景的以色列人熔爐，但還需要歷經幾個世代，才可能達到平衡。

　　對於以色列復國主義，也有許多不同的評價 —— 馬克思主義的革命分子希望廢除私人企業，而另一個極端的正統猶太拉

比則認為，以色列復國主義是惡魔的陰謀。這都激發了強烈的情緒。

持續占有約旦河西岸是宗教性的問題嗎？因為上帝將這片土地許諾給猶太人。或者這是民族主義的擴張，以英國託管地時期的原始國界為根據？又或許，這是國安問題，因為這個地區能控制住敵國侵略的部隊，地形又能提供戰略深度？

關於以色列，還有許多可以探討的議題，這個主題絕不會無聊。無論如何，以色列的猶太人都認為自己正處在一段探索的旅程中，身在猶太歷史的前緣。他們一向是硬頸的民族，如今卻參與了獨特、不墨守成規的非凡計畫。

▲經歷二十世紀的災難後來到巴勒斯坦的猶太人。大屠殺的倖存者穿著集中營的條紋制服，和錫安主義的先鋒一起站在畫了大衛之星的民族旗幟下。

資料來源：Zoltan Kluger/Getty Images

第十八章

獨裁、混亂、獨裁，一直循環

伊朗伊斯蘭共和國

撰文／霍瑪·卡托茲安（Homa Katouzian）

伊朗裔歷史學家、經濟學家和文學學者。他移居英國求學，就讀牛津大學聖安東尼學院。除了《伊朗歷史與政治，國家與社會的辯證法》（*Iranian History and Politics, the Dialectic of State and Society,* 2003）外，還撰寫了大量關於伊朗歷史和政治、古典和現代波斯文學，以及各種經濟學主題的文章。

伊朗伊斯蘭共和國
Islamic Republic of Iran

伊朗古稱波斯，在西元前550年建立了波斯帝國。西元七世紀中葉被阿拉伯征服。近代淪為英國和俄羅斯的半殖民地；1925年，巴列維王朝建立。二戰後逐漸擺脫英、俄兩國的控制。1979年伊斯蘭革命爆發，伊朗伊斯蘭共和國成立。

經濟以石油開採業為主，石油化工、鋼鐵、汽車製造業也很發達。石油出口為其經濟命脈，生產能力和出口量分別位於世界第四。

伊斯蘭教在國家的政治生活中擔任非常重要的角色，最高領袖是國家的最高領導人和武裝力量最高統帥，由伊斯蘭教神職人員組成的專家會議選舉產生。

政府實行總統共和制，總統是繼最高領袖之後的國家第二號領導人，既是國家元首，也是行政首長，但不是軍事統帥，由全民普選產生。

基本資料

國慶日：2月11日。

加入聯合國日期：1945年10月24日。

語言：波斯語，其他常用語言包括庫德語及亞美尼亞語等。

首都：德黑蘭。

面積：1,648,195平方公里。

地理位置：北接亞美尼亞、亞塞拜然、土庫曼和裏海，西與土耳其及伊拉克接壤，南濱波斯灣和阿曼灣，東與巴基斯坦及阿富汗交界。

人口：8,855萬人（2022年）。

宗教：伊斯蘭教約99.6%（什葉派90-95%，遜尼派5-10%），其他宗教（包括祆教，猶太教及基督教等約0.3%，其他0.2%。

※資料來源：中華民國外交部網站

　　伊朗的歷史漫長而複雜。數個世紀以來，這片土地承受著慘烈的權力鬥爭，因而擁有了多元的文化與觀點，並造就了眾所景仰的偉大文學、藝術和建築。

　　從古希臘開始，歐洲人就將伊朗稱為「Persia」（波斯）；伊朗政府於1935年，在德國納粹政府的鼓吹下，要求世界稱呼其為「Iran」，希望藉以凸顯其雅利安人[1]的根源。改名過後的伊朗時常被和伊拉克搞混，**許多西方人甚至誤以為，伊朗也是個阿拉伯國家。**

　　「Farsi」是波斯語中對伊朗當地語言的稱呼，但在英語世界卻令人困惑。對歐洲人來說，英文中的「Persian」就代表了波斯的語言、文化和文學；Farsi這個字對他們並沒有任何文化或歷史的意涵；很少英語國家的人聽過Farsi文學，或是在地圖上找到相對應的位置。

　　事實上，**波斯文學的確是伊朗歷史與文化中，最璀璨的寶石**，匯集了無數波斯和非波斯詩人與作家的作品。波斯有過許多詩人，例如菲爾多西（Ferdowsi）、薩迪（Sa'di）、神祕主義者魯米、抒情詩人哈菲茲（Hafiz）、天文學家奧瑪·開儼（Omar Khayyám）。他們的作品，可以說是人類文學歷史最偉大的遺產。

　　和科學與社會層面相比，伊朗在詩學、藝術和手工藝、宗教與神話的領域中有著更偉大的成就。古代和中世紀的伊朗建

1　編按：Aryans，印度西北部的一支族群，原本為印度－伊朗人的自稱，也是「伊朗」一詞的語源。在梵文經典中，這一詞被用於指稱貴族階層。

築，例如波斯波利斯（Persepolis）古城、伊斯法罕聚禮清真寺
等，都是世界最壯觀的建築遺產。

波斯細密畫[2]、馬賽克設計和現代伊朗藝術，累積超過一千
年的歷史，具有獨一無二的特色。而波斯的地毯也是全世界最
高檔和精美的。

關於伊朗早期文明的建築遺跡，可以追溯到數千年前；而
伊朗的文字歷史最早則出現在兩千五百多年前。波斯國王居魯
士二世（Cyrus the Great）建立了第一個世界帝國，從中亞一直
延伸到地中海東部島國賽普勒斯、北非的埃及和利比亞。

這是雅利安部落在兩千年間，朝著伊朗高原遷徙的鼎盛時
期。他們有許多都來自中亞北方的草原地區，部族包含了斯基
泰人（Scythians）、帕提亞人（Parthians）、奄蔡人（Alans）、
米底人（Medes）和波斯人。最後波斯人建立了帝國，含納了
上述其他部族的人。

我們革命，但從不推翻獨裁

波斯帝國時常與古希臘人爆發衝突，但和希臘不同，波斯
帝國得以持續以中央集權帝國的型態存續下去。這樣的成就基
本上一直延續到二十世紀。**中央集權既是波斯帝國的優勢，同
時也是弱點。**

國家可以肆意對社會行使權力，但社會卻可能因此將國家

---

2 編按：精細刻畫的小型繪畫，主要作為書籍封面、盒子、寶石、象牙首飾上的裝
　　飾圖案。多採用礦物質顏料，甚至以珍珠、藍寶石磨粉製作。

視為外來勢力，持續反抗（以十八世紀最為顯著），或無法抵禦外來侵略者，例如西元七世紀的阿拉伯穆斯林。

因此，在伊朗歷史中，雖然帝國在國力和文化上都成就驚人，但是**國家和社會間卻有著根本上的對立性**。國家追求絕對權力，社會則充滿反叛和混亂。伊朗在歷史中總是呈現以下四種狀態之一：絕對專制、削弱的專制、革命與混亂，而後通常又回歸絕對的專制。

傳統的伊朗革命，目標總是推翻現有統治者和政權，而非推翻獨裁的制度。一直到十九世紀，伊朗人民都認為獨裁政權是自然的狀態。**獨裁－混亂－獨裁的循環，意味著伊朗經歷的變化比歐洲歷史更頻繁**。獨裁國家的狀態持續存在，這使得反叛和革命合情合理，卻又會因為不斷的反叛而被賦予合理性。

國家政權可以獨立於所有社會階級之外，因而擁有極端權力；然而，這樣的獨立也是最大弱點：假如國家面臨問題，將無法確保得到任何社會階級的支持。

由於繼承權規定並未寫入法律或習俗中，任何叛軍都可以隨時推翻政權，取而代之。這會導致所謂的「短期社會」，進而使貴族階級或社會制度難以長久維繫。任何人都可能在一夕之間，由平民躍升為統治階級，又在不久之後失去生命和財產。

約西元前550年建立的阿契美尼德王朝（Achaemenid）維持了兩個世紀，於西元前330年被亞歷山大大帝征服。經歷了一段希臘移民與統治時期後，帕提亞人又建立了新的伊朗帝國，一開始與羅馬人只是鄰居，後來則轉為敵對關係。即便薩珊王朝（Sasanian Empire）在西元224年取代了帕提亞人的政

權，伊朗與羅馬的衝突仍持續不斷。

薩珊王朝將古老的伊朗信仰祆教（Zoroastrianism，又稱拜火教）訂定為國教。祆教認為存在有三種「狀態」：第一種狀態是和諧與喜樂；接著是混合狀態，包含了現世的善與惡；最終，則會由救贖者來終結混合狀態，迎來永恆喜樂的第三種狀態。這類天堂、地獄、來世的獎賞和懲罰等概念，和中東的亞伯拉罕諸教[3]相當類似。

祆教的教條，在西元三世紀時受到摩尼教（Manichaeism）先知摩尼（Mani）的挑戰。摩尼教是混合了祆教、基督信仰和佛教的信仰體系。他們起初受到壓迫，但後來卻對「伊斯蘭化波斯」[4]的蘇菲主義（Sufism）[5]有著深遠影響。瑪茲達克教（Mazdakism）[6]在六世紀時也挑戰了祆教，試圖發起平等主義的社會運動，但同樣遭到鎮壓。

西元651年，薩珊王朝遭到阿拉伯穆斯林推翻。這股來自阿拉伯的新興勢力結合了平等主義、亞伯拉罕諸教和革命運動的宗教力量。他們面對的伊朗帝國雖然龐大而古老，卻已經氣衰力竭，歷經衝突和風霜，而其人民也不願意捍衛國家。

經歷了兩個世紀，伊朗人才全部皈依伊斯蘭教；此時第一

---

3 譯按：Abrahamic religions，指三個有共同源頭的一神教：基督宗教（包括天主教、基督新教與東正教）、伊斯蘭教與猶太教。《舊約聖經》中的先知亞伯拉罕，在這三個宗教都有著崇高地位，故以此稱呼。

4 編按：633 年－ 656 年阿拉伯帝國入侵波斯，導致薩珊王朝滅亡；此後便開始了持續數百年的伊斯蘭化政策。

5 編按：追求精神層面提升的伊斯蘭教團，有別於一般穆斯林，他們在生活原則上更加嚴格。

6 編按：祆教的分支，提倡禁欲主義和和平，禁止殺戮、吃肉。

個自治的波斯國家也已經形成[7]。在這段期間，伊朗人對伊斯蘭的文化與文明，在行政、文學、科學和醫學方面，都做出相當大的貢獻。

前薩珊王朝控制的地區出現了許多波斯國家，不過在十一世紀時，則紛紛被入侵的遊牧民族征服。該遊牧民族以來自中亞的突厥人為主，他們之後建立了廣大的塞爾柱帝國（Seljuk Empire）。

接著，蒙古人在1220年肆虐了伊朗的土地，十四世紀時建立了許多短命的突厥王國。然而，在這段動盪的時期，波斯語仍然是文化和行政所使用的語言，同時也是許多非伊朗地區的通用語，例如安那托利亞半島（Anatolia，位於現土耳其）、突厥斯坦（Turkistan，位於中亞）、中國西部和印度西部，而後更延伸到整個印度次大陸，甚至擴及中南半島。

1501年，在「受保護的伊朗領土」（the protected realm of Iran）名義之下，波斯再次統一，並且將伊斯蘭什葉派立為國教。這個統一的帝國稱為薩非王朝（Safavid Empire），十七世紀初達到權力顛峰，但在1722年被阿富汗叛軍擊敗，迎來為期數十年的內戰和國際衝突。

到了十八世紀晚期，卡扎爾王朝（Qajar）建立，為伊朗帶來相對和平的狀態。然而，伊朗接著成為英俄帝國主義擴張衝突的目標，史稱「大博弈」[8]，使得伊朗再次失去了部分主權。

7　編按：作者在此處應是指塔希爾王朝，於821年建立。

8　編按：Great Game，指十九世紀中葉到二十世紀初，大英帝國與俄羅斯帝國爭奪中亞控制之戰略衝突。

落後與衰敗，全怪阿拉伯人

　　這些衝突催生了伊朗的許多陰謀論，直到現在，仍有來自不同政治光譜的眾多支持者。無論國家發生多麼微不足道的政治事件，**伊朗人都習慣歸因於境外勢力的操作，並認為自己是棋盤上無能為力的棋子，只能任由其他人擺布。**

　　某些知識分子轉向法律尋求解決方式，指出伊朗和歐洲不同，國家仍對社會行使獨裁的權力。二十世紀初期的波斯立憲革命（Persian Constitutional Revolution），目標是建立法治政府，並依循歐洲路線推動現代化。然而，獨裁國家的滅亡並未帶來民主，而是一如伊朗的每一段歷史，只帶來動盪和混亂。

　　1921年，李查汗（Reza Shah Pahlavi，1925年－1941年在位）發動政變，終結了動盪的局勢，並在1925年建立巴勒維王朝，一直延續到1979年。政變獲得英國外交官和軍官的協助，但英國政府並未直接插手干預。政變後的獨裁政府在短短十年內，就恢復了自古以來的專制統治。

　　在這段時期，伊朗政府採取行動來推動行政、交通、工業和教育現代化。雖然受益的僅有很小一部分群眾，但這股現代化趨勢，確實為往後二十世紀的發展奠定了基礎。

　　現代伊朗的菁英階級，受到了歐洲民族主義的深遠影響；重新發掘並浪漫化古代波斯的雅利安人榮光，並認為**伊朗所面臨的落後和衰敗，都要歸咎於阿拉伯人和伊斯蘭信仰**：他們相信，**假如沒有被穆斯林所征服，伊朗現今應該足以與西歐國家並駕齊驅。**這成了巴勒維王朝的國家意識形態。

然而，依循著長久以來國家與社會對立的傳統，除了傳統主義者之外，連許多世俗主義者和現代主義者，都漸漸轉向伊斯蘭什葉派的信仰，藉以對抗巴勒維王朝的第二位統治者，穆罕默德－李查．巴勒維（Mohammad Reza Shah，1941年－1979年在位）。

1979年2月的革命成功後，經過許多權力鬥爭，最終伊斯蘭教政權完全勝出。自此以後，雅利安的浪漫民族主義，再次廣受現代和世俗主義的伊朗人所歡迎。

伊朗的民族認同一直充滿爭議，而現代民族主義也帶來重大的影響。泛波斯雅利安主義（Pan-Persian Aryanism），無可避免的貶抑，甚至否定了伊朗社會自建國以來的多種族、多語言本質，導致許多人對於國家政權，充滿強烈厭惡和敵意，有時甚至會擴及波斯語的使用者。

如果要說伊朗人為單一種族，不只違反了事實，更重要的是，也無異於忽視了伊朗人寬大的胸襟。**他們能接受、吸收和適應外國的文化**，從西元前六世紀的巴比倫文化，到二十世紀的美國文化皆是如此。

事實上，正是因為如此，**伊朗才能在歷史衝突和社會長期革命中，維繫著豐富而長久的文化和文明。**

雖然和現代伊朗相比，古代和中世紀的伊朗帝國，有時包含了更多元的民族，但所謂「伊朗主義」（Iranianism，有時也稱「Iranian-ness」或「Iraniyat」）總是使伊朗在眾多鄰國間凸顯而出。這並非現代的民族主義，而是一種社會和文化上的集體意識，讓伊朗人民和希臘、羅馬、阿拉伯、中國和印度人都

截然不同。

讓伊朗人凝聚的三股力量：
我們不是阿拉伯

讓伊朗人團結凝聚的因素，或許會隨著時間而不同，但中世紀以來，有三點扮演了重要的角色：第一是**波斯語**，它是文學和較高層次文化的媒介，甚至一度成為印度蒙兀兒帝國的官方語言。

第二是伊斯蘭的**什葉派，是伊朗獨特的國教**，也是伊朗多數人民的信仰；在伊斯蘭時期之前，什葉派的許多面向，就已經刻印在伊朗的文化中。第三點則是領域性，即便有時會擴張或縮小，但**人們對於伊朗的領土通常都有所共識**——至少從文化領域的觀點看來是如此。

1941年同盟國入侵伊朗，迫使李查汗退位，由其長子穆罕默德－李查・巴勒維繼位。伊朗的政局再次陷入混亂，伊朗人民黨（Tudeh，又譯伊朗圖德黨，而後成為共產黨）是1940年代最具組織性的政治勢力。

1940年代尾聲，伊朗民族陣線的領袖穆罕默德・摩薩台（Mohammad Mosaddeq）崛起。他被選為伊朗首相，將石油產業國有化，卻因為無法與英國達成協議，而在1953年遭到政變推翻。這場政變由英國和美國政府發起並資助，主事者則是摩薩台在伊朗國內的反對者。

政變後建立的是親西方的獨裁政權，一直延續到1960年代

中期。李查・巴勒維排除了民族陣線等政敵，恢復了絕對的獨裁統治，並推動了「白色革命」（White Revolution）。這場革命最重要的原則是土地改革，但實際上，有許多農民的權益遭到忽視，導致農業相對衰退，許多鄉村居民被迫遷居到都市。

1970年代初期，油價翻漲三倍，驅使伊朗將國家支出提升到無法負擔的程度，也讓李查・巴勒維自信心過度膨脹，進而使人民的自由更遭到剝奪，受壓迫感也更為強烈。這些都對伊朗的經濟造成了重創。

種種情勢發展，使得反對勢力團結，其中包含自由派、左派和伊斯蘭主義者。當李查・巴勒維為了回應前美國總統吉米・卡特（Jimmy Carter）對於世界人權提升的呼籲，而試著稍微放鬆鐵腕統治時，反對勢力即藉機發動革命，在1979年2月將其推翻。革命的領導者，是堅毅而充滿個人魅力的魯霍拉・柯梅尼（Ayatollah Khomeini）。

隨之而來的伊斯蘭共和國充滿了衝突，但權力鬥爭最終由柯梅尼領導的伊斯蘭主義勢力勝出。1979年11月，美國外交官在德黑蘭淪為人質後，美國和伊朗之間的關係就持續惡化，而西方決定在漫長的兩伊戰爭中，支持伊拉克的薩達姆・海珊（Saddam Hussein）。戰爭最終於1988年結束。

阿里・哈米尼（Ayatollah Khamenei）在1989年柯梅尼過世後成為最高領導人，期間監督了三任總統：阿里・阿克巴爾・拉夫桑雅尼（Ali Akbar Rafsanjani）的實用保守主義政權（1989年－1997年）、穆罕默德・哈塔米（Mohammad Khatami）的改革實用主義政權（1997年－2005年），以及穆罕

默德・阿赫瑪迪內賈德（Mahmoud Ahmadinejad）的基礎教義保守政權（2005年－2013年）。

　　阿赫瑪迪內賈德在2009年6月的連任充滿爭議，除了引發大規模示威抗議，在伊斯蘭主義派內部也造成了嚴重裂痕。這不只是國家威權的危機，連合法性也受到質疑。

　　當改革分子遭到政界驅逐後，統治階級中開始出現裂痕。保守派隨著自己的意志發展，而基本教義派則一分為二：強硬派的堅定陣線（Steadfast Front），以及阿赫瑪迪內賈德的擁護者，後者被前者稱為「異端分子」。

　　關於伊朗核能計畫的衝突惡化，而美國與歐盟對伊朗實施更嚴苛的經濟制裁，使情勢更加一觸即發。然而，美國的歐巴馬政府在2016年與伊朗達成協議，結束了經濟制裁。

◀十三世紀詩人魯米詩集的卷首插畫，約成書於1453年。魯米是波斯最有名的神祕派詩人，他的大量詩作和敘事詩《瑪斯納維》（*Mathnavi*）中的故事，被翻譯成各種語言。

資料來源：Bodleian Library, Oxford/ The Art Archive

第十九章

我們是地平線的王者，鄂圖曼土耳其

土耳其共和國

撰文／穆拉特·席維洛格魯（Murat Şiviloğlu）

出生於伊斯坦堡，是一位社會和思想史學家，專攻鄂圖曼帝國晚期歷史。他在劍橋大學彼得豪斯學院（Peterhouse, Cambridge）工作，研究公共領域建構，及其對十九世紀下半葉，鄂圖曼帝國新思想出現和傳播的影響。

Scale 1:48,000,000

土耳其共和國
Republic of Türkiye

　　現代土耳其人為中亞突厥人的分支，十一世紀左右遷入。1299年，鄂圖曼帝國建立，十六世紀達到鼎盛，統治區域地跨歐、亞、非三大洲；十七世紀末期開始衰落。1918年一戰戰敗後帝國滅亡，喪失大片領土；1919年凱末爾發動民族解放戰爭，1923年土耳其共和國成立。

　　經濟發展快速，在生產農產品、紡織品、汽車、船隻、建築材料和家用電子產品皆居領導地位。礦產多樣性位居世界第十，現產約有六十種礦產，其中以硼鹽蘊藏量最豐富。

　　2017年以前，土耳其政治以代議民主的共和體制為框架，現為總統制國家、廢除總理，總統成為國家元首兼行政首長，是國家最高領導人。任期5年由公民直接選舉產生。

基本資料

國慶日：10月29日。	
加入聯合國日期：1945年10月24日。	
語言：官方語言為土耳其語。	
首都：安卡拉。	
面積：780,043平方公里。	
地理位置：位居歐、亞大陸交界，三面環海，東北與高加索諸國接壤，西北與東歐相接，東部及東南部與中東為鄰。境內亞洲部分稱為安那托利亞，約占總面積97%；歐洲部分稱為色雷斯（Thrace）。	
人口：8,468萬人（2021年）。	
宗教：大多數為伊斯蘭教，亦有基督教。	

※資料來源：中華民國外交部網站

鄂圖曼土耳其王朝歷史悠久，到1922年才終結，而王朝的創始人是奧斯曼一世（Osman I，統治期間1299年－1324年）。奧斯曼一世的祖先來自中亞，在十三世紀初期蒙古擴張期間，跟隨第二波土耳其遷徙來到安那托利亞。

王朝的開端並不起眼，也沒有任何跡象預示了將來的輝煌勝利。這個位於比提尼亞（Bithynia，安那托利亞西北部）邊境的小部落，由400頂帳篷組成，設法利用當地政治情勢動盪的良機，成為自治實體。

這並不是當時土耳其最大或出生最高貴的公國——舉例來說，塞爾柱人（Seljuks）就被視為「國王家族」。然而，最後鄂圖曼人成功成為當地的主要勢力。

鄂圖曼人的成就驚人，在1453年征服康士坦丁堡後，穆罕默德二世（Mehmed II）有自信的宣告（且恰如其分的選在特洛伊城[1]）：

> 「最初肆虐此地的，是希臘人和馬其頓人。而他們的子孫，如今在我的奮鬥後付出了應有的代價……為了他們當時和往後，對待我們亞洲人的不公不義。」

這呼應了某些歐洲人的想法，認為土耳其人和早先的羅馬人一樣，是憤怒的特洛伊後代，要為了特洛伊戰爭的慘敗向希臘復仇。1517年，神聖羅馬帝國神學家馬丁·路德宣稱，與土

1　編按：古希臘時代位於安那托利亞（今土耳其）的城邦。

耳其交戰是錯誤的決定，因為如此「無異於挑戰神對人類原罪的判決」。

土耳其很擅長征服，卻不會治理

　　當鄂圖曼人在1529年進攻神聖羅馬帝國的維也納時，土耳其這個最初的小公國，已經是領土橫跨三個大陸的帝國，控制了大部分的東南歐、西亞和北非。即便到了1683年[2]，土耳其人仍在歐洲人心中引發恐懼，擔心著「神罰的行刑者」會在冬天之前進入羅馬。

　　然而，在接下來的一個世紀中，土耳其帝國發生了嚴重的內部問題；秩序失控，威望瓦解。到了1817年，法國學者奧古斯特・德・福賓（Auguste de Forbin）對土耳其仍然存在感到驚奇；英國首相阿伯丁伯爵（Lord Aberdeen）也談論過讓鄂圖曼勢力不致消亡的「難解神祕力量」。

　　整個歐洲都有人說：「土耳其很擅長征服，卻不會治理。」甚至出現土耳其人可能已經滅絕的謠言，這對於抱持科學精神的人來說，可是歷史上難得的機會。這些人包括英國文學家海德・克拉克（Hyde Clarke），他邀請大眾觀賞「一支強大且興盛的民族如何走向滅絕，就像古代的希臘人和羅馬人一樣」。

　　土耳其人的故事，反映了民族如何從神罰的執行者，急轉直下為「歐洲病夫」、「驕傲的帝國如何在有失尊嚴的情境中，

2　編按：三十年戰爭後，鄂圖曼帝國藉機展開對歐陸的攻勢，首要目標是維也納；
　　最後維也納之戰並未成功，這也被認為是鄂圖曼由盛轉衰的關鍵。

勉強保持一絲地位」。

十九世紀對鄂圖曼帝國來說，可謂前所未有的漫長。政治衰退和戰場上的恥辱，都在土耳其蘇丹[3]的心理和意識型態上留下了永久創傷。發生劇變的不只是帝國實際上的領土，金融和政治挫敗也改變了土耳其人民的心理。

長久以來，無論哪個階級的鄂圖曼人，都相信自己的帝國霸業堅不可摧。儘管如此，他們也曾經在1571年的勒班陀戰役[4]馬失前蹄；根據西班牙文豪塞萬提斯的說法，這場戰爭揭露了：「普遍人們認為土耳其人堅不可摧，實為謬誤」。但總的來說，「懾人的土耳其驕傲」一直延續到了十九世紀。

然而，不出數十年間，關於土耳其傲慢的說法就消失了。在文學領域中，曾會在後宮玩弄脆弱俘虜、貪婪好色的土耳其人刻板印象也發生了變化──被描繪為軟弱的性無能民族。

在旅遊文學中，原本因為土耳其驕傲和嚴肅──借用十九世紀初期英國作家弗雷德里克・亨尼克（Frederick Henniker）的說法──而連打招呼也不願意的頑強當地居民，如今也轉變為仰慕西方生活方式的溫順人民。

鄂圖曼人自己也開始出現這樣的想法。鄂圖曼一位作家在1872年，如此形容鄂圖曼和歐洲的差異：「**就像未受教育的孩童站在偉大的學者身邊**」。1830年代末期，土耳其推動由國家

3　編按：阿拉伯語音譯詞，有力量、統治權等含義，後衍生為伊斯蘭國家的統治者頭銜。

4　編按：以西班牙帝國、威尼斯共和國為主力的同盟艦隊，與鄂圖曼帝國海軍在希臘海灣展開的海戰。

資助的現代化計畫，加劇了這樣的情況。

鄂圖曼人試著找到自己和西方的綜合型態（當西方家具當道時，高級官員們會躺在長發沙上回憶往日的美好時光，而他們的下屬則蜷縮在扶手椅上），但即使如此，**對於法式生活的嚮往讓他們心生自卑**，而這或許是鄂圖曼帝國，對後世的土耳其所留下最深遠的影響。

然而，文化自鄙並非十九世紀唯一帶給現代土耳其的影響，當東方人發現令人敬畏的西方時，西方世界則建構出了截然不同的東方。作家在比較鄂圖曼和歐洲的政治時，呈現出的往往是兩個獨立世界，其間幾乎沒有互動交流。

早在1863年，文學家克拉克就指出：「（在鄂圖曼帝國）歐洲常見的事物和機構，每天都會被指出並用以批判土耳其人，凸顯其不符合西方的標準。」不過他在此描述的內容，和土耳其的觀點並非全然不同。

因為鄂圖曼主義者試圖宣揚帝國的獨特性，於是產生本國至上、極端民族主義的歷史書寫。因此，在他們的眼中，某種「鐵幕」在十九世紀帝國主義的鼎盛時期前，分隔了鄂圖曼與歐洲。不過，這樣的論述並沒有根據。

綜觀歷史，歐洲和鄂圖曼帝國間始終保持著生機蓬勃的貿易關係，以及密切的知識和文化往來。對歐洲的現實主義者來說，借用一位歷史學家的話，鄂圖曼帝國「和其他強權沒有不同，甚至和歐洲的強權無異」。另一方面，對鄂圖曼的蘇丹來說，這似乎理所當然，因為他們認為自己是羅馬帝王的正統繼承人：「羅馬凱撒」（Kayser-i Rum）是他們引以為傲的頭銜。

從民族起源到信仰，
隨執政者量身訂做

當蘇丹國在1922年廢除時[5]，年輕的共和國成員知道鄂圖曼這個歷史充滿爭議——美化十五和十六世紀，在意識形態層面上並非良策，而十九和二十世紀的回憶還太接近，不致於被忘記。對於年輕共和國懷抱世俗主義[6]的民族主義者來說，宗教在鄂圖曼社會的中心角色，也是個難以啟齒的話題。

除此之外，鄂圖曼帝國的多文化結構，也違背了新國家強調的民族純粹宗旨。**共和國需要有個明顯的分界，所以他們決定捨棄鄂圖曼－伊斯蘭的過去**，並以非常自由派的角度，來解釋鄂圖曼之前的土耳其歷史，創造出所謂的官方歷史論述。

如一位理論家所言，這樣的官方歷史論述是用以駁斥「對土耳其的誹謗和傲慢，認為土耳其屬於『黃種人』，劣於歐洲人⋯⋯在安那托利亞並沒有任何歷史權力」。根據這個理論，「這個種族（土耳其人）的文化歸屬是中亞。當地的氣候會隨季節變化，因此這群人⋯⋯必須遷徙。」

雖然此理論堅持土耳其屬於雅利安人，並創造了蘇美、阿卡德、亞述、西臺、埃及和愛琴海文明，卻也希望告知大眾，伊斯蘭對土耳其的負面影響；對於古老安那托利亞文明的強調

---

5 編按：土耳其獨立戰爭後，最後一任蘇丹逃離土耳其，宣告鄂圖曼帝國滅亡。1923 年 10 月 29 日，土耳其共和國成立。

6 編按：在社會生活和政治活動中，擺脫宗教組織控制的主張。

也是故意而為。

奇特的是，這個理論將土耳其人在中亞的過去，與安那托利亞土地的傳承加以結合。根據土耳其共和國建國者凱末爾（Mustafa Kemal Atatürk）的說法，安那托利亞是「土耳其人七千多年的搖籃」。

如果從這個角度來看過去，鄂圖曼人在土耳其歷史幾乎沒有立足之地。即便這個觀點從未在知識分子間受到認同，卻在兩次世界大戰之間，成為年輕共和國的意識形態泉源。

1940年代末期，土耳其推動多政黨體系，而官方歷史論述隨即遭到淡忘。執政黨為了守住政權，也讓這段時期出現了宗教事務的「正常化」。雖然學界專注於所謂的帝國黃金時期（十五世紀和十六世紀），**政治界卻越來越常連結到鄂圖曼帝國的過去**。帝國正在捲土重來。

歷史學家哈利勒·伊納爾賈克（Halil nalcık）和歐梅爾·盧特菲·巴爾坎（Omer Lutfi Barkan）等人，在1960年代投身文獻研究，提出了新的論述。根據新的觀點，鄂圖曼帝國是自成一類的政治實體，立基於對公平正義的深入了解。帝國和中世紀的歐洲完全不同，後者的農民沒有任何自由可言。

正如法西斯主義對土耳其共和國的歷史有自己的見解，馬克思主義也帶來了新的論述。許多研究者探討著，帝國內是否存在一種獨特的「亞細亞模式」，或者能否找到資本主義發展的核心問題。

在1980年的軍事政變後，**土耳其開始利用伊斯蘭教育來對抗左派運動**，而這對鄂圖曼歷史提供了新的解讀。1982年憲法

的第24條說道：「宗教和倫理的教導，應當在國家的監督控制下進行。宗教文化和道德的教育，應列為小學和中學的必修課程。」**這讓人們將鄂圖曼帝國與伊斯蘭畫上等號。**

土耳其人一方面忽視自己中亞的根源，如今卻被描繪為伊斯蘭的守護者，特別是在阿卜杜勒‧哈米德二世（Abdulhamid II）統治期間（1876年－1909年）。當時對宗教的注重，達到前所未見的高點，而「土耳其－伊斯蘭」的連結正式確立。

1980年代起，鄂圖曼帝國對土耳其內政和外交的影響日益提升。1999年是奧斯曼一世建立鄂圖曼土耳其的700週年，土耳其舉國慶祝。為了紀念此事，土耳其建立了學校也出版了許多書籍。

2009年1月，土耳其總理雷傑普‧艾爾多安（Recep Erdoğan）與以色列總理希蒙‧裴瑞斯（Shimon Peres）激烈爭辯加薩議題[7]後，憤怒的離開世界經濟論壇。

當他回到土耳其時，興奮的群眾夾道歡迎，稱呼他為「最後的鄂圖曼蘇丹」。在共和國剛建國的日子，這句話可能會被視為政治上的侮辱，如今卻有了完全不同的意涵。

幾個月之後，艾爾多安造訪敘利亞，發表長篇演說強調兩國共同的根源，而兩國的人民也用同一句口號為他歡呼。年輕的土耳其共和國曾經想要否認這樣的根源，最終卻只證實了無可避免。

綜合上述所有的觀點，我不禁要思考，英國歷史學家傑

---

7 編按：艾爾多安抗議其對巴勒斯坦的政策，並被指有反以色列、反猶太傾向。

森・古德溫（Jason Goodwin）《地平線的王者：鄂圖曼帝國歷史》（*Lords of the Horizons: A History of the Ottoman Empire*）一書的開頭或許正確無誤：「這本書是關於一群不存在的人。」

　　作為政治實體，鄂圖曼帝國早已消失在歷史中，但它的靈魂將持續與我們同在。

▲鄂圖曼王朝開創者奧斯曼一世的畫像，繪製於十九世紀。長達數個世紀，鄂圖曼帝國都稱霸了前東羅馬帝國大部分的領土。

資料來源：The Art Archive/Alamy

第二十章

蘇維埃真好，
如果不曾受國家迫害，
你一定是社會邊緣人

俄羅斯聯邦

作者：迪娜·卡帕耶娃（Dina Khapaeva）
赫爾辛基大學的研究員（現任職喬治亞理工學院），《噩夢：文學與
生活》（*Nightmare: Literature and Life, 2010*）一書的作者，該書將噩夢作為
一種精神狀態進行研究，將其當作尼古拉·果戈里（Nikolay Gogol）和
費奧多爾·杜斯妥也夫斯基（Fyodor Dostoevsky）的文學實驗，並作為
當代文化的一股強大趨勢，以及《哥德式社會：一種噩夢的形態》
（*Gothic Society: Morphology of a Nightmare, 2007*），研究史達林主義記憶對後
蘇聯社會的影響。研究領域包括歷史記憶、俄羅斯和蘇聯文學、思想
史和蘇聯歷史。

Scale 1:48,000,000

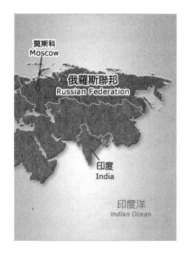

俄羅斯聯邦
Russian Federation

歷史始於歐洲東斯拉夫民族，九世紀時建立基輔羅斯，十三世紀被蒙古人瓦解。十六世紀俄羅斯沙皇國建立、十八世紀成立俄羅斯帝國。1917年俄國革命爆發後，蘇聯於1922年成立、1991年解體。俄羅斯修憲改制成為俄羅斯聯邦，成原蘇聯的唯一法理繼承國。

經濟十分倚賴天然資源出口，特別是占總出口80%的石油、天然氣、金屬以及木材。目前已成為全球最大的天然氣出口國，以及石油輸出國組織（OPEC）以外最大的原油輸出國。

政治體制為聯邦制及半總統制，以俄羅斯聯邦憲法和法律為基礎，但近年來威權國家制度成型後，已經被視為不民主。總統為國家元首，任期6年，擁有相當大的行政權力，有權任命包括俄羅斯總理在內的高級官員。

基本資料

國慶日：6月12日。

加入聯合國日期：聯合國創始會員國（1945年10月24日）。

語言：官方語言為俄語。

首都：莫斯科。

面積：17,075,200平方公里，為世界面積最大的國家。

地理位置：領土橫跨歐亞大陸，東西最長達9,000公里，南北最寬達4,000公里，位於歐洲東部及亞洲北部，共與14國接壤。

人口：1.42億人（2022年）。

宗教：東正教。

※資料來源：中華民國外交部網站

根據猶太詩人約瑟夫・布羅茨基（Joseph Brodsky，1940年－1996年）所言，1917年的布爾什維克革命，開啟了「永恆恐怖」的時代。在蘇維埃統治期間，近五千五百萬人民受到壓迫，在生理和精神上留下嚴重創傷；超過一百一十萬人民遭處決，或在監獄中等死。

對於受害者人數並沒有精確記載，這更顯示了蘇維埃政府對人性的漠不在乎。1918年內戰、被迫集體化、驅逐國民出境、1932年－1933年間的大饑荒、1937年的大整肅、1941年－1944年間的列寧格勒圍城戰，以及愛國戰爭[1]，都象徵著平民和士兵的折損，而且下手的不只是敵國，有時也是自己的政府和人民。蘇維埃政權持續了74年，不只埋葬了三代人民，也葬送了許多古老傳統。

然而令人意外的是，當我在2007年和歷史學家尼可拉・科波索夫（Nikolay Koposov）在聖彼得堡（位於西北部，曾為帝國首都）、喀山（Kazan，位於西部，為第六大城）和烏里揚諾夫斯克（Ulyanovsk）進行民意調查時，發現**超過一半的俄羅斯人都認為，蘇維埃的過去對現代俄國有著正面影響**。

超過66%的人將1922年－1953年間，也就是**約瑟夫・史達林（Joseph Stalin）擔任蘇維埃領導者的時期**，描述為國家的**黃金時期**：「人們比較仁慈，比較不自私，比較有同情心……整個國家井然有序」。80%的民眾認為，他們的歷史肯定值得引以為傲；而超過66%受訪者承認，他們完全不會有罪惡感，也

1　編按：德蘇戰爭，德國方稱為東方戰線。

不覺得自己有歷史責任。

　　如今，**學校的教科書傾向將史達林主義正當化，認為這是俄羅斯現代化的必要手段**。歷史的專刊也一再將蘇聯歷史，描繪為俄羅斯帝國輝煌的延續。不過，人們並未試圖掩蓋或遺忘過去的罪──超過90%的俄國人都知道蘇聯的壓迫，以及為數眾多的受害者。

　　我的同胞們對於蘇聯的態度，沒辦法完全用冷漠或無動於衷來解釋。這反映的是俄羅斯人們對基本文化價值、人道主義和人文社會的否定（這也並非第一次了）。

　　俄羅斯在文化上的確有許多偉大的成就，即便當今也是如此。然而，俄羅斯對文化和文明卻抱持著敵意，這反映在兩個重大事件上：俄羅斯國家的建立和東正教的信仰。

　　兩者都透露了對西方的態度以及歷史的主軸：**對西方持續著迷，卻又強烈渴望超越西方，以逃離其所帶來的影響**。俄羅斯歷史可以說是文化織物中的一連串破裂，而菁英階級不斷試圖將西方文化和文明，傳入國境內廣大的森林、無邊的原野和杳無人跡的地區。

沒能力自我統治，
只好請維京人當主人

　　俄羅斯民族認同的第一個轉捩點，是古老的建國故事。然而，這也使俄羅斯人獨立建國、尊重並維繫國家秩序的能力受

到懷疑。羅斯人[2]最早的歷史，可以追溯到十一／十二世紀的《往年紀事》（*Tale of Bygone Years*），也稱為《俄羅斯最初編年史》（*The Russian Primary Chronicle*）：

> 862年，古俄羅斯中心（諾夫哥羅德、別洛奧澤羅和伊茲博爾斯克[3]）的斯拉夫部落拒絕向北歐人（維京人，也稱瓦良格人[4]）納貢，並陷入掠劫的無政府狀態。由於他們無力阻止動亂，只能請求諾斯人[5]成為他們的主人，管理他們。

作者告訴我們，瓦良格人的王公留里克（Rurik）並沒有立刻答應，因為他「害怕他們野蠻的外表和脾氣」。因此，根據傳說，來到古俄羅斯並建立國家的北歐人，並不是征服者威廉那樣的征服者。**他們受到古俄羅斯人的邀請，因為古俄羅斯沒有能力統治自己。**

即便是「Rus」這個名字，似乎也源自北歐語 —— 根據《往年紀事》：「Rus這個名字來自瓦良格語，而如今的諾夫哥羅德人也屬於瓦良格部落，雖然他們最初是斯拉夫人。」這個故事流傳已久。

古俄羅斯的起源，在十九世紀是西化派和親斯拉夫派之間

2　譯按：Rus，古代俄羅斯人的稱呼，但如本文所探討，其出身和身分有許多爭議。

3　譯按：Novgorod、Beloozero、Izborsk。

4　編按：Varangian，指八世紀至十世紀出現在東歐平原上的維京人。

5　編按：Norsemen，意為「來自北方的人」；下文提及的諾曼（Norman）主義一詞，由此演變。

激烈爭論的主題，蘇聯時代的西化派和民族主義者同樣爭論不休。諾曼主義者堅持斯堪地那維亞（北歐人或諾曼人）在基輔羅斯（Kievan Rus，882年－1240年存在）的建國中扮演了重要角色，而反諾曼主義者則認定斯拉夫人才是關鍵。

假如承認古俄羅斯由北歐人建立，那就代表俄羅斯應當依循西方的發展模式；而相反的立場則認為，**俄羅斯有著獨特的使命，完全獨立於西方之外。**

諾曼理論對俄羅斯自我實現的影響，反映在俄羅斯歷史學家瓦西里·克留切夫斯基（Vasily Klyuchevsky）的著作《俄羅斯歷史教程》（*A Course in Russian History*）中：「請求北歐王公的協助這件事本身，並沒有任何特別之處，也非獨創之舉。這樣的事並非只發生在我們國家 —— 這樣的事在當時的西歐相當尋常。」

歷史學家試圖將向瓦良格人求救這件事，描述為單純的軍事徵召，並詮釋為任何歐洲國家歷史中「常見」之舉，凸顯了這個議題對於俄羅斯的民族認同，有著多麼病態的影響。

事實上，克留切夫斯基是諾曼理論的支持者，他強調瓦良格王公們在俄羅斯建國的過程中貢獻卓著，並形成了統治階級「羅斯」，而斯拉夫人則是被統治的階級。俄羅斯國的建立是源自兩位留里克追隨者：阿斯科爾德（Askold）和其後的奧列格（Oleg），在基輔地區的活動。

政治核心的鞏固來自基輔而非諾夫哥羅德。瓦良格人在基輔的親王國，成為凝聚斯拉夫和芬蘭部落的核心，這可以視為俄羅斯國最初始的型態。對於克留切夫斯基來說，諾曼理論中

唯一無法接受的論述，就是俄羅斯人沒有能力發展出自己的社會秩序。

成為歐洲、超越歐洲再否定歐洲

　　俄羅斯歷史的第二個轉捩點是選擇東正教信仰，而東正教成了反抗西方的主要勢力。

　　轉向東正教的過程由三個事件組成，首先是988年，由基輔羅斯政治家弗拉基米爾一世（Vladimir the Great）主導，羅斯人大規模皈依和受洗。第二是1054年的東西教會大分裂，羅馬教皇與拜占庭主教對彼此下了不可撤銷的詛咒。第三則是1453年，君士坦丁堡陷落於鄂圖曼土耳其之手。在那之後，被稱為「第三羅馬」的莫斯科，就宣稱自己是東正教和拜占庭帝國（東羅馬帝國）唯一的繼承者[6]。

　　古俄羅斯的斯拉夫民族幾乎沒有接觸過拜占庭、羅馬、希臘或阿拉伯文化。拜占庭對於當地人來說全然陌生，其影響僅限於宗教信仰的傳遞，以及旅外傳教的神父和外國藝術家引入的藝術風格。如此不規律的接觸意味著，拜占庭文化只能影響少部分受過教育的菁英階級。

　　羅斯人的皈依由瓦良格王公們主導。根據傳說，弗拉基米爾為了與拜占庭皇帝巴西爾二世（Basil II）和君士坦丁八世

6　編按：莫斯科大公伊凡三世（Ivan III）在1473年，迎娶了拜占庭帝國末代皇帝君士坦丁十一世（Constantine XI）的姪女索菲婭・帕列奧羅格（Sophia Palaiologina）公主。

（Constantine VIII）的妹妹，也就是「生於紫室者[7]安娜」公主（Anna Porphyrogenita）成婚（約989年），所以受洗信仰東正教。而後，他逼迫自己的人民來到第聶伯河（River Dnieper）邊受洗。如此的強迫皈依留下了痕跡，如今的俄羅斯鄉村，仍有許多雙重宗教信仰和異教徒信仰的存在。

俄羅斯的第一部法典《羅斯法典》（*Russkaya Pravda*），可能是由外國的東正教法官（希臘或南斯拉夫人），於十一世紀所編纂，目的是要排除，或至少改善某些特別令基督教法官憎惡的當地習俗。因為這些法官多半受過拜占庭教會法律和民法的薰陶。

然而，根據古老的傳說，法典和法庭等重要的法律文明機構，都來自外界或上層的強迫性干預，因此影響了人們對法律和秩序、文化和道德的態度。**人們認為文化和文明既陌生又有害，是外來統治者強加於他們身上的。**

隨之而來的自卑情結，影響了俄羅斯人的民族認同，而整個國家和人民都沒辦法有說服力的解決。**這使得許多人充滿野心，希望不只效仿西方和歐洲，更要超越他們。**因此，俄羅斯歷史常見的主題 —— 羅斯人在十三世紀保護歐洲不受蒙古人攻擊；俄羅斯在十九世紀從拿破崙手中拯救歐洲；蘇聯在二十世紀從法西斯主義下拯救了世界……諸如此類的論述所在多有。

俄羅斯民族認同中有著深刻的不確定性，有些人會試著用

---

7 編按：紫衣貴族是拜占庭的稱號，用於授予帝國皇帝的子女，需要符合一系列嚴格設定的條件才能獲得此號。

俄羅斯位於東西之間的位置來解釋。事實上，真正的根源來自三種自相衝突的嘗試：**成為歐洲、超越歐洲和否定歐洲**。

統治菁英不斷嘗試超越歐洲，卻帶來了災難性的反作用。俄羅斯的歷史論述中，總是交織著文化和文明的壓迫，以及失敗的西化行動，這都深植於民族意識之中。從個人層面來看，這樣的衝突成了心理上的兩難和掙扎。

杜斯妥也夫斯基（Dostoyevsky）[8]小說中所描述的放蕩和醜聞，都反映了這樣的衝突 —— 個人為了對抗文化與文明的價值，而進行的微小叛逆行為。由此觀之，**杜斯妥也夫斯基是個真正的俄羅斯作家。**

農奴制，統治者把人民視為俘虜

另一個東西衝突的例子，則是彼得大帝（Peter the Great，1682年－1721年在位）的改革。他試圖使用當時歐洲先進國家（特別是荷蘭）的模式，來幫助俄羅斯轉型。

彼得大帝的改革涵蓋了社會每個層面，從公眾教堂管理，到強迫貴族穿著歐洲服飾；從教育和文化改革（包含成立大學和科學學院），到經濟與軍隊現代化；從在聖彼得堡建設新首都，到建置海軍。

然而，這些改革都是透過獨裁手段進行。為了他的改革，

8　編按：重要作品有《罪與罰》（*Crime and Punishment*，1866年）、《白痴》（*The Idiot*，1869年），其文學風格對二十世紀世界文壇，產生了深遠影響。

彼得大帝付出了上千條農奴的性命。在他統治的近四十年間，俄羅斯人口從1,300萬減少到1,100萬。

即便是將歐洲文化引入俄羅斯貴族階級，也需要一定程度的脅迫；而在蘇聯期間，這些貴族的抗拒受到了許多毫不掩飾的推崇。**彼得大帝的改革，讓俄羅斯社會中既有的文化鴻溝更加惡化：少數菁英的生活模式和行為，與廣大的文盲農民相比，可說是天壤之別。**

直到1917年前，農民都還維持著古羅斯的生活方式，在文化、政治和經濟層面幾乎都沒有受到改革影響。彼得大帝現代化改革在「純樸的民間」，引起了對文化成就和文明日益高漲的憎恨。

1836年起，人們開始爭辯彼得大帝改革所代表的意義和重要性；哲學家彼得·恰達耶夫（Pyotr Chaadaev）出版了《哲學書簡》（*Philosophical Letters*），批判俄羅斯的孤立和落後。

爭辯持續到十九世紀下半葉，西化派[9]和親斯拉夫派[10]相持不下，後者支持以東正教和獨裁政體為基礎，希望發展專屬於俄羅斯的救贖道路。

在爭辯中，諾曼理論的重要性漸漸提高，而俄羅斯東正教的沙文主義，則演變為對西方文明和文化的抗拒。這些爭辯同時也導向了對西方新一波的否定，而這次是以馬克思的階級鬥

---

9 作者按：如現實主義小說家伊凡·屠格涅夫（Ivan Turgenev）、作曲家尼可拉·梅爾古諾夫（Nikolai Melgunov）、歷史學家瓦西里·波特金（Vasily Botkin）。

10 作者按：如哲學家阿列克謝·霍米亞科夫（Aleksey Khomyakov）、評論家伊凡·基列耶夫斯基（Ivan Kireyevsky）、作家康斯坦丁·阿克薩科夫（Konstantin Aksakov）。

爭理論為基礎。

歷史學家也時常**提及俄羅斯社會的第二個裂痕：農奴制。**在此制度下，統治階層往往將人民視為俘虜或受殖民者。1825年12月14日的「十二月黨人起義」（Decembrist uprising），便試圖以歐洲模式改革俄羅斯。

十二月黨人要求廢除農奴制度，並且以共和政府的模式取代君主專制。起義的失敗是對文化和文明又一次的打擊。無論支持者或反對者都認為，農奴制反映了俄國對西方的態度。

支持者陣營包含了統治的菁英階級，雖然他們通常在歐洲接受教育，也推崇啟蒙運動的理想，但在1861年之前都不願意廢除農奴制。與此同時，**農奴制也讓農民產生了強烈的印象，認為政府、法律和文化都是外來敵對勢力的壓迫。**

政府認定，知識分子就是懦弱寄生蟲

這種面對文化和文明的態度，在1917年的10月革命達到高峰。破壞摧毀公眾秩序所帶來的亢奮，不只讓那些未受教育的士兵、水手、勞工和他們渴望權力的領袖沖昏了頭，連許多重要的俄羅斯知識分子也深受感染。

亞歷山大・布洛克（Alexander Blok）的詩作《斯基泰人》（*The Scythians*）和《十二個》（*The Twelve*）就是生動的例子，其中美化了「掙脫（文化與文明）鎖鏈」的狂喜。蘇維埃統治的前數十年間，所有暴行和對脆弱文化資本的摧毀，仍是俄羅斯二十世紀所留下的最慘烈傷痕。

　　某種程度來說，這樣的態度也說明了俄羅斯知識分子的命運。**俄羅斯偉大作家和藝術家的傳記中，主題似乎都脫離不了放逐、監禁和處決**——甚至可以說，**假如沒有受到國家的迫害，就代表此人實在太邊緣。**

　　蘇維埃政府公開認定知識分子是「社會邊緣群體」，而布爾什維克黨人[11]有意識的採取大規模殲滅知識分子的政策。除了殺害國家最頂尖的作家、詩人、作曲家和藝術家外，他們也抨擊知識分子的文化價值觀和行為模式。

　　國家對於知識分子的不信任，也反映在民眾對教育程度較高者的態度。以下的例子，清楚說明了這種存在已久的心態：1880年代晚期，「民粹派」（Narodniks）[12]的「回歸土地」運動，啟發了數百位俄羅斯貴族。他們為自己的特權感到羞愧，於是穿上傳統的農民服飾，希望到俄羅斯農村教育並啟發農民。然而，農民的反應只有不信任和懷疑：民粹派大部分的人都被送交給警方，或是受到暴打和羞辱。

　　即便至今，仍有許多俄國人輕視腦力勞動，對知識分子抱持猜疑，認為他們是住在象牙塔裡的傻瓜，和社會的懦弱寄生蟲。雖說如此，**但俄國各大城市的居民中，有將近三分之一都擁有高等教育文憑。**

---

11 編按：領袖列寧認為，應建立一個以少數「職業革命家」為核心、多數黨員對其絕對服從的組織模式。

12 編按：這裡的民粹一詞，指的是從菁英走向人民。

一切權力、一切錯誤、一切的好，全歸於蘇維埃

俄羅斯與西方的對立，也就是「勞工與農民的蘇維埃」[13]和西方資本主義的對抗，催生出布爾什維克的意識形態；**蘇維埃的宣傳將西方資產階級，描繪為所有邪惡的體現。**

從史達林到赫魯雪夫（Nikita Khrushchev），每個蘇維埃領導人都決心在生活的每個層面「趕上西方，超越西方」，以證明社會主義確實優於資本主義。然而，這卻讓西方對鐵幕後的俄羅斯人更有吸引力，也更加神祕誘人。

過去20年間，出現了另一個指標性的突破。事實上，對西方的理想化在1980年代尾聲和1990年代初期達到高峰。在那段短暫的時期，西方模式是幫助共產後的俄國，轉型為自由民主社會的唯一選擇，政府的改革以此為基礎，也受到一般大眾強力支持。

對西方的理想化，漸漸轉變為否定蘇聯所有事物，而社會主義的所有缺點，似乎都能用俄羅斯在布爾什維克掌權後，漸漸偏離西方主流發展路徑來解釋 —— **西方成了新的社會發展目標，能幫助俄羅斯超越社會主義造成的停滯。**

在1980年代的經濟改革中，俄羅斯忙於聲討史達林主義。邏輯上來說，似乎可以預期親西方的知識分子 —— 尋找蘇維埃

---

13 編按：蘇維埃又譯作「勞農委員會」，是一種工人和農民的民主形式，其代表可以隨時選舉並更換。

真相的領頭羊 —— 在後蘇維埃社會中，會強烈鼓勵人們思考如何面對這段悲傷的過去。然而，對蘇維埃的強烈興趣卻來如風、去無蹤。

1992年初，焦點已經轉移到如何選擇適當的經濟模式。西化知識分子如今偏好將自己和自己的社群，視為極權主義的受害者，推卸任何與蘇維埃的連結和歷史責任。

然而，與蘇維埃劃清界線的行為，對俄羅斯西化者的心理造成了巨大影響：否認蘇聯時期的重要性，意味著蘇聯時期不再是充滿里程碑的歷史時期。相反的，蘇聯打斷了歷史的連貫性，留下了一道時間裂痕。而那些還接受共產意識形態的人，則遭到放逐。

1990年代的俄羅斯流行一種說法：此時的俄國就像1920年代的美國，正處於資本主義的黎明。在那些年間，「現在」一詞消失了：在媒體和日常用語中，使用的是「過渡期」，強調了**人們渴望盡快超脫現在，尋找到符合理想西方模式的未來**。未來和過去產生交會，剝奪了俄羅斯現在存在的權力。

只要相信進步，就能確保俄羅斯抵達快樂的未來。既然俄羅斯應當遵循西方已經走過的路線，俄羅斯人的任務就是沿著足跡、加快腳步。俄羅斯人認為，市場經濟是幫助他們抵達未來的工具。

然而，這趟邁向西方現代化的旅程問題重重：古拉格[14]的記憶讓人們對進步的信念動搖。如果俄羅斯人希望能短暫燃起對

---

14 編按：Gulag，指蘇聯的監獄、勞改營，強迫勞動系統。

西化未來的信心，就必須壓抑這些記憶。

　　俄羅斯人心中對西方的印象，體現了他們對於理想社會的期待，卻也造成了龐大的心理不適。1990年代初期的西化，俄羅斯人受到政治動盪、經濟危機和物資短缺的折磨，對於個人缺點和日常生活的不完美，都感到焦慮萬分。

　　因此，對西方的理想化反而加深了民族自卑情結，而**俄羅斯的民族認同早在蘇維埃解體時，就已經承受嚴重打擊。**

　　不出多久，人們對西方的態度又發生劇變。這反映在1990年和2007年民意調查的對比。1990年，列寧格勒（聖彼得堡舊名）的居民認為彼得大帝是他們最仰慕的元首，而列寧則排名第五；第二名到第四名都是美國總統：小羅斯福、林肯（Abraham Lincoln）和華盛頓。

　　然而，到了2007年，在所有美國總統中，聖彼得堡的居民只選擇了羅斯福[15]，而且在名單上僅排名17。前五名都是俄羅斯的民族英雄：彼得大帝、凱薩琳大帝、史達林、列寧和彼得‧斯托雷平（Pyotr Stolypin）。

　　1990年，列寧格勒有80%的居民否定蘇維埃官方宣傳中，蘇聯在社會和政治上都優於西方的說法。然而，到了2007年，俄羅斯超越西方的想法死灰復燃。

　　1990年，列寧格勒只有10%的居民相信，莫斯科的羅斯人比西歐更為優越；但到了2007年，懷抱這樣想法的人提高到25%。

---

15 編按：小羅斯福在二戰時與史達林關係良好，立場親蘇。

　　對於蘇聯時期的改觀更為顯著。1990年，只有5.5%的列寧格勒居民認為蘇維埃勝於西方，或與西方並駕齊驅；但到了2007年，數字提升到超過40%！

　　面對「**你認為自己是歐洲人嗎？**」1990年有超過60%的答案是肯定的，**2007年卻下降至30%**。

　　問到「你希望出生於哪個國家？」1990年有50%的人選擇俄羅斯，但在2007年則有75%。超過一半的受訪者都認為，境外的威脅確實存在，而有75%的人稱美國為潛在的侵略者。

　　拒絕譴責蘇聯的過去，並渴望將其列入光榮的民族歷史，都為俄羅斯對抗文明和文化再添上一筆。而這樣的抗拒是成功的，也未曾遭受懲罰。對於西方的抵抗，如今已轉化為現代政治過程的「權宜的妥協」。

　　然而，西方對俄羅斯的民族意識，仍然有著巨大影響，是造成俄羅斯文化和意識形態焦慮的決定性因素──**西方一直都存在於俄羅斯民族認同的核心，必須一再加以否定和超越。**

◀畫家包里斯‧庫斯托蒂夫（Boris Kustodiev）於1918年繪製的〈飲茶的女商人〉（*Merchant's Wife at Tea*）。庫斯托蒂夫在商人之家成長，見證了這個階級的生活方式如何招致毀滅。

資料來源：RIA Novosti/Alamy

第 **3** 部

非洲與大洋洲：
從荒蕪之地到文化匯集中心

第二十一章

我們是尼羅河的贈禮，
伊斯蘭教的守護者

埃及阿拉伯共和國

撰文／海珊·巴西爾（Hussein Bassir）

居住在開羅的埃及考古學家、小說家和作家。曾在開羅、牛津和巴爾的摩學習埃及學，並參與過多次埃及和外國考古發掘工作。

於2009年在巴爾的摩約翰霍普金斯大學（Johns Hopkins）獲得博士學位，並在曼蘇拉大學（Mansoura）和米斯爾國際大學（Misr International University）任教；曾任埃及文明國家博物館考古主任，現為最高文物委員會（SCA）國際組織管理局局長。他的作品包括關於阿拉伯文學和電影、埃及學和考古學的文章和書籍。

埃及阿拉伯共和國
Arab Republic of Egypt

西元前3100年左右，古埃及第一王朝建立。七世紀中期，阿拉伯人入侵建立帝國。1517年被土耳其人征服，成為鄂圖曼帝國的行省。十九世紀到二十世紀間曾陸續被法、英占領；1922年英國被迫承認埃及獨立，1953年正式建國。

經濟主要依賴於農業、石油出口、旅遊業，以及勞務出口，蘇伊士運河是其連接亞歐的橋梁。它在地中海、中東和伊斯蘭地區的影響尤其廣泛。

目前政治體系為軍事管制下的共和國，立法權歸屬政府和埃及人民議會。總統是國家元首兼武裝部隊最高統帥，由人民議會提名，公民投票選出，任期4年，可以連任一次，擁有任命副總統、總理及內閣部長的權利。

基本資料

國慶日：7月23日。

加入聯合國日期：1945年10月24日。

語言：官方語言為阿拉伯語，通用英語和法語。

首都：開羅。

面積：1,001,450 平方公里。

地理位置：北接地中海，自西自東分別與利比亞、蘇丹和加薩走廊接壤。

人口：1.043億人（2021年），是東北非洲人口最多的國家。

宗教：穆斯林（主要是遜尼派）90%，基督教（多數為科普特東正教）10%。

※資料來源：中華民國外交部網站

　　無論去到世界上的哪個地方，似乎總是會遇到一些古埃及的元素或影響，因此我們甚至可以說，**埃及和歷史是同義詞。**文明本身起源於埃及的尼羅河谷及三角洲；事實上，古希臘歷史學家希羅多德將埃及文明描述為「尼羅河的贈禮」；但更精確來說，應該是「尼羅河以及埃及人的贈禮」。

　　尼羅河流經許多非洲國家，卻沒有任何一個國家能企及埃及的進步、繁盛和長久。埃及人建立了獨特的文明，一向具備著出色的技術、耐心、沉默、冷靜、忍耐、信念和包容。

　　埃及位於非洲大陸東北角，透過西奈半島延伸進入亞洲西南端。西奈半島在歷史中扮演埃及東邊的國門，也是許多侵略者的入侵路線。

　　埃及被認為是中東和非洲重要且深具影響力的國家之一：是**阿拉伯世界的中心，也是伊斯蘭教的守護者。**

　　鄰近南歐與西南亞，北面地中海，東臨紅海；這樣的地理位置讓埃及成為許多文明的匯集處，在漫長的歷史中進行了無數的文化交流，也不斷受到侵略者的垂涎。

　　這片土地擁有的名字多到數不清，埃及一詞來自古老的詞彙「Hutkaptah」，意思是「卜塔的靈魂聖殿」。卜塔（Ptah）是古埃及首都孟斐斯（Memphis）地區所信仰的創世神。

　　在現今的阿拉伯文中，埃及的名字是「Misr」，起源於古埃及的詞彙「mejer」（意思是「邊緣」），而「al-Misriyun」（埃及人）一詞也由此衍伸。埃及人同樣也會把首都開羅稱為Misr，將國家的名字當成首都的簡稱。

現代埃及人的民族組成包含閃米特人（Semitic）[1]、含族人（Hamitic）[2]，以及法拉欣人（Fellahin，分布於尼羅河三角洲以及地中海沿岸）、賽迪人（Sa'idis，上埃及人）、貝都因人（Bedouins，分布於西奈半島及埃及的東部和西部沙漠地區），以及努比亞人（Nubians，分布於埃及南部地區）。

文化穩定，來自三千年中央集權

埃及的文字歷史約始於西元前三千年，也就是文字書寫發明的時候。人們終於可以傳承經驗、保留記憶。那是集權化的時代，而這也成了歷代埃及政權的特色之一，但最終在追求去集權化決策方式的人眼中，卻成了進步發展的障礙。

傳奇帝王美尼斯（Menes）[3]統一了上埃及（尼羅河上游）和下埃及（三角洲），在西元前3000年左右建立了中央集權的國家，推行了各種價值觀和標準；至今，這仍然影響著埃及和埃及人的民族特質。

自此，埃及進入古王國時期，也就是金字塔時期，從西元前2686年－前2160年。這段時期，埃及人在吉薩（Giza）和薩卡拉（Saqqara）建造金字塔，並且在吉薩高原的金字塔群雕刻了人面獅身像，以紀念建造吉薩第二座金字塔的法老卡夫拉

1　編按：又稱閃族人，起源於阿拉伯半島、敘利亞沙漠的遊牧民族。

2　編按：是一個假想的民族，為《聖經》人物挪亞之子「含」的後代人種。他們身型高細，大多數是牧民。

3　編按：傳說中第一位統一古埃及的法老，創建古埃及歷史的人物。

（Khafre）。這座雄偉的雕像見證了古埃及人在建築、工程、天文和行政方面的傑出技術能力。

在黃金盛世後，埃及一度陷入衰敗，直到中王國時期（西元前2055年－前1650年）才重現榮景，這也是埃及的古典文學時期。在第二段黃金盛世後，埃及進入了古代歷史最艱辛的時期，被亞洲部族「西克索斯人」（Hyksos）所統治。

西克索斯的意思是「來自外國的統治者」。他們先是和平的跨越埃及東邊國界，接著趁埃及國力削弱時，一舉控制了大片土地。在漫長艱辛的苦戰後，南埃及的法老雅赫摩斯一世（Ahmose I，約西元前1550年－前1525年在位）驅逐了西克索斯人，將他們逼退到巴勒斯坦。埃及的第三段，同時也是最後一段黃金盛世於是展開，稱為新王國時期（西元前1550年－前1069年）。

新王國採取了新的對外政策，以擴張領土和征服敵國為首要目標，統治了無數的其他勢力。這段時期延續到西元前1069年，也稱為法老帝國（Pharaonic Egypt）時期。

圖特摩斯三世（Thutmose III，西元前1479年－前1425年在位）被視為橫跨亞洲和非洲的埃及帝國建國者，其他有名的法老則包含哈謝普蘇（Hatshepsut）、阿肯那頓（Akhenaten）、圖坦卡門（Tutankhamun）、塞提一世（Seti I）、拉美西斯二世（Ramesses II）和拉美西斯三世（Ramesses III）。

第三王國時期後，埃及進入第三中間期（西元前1069年－前664年），於此期間，缺乏中央集權的政府，因此局勢紛亂。

接下來的是古埃及晚期（西元前664年－前332年），期間

經歷許多埃及人的王朝，也穿插波斯統治，直到亞歷山大大帝在西元前332年進入埃及。在亞歷山大和其後人的托勒密王朝（Ptolemaic，西元前332年－前30年）統治下，埃及逐漸轉型為希臘－托勒密王朝。

托勒密王朝的女王克麗奧佩脫拉七世（Cleopatra VII）[4]，在西元前30年被羅馬人打敗，埃及變成為羅馬帝國（西元前30年－西元395年）的重要領土，接著則納入拜占庭帝國（西元395年－641年）。

西元641年，阿拉伯穆斯林統治埃及，讓埃及成為伊斯蘭哈里發國[5]之一。直到十九世紀初期，阿爾巴尼亞士兵穆罕默德．阿里帕夏（Muhammad Ali Pasha）依循著歐洲路線，建立了現代的埃及[6]。

阿里家族的統治隨著1952年7月23日的革命告終，而穆罕默德．納吉布（Muhammad Naguib，1952年－1954年在位）總統建立埃及共和國，其後則由賈邁勒．阿卜杜．納瑟（Gamal Abdel Nasser，1954年－1970年在位）、艾爾．沙達特（Anwar al－Sadat，1970年－1981年）和胡斯尼．穆巴拉克（1981年－2011年）繼承政權。

埃及歷史最大的特色是文化穩定性，連貫而不斷累積，幾乎未受到任何破壞干擾。

---

4 編按：為「埃及豔后」本人，希臘化時代埃及的末代女王。

5 編按：穆斯林世界存在的穆斯林帝國通常被稱為哈里發國，代表全部虔誠穆斯林民族的主權國家，根據伊斯蘭教法由哈里發統治。

6 編按：他被視為現代埃及的建立者與國父，兩次參加抵禦拿破崙侵埃之戰，被人民擁立為總督；1811年消滅叛亂勢力，統一埃及。

六日戰爭慘敗，贖罪日戰爭不算贏

1952年的埃及革命，由軍方的「自由軍官」組織發動；當時為法魯克一世（Farouk I）統治期間（1936年-1952年）。從法老時期開始的君主制度，在埃及已經正式結束。

然而，這卻帶來了軍方緊密控制的共和政體和警察國家，他們限制個人自由，讓個人成為專制國家下的犧牲者；強制解散政黨、忽視人權。即便**最一開始，主要的訴求是建立自由民主國家，但是這場革命卻摧毀了埃及君主政治下的民主。**

在一人專政的16年統治中，納瑟總統持續擔心政敵發動新的革命 ── 他在強化自己的鐵腕統治時如此宣稱。他試圖讓埃及民眾脫離政治：當優秀的領袖為人民著想和效力時，他們還需要關心政治嗎？

埃及是否能邁向正義和民主，其實都在納瑟的掌控中；然而，他卻放棄了這樣的機會，反而在埃及的土壤中種下了獨裁者的種子，甚至還蔓延到阿拉伯世界的其他國家。他對國家的治理失當，導致埃及在**1967年6月6日對以色列的戰役**（六日戰爭）中慘敗。

這場敗仗對埃及和阿拉伯的民族性都造成了嚴重打擊，影響甚至延續到今天。納瑟和他的國家支柱，特別是軍方，都沒能實踐保家衛國的責任，這令人民感到震驚。

一直到1952年革命前，人民都認為埃及是個偉大的國家；但此時此刻，國家的士氣陷入低潮；納瑟的統治從此開始走下坡。儘管如此，他卻還是努力想改革軍隊，清除導致戰敗屈辱

的貪腐部門。納瑟最後於 1970 年過世。

1967 年的敗仗固然是打擊，但埃及在 1973 年對以色列的戰爭中，取得了前所未見的勝利，而這也是贖罪日戰爭的序幕。勝利功臣是沙達特總統，他形容這是歷史上最輝煌的日子。

埃及的軍隊洗刷了 1967 年戰敗以來，埃及和整個阿拉伯民族所感受到的恥辱，並且奪回了失去的領土。然而，沙達特卻在 1977 年出訪以色列時簽署和平條約[7]，此舉激發了埃及人民和許多阿拉伯國家的怒火。

沙達特樂於與以色列交涉，這也是導致他在 1981 年 10 月 6 日遭到暗殺的主要原因。他當時正在慶祝 1973 年重大勝利的八週年紀念。這是埃及歷史上最黑暗的日子：當法老在軍隊的環繞下，慶祝前所未有的勝利時，怎麼會遭到殺害呢？

無法落實民主，都是因為伊斯蘭

1928 年，哈桑・班納（Hassan al-Banna）在海岸城市伊斯梅利亞（Ismailia），發起了伊斯蘭主義運動「穆斯林兄弟會」（Muslim Brotherhood）[8]，對於二十世紀、二十一世紀初期的埃及政治，有著深遠影響。

他們提出許多充滿爭議的議題，例如伊斯蘭與現代社會、

---

7 編按：1978 年和以色列總理比金（Menachem Begin）同獲諾貝爾和平獎；1979 年在美國協調下，與以色列簽訂《埃及 - 以色列和平條約》。

8 編按：以伊斯蘭遜尼派傳統為主的宗教與政治團體。為近代伊斯蘭世界最早的政治反對團體，此運動後來擴散到許多伊斯蘭國家。

民主、宗教國家、統治與顧問體系、宗教權力、科普特東正[9]教徒在伊斯蘭教國家中的地位、伊斯蘭經濟、女性扮演的角色和頭巾。然而這些問題關注的重點，通常是形式而非實質方面。

　　不論是君主還是共和時期，伊斯蘭教政治[10]都干預破壞了法治。這也給予了統治者——特別是共和時期的領導人，不真正實行民主的藉口：他們指出，**極端伊斯蘭主義者會透過投票取得政權，接著脫下民主的假面具**。

　　接連的埃及共和政權，都如此恐嚇著以美國為主的西方勢力——伊斯蘭主義者可能會奪取政權！因此，認定「明槍易躲，暗箭難防」的西方，通常會支持執政黨，進而幫助他們維持數十年缺乏正當性的統治，而這同時也**激發西方對於伊斯蘭的憎惡**。

　　許多觀察者都認為，**埃及之所以一直沒有真正的民主，是因為伊斯蘭主義的存在**。伊斯蘭主義者表面上威脅政權的穩定性，私底下卻與執政者結盟，共同迫害那些推動公民社會、政治多元、人權，和其他西方民主要素的個人或團體。

　　2007年播出的影集《法魯克王》（*El-malek Farouk*），敘述了最後一位埃及國王法魯克一世的故事，他的統治從1936年持續到1952年。影集將他包裝成仁民愛物的君主，服從人民投票表達的意志，並聽從總統和部會首長對他提出的要求，甚至會諮詢他的官員們，而不是一意孤行。

9　編按：Coptic Orthodox Church，埃及主要的基督教會。

10　編按：Political Islam，相關理念多採用《古蘭經》中的思想。

這部劇受到前所未有的歡迎，特別是出生於法魯克政權瓦解後的年輕人之間。**這種對君主時期的懷舊感，意味著埃及人對於復興國家的渴望，以及強烈的歷史意識。**

即便如此，一名埃及官員在拜訪美國時，仍然表示自己的國家尚未準備好進入民主階段。雖然他顯然認為埃及人無法帶來政治上的改革，但這已被證實是大錯特錯。

埃及表面上看起來雖然很平靜，實際上卻經歷著許多權衡與調整，不斷追尋復興國家的正確方式。然而，埃及的民意也非完全一致。

有些人以君主時期為傲，懷念其效率、經濟活力、社會進步和文化上的開放。其他人則狂熱支持七月革命，將之稱為歷史的起點。他們通常崇拜納瑟，甚至認為他是最後的先知。

有趣的是，納瑟和沙達特的支持者之間卻有許多歧異；後者捨棄了單一政黨社會主義國家以及單一統治者的模式，支持者欣賞他在政治上的開放，以及經濟自由化，並且敬重他對於貧窮者的照顧和負責。

還有第三類人，否定以上兩種觀點，只會嘆息著埃及的停滯不前。他們採取相當負面的立場，宣稱許多埃及人都為了個人利益，出賣自己的靈魂，避談革命對土地與人民的傷害。

然而，大多數的埃及人都懷念他們在1952年試圖推翻的君主時代。不過，已經成為歷史的事終究無法改變。2011年1月25日，全埃及有數千名年輕人走上街頭，抗議胡斯尼・穆巴拉克總統的軍政府。

　　而後更有數百萬人加入，示威行動持續了18天[11]，直到穆巴拉克在2011年2月11日下臺，結束了近三十年的腐敗獨裁和警察國家。1952年七月革命所帶來的政權終於畫下了休止符。

　　然而，**埃及人現今想要的並非君主，而是民主**。各個城市的民意分歧，從穆斯林兄弟會的伊斯蘭主義，到西方式的自由主義都有。曾經遭到禁止的政黨紛紛成立，而埃及人拒絕所有境外勢力的影響，試圖靠自己找出最佳解方。

　　穆斯林兄弟會在2012年國會選舉取得佳績；他們再三強調對於民主多元主義的支持，試圖緩解人們對新的宗教獨裁政權的恐懼。但人們的樂觀並沒有持續太久。

　　一年後，新的抗議浪潮湧現，軍方推翻兄弟會政權，發動了新的投票，由軍方領袖阿卜杜勒・法塔赫・塞西（Abdel Fattah el-Sisi）勝出。與此同時，伊斯蘭教聖戰組織（有些與敘利亞的ISIS有所關聯），也為埃及重要的觀光業帶來嚴重威脅。

　　在這段轉型期間，古埃及的精神——堅忍、再生和延續——或許能持續激勵現代的埃及人，帶領國家重返過往的榮光。

---

11 編按：又稱埃及「1·25」革命。

▲穆罕默德・阿里帕夏的畫像。他是現代埃及的建立者,將埃及由鄂
圖曼帝國下的沉寂省分,轉型為當代的一方強權。透過多樣的軍事
行動,他建立了廣大的帝國,並對許多歐洲強國帶來威脅。

資料來源:Musée National du Château et des Trianons, Versailles

第二十二章

誰控制了雨林，
誰就能當王

迦納共和國

撰文／威廉敏娜·東科（Wilhelmina Donkoh）

夸梅·恩克魯瑪科技大學（Kwame Nkrumah）社會科學學院非洲歷史高級講師，研究阿散蒂王國（Ashanti Empire）的歷史和文化；她也是《公正的國王：Osei Tutu Kwame Asibe Bonsu 的故事》（*The Just King: The Story of Osei Tutu Kwame Asibe Bonsu, 2000*）的合著者。東科博士記錄了傳統治理結構，在應對非洲愛滋病等現代挑戰方面的重要性。

迦納共和國
Republic of Ghana

　　1471年葡萄牙殖民者進入，掠奪黃金，沿岸被稱為黃金海岸。1595年荷蘭、英國等紛紛入侵，販賣奴隸。1844年沿岸被英國占領，1901年全境淪為英國殖民地，名為「英屬黃金海岸」。1957年獨立，1960年成立迦納共和國。

　　經濟擁有多元化的豐富基礎，是非洲第二大黃金生產國，僅次於南非，也是第二大可可生產國，擁有豐富的鑽石、錳礦石、鋁土礦和石油資源；此外還有製造和出口汽車和船舶等。人均國內生產總值是西非最高的國家之一。

　　國家元首和行政首長是經選舉產生的總統，擁有行政權。議會只有一院，由兩個主要黨組成：新愛國黨和全國民主大會黨。

基本資料

國慶日：3月6日。	
加入聯合國日期：1957年3月8日。	
語言：官方語言為英語。	
首都：阿克拉。	
面積：約238,537 平方公里。	
地理位置：位於非洲西部、幾內亞灣北岸，西鄰象牙海岸，北接布吉納法索，東毗多哥，南瀕大西洋。	
人口：3,237萬人（2020年）。	
宗教：基督教（71.2%）、回教（17.6%）、傳統宗教（5.2%）。	

※資料來源：中華民國外交部網站

　　迦納的歷史與黃金密不可分。這個生產黃金的地區在十三世紀前，就吸引了西蘇丹商人的注意。接著，葡萄牙商人搜索迦納，希望能找到足以支持北非的「黃金國」（El Dorado）；當他們抵達此地時，將其命名為「黃金海岸」（Gold Coast）。

　　迦納地區經歷了激烈的歐洲競爭，沿著海岸建立起許多礮堡。**現代迦納的國名（Ghana）源自於古老的西蘇丹王國**（Western Sudanese Empire），**這個古國也以黃金聞名，文化上與迦納有許多相似之處（但和現代迦納在地理上並不相同）。**

　　現代迦納是原住民獨立運動、十九世紀後英國殖民，以及後續發展結合下的產物。當今迦納的人們在雙重遺產下生活：「傳統」和「西方」（或現代）。

　　關於過去最古老的紀錄，來自十三世紀西蘇丹的穆斯林和十五世紀歐洲的造訪者。這些作家中，特別是歐洲人，暗示當地原住民的開發程度很低。他們將當地文化描述為野蠻，並假定由於原住民沒有寫下自己的過去，代表過去沒有任何值得記錄之處。

　　即便大量證據顯示，當地的口傳文化、工藝和建築的發展都很豐富，這樣的觀點依然持續下去。殖民統治鞏固了西方觀點中的歐洲文化優越感，而許多西方人也誤解迦納文化，以為原住民的文化只是大家庭體系而已。

　　無論是歐洲人到來之前、前殖民時代或獨立之後，迦納人民和其成就都應被視為連續體，並作為民族的過去來加以研究和彰顯。口傳歷史包含了目擊者證詞、家譜與民間傳說，都和文字紀錄、考古學與人類學一樣重要。

我們是誰的後裔？
只能靠口傳歷史溯源

　　檢視不同人的多元觀點，可以幫助建構出大眾歷史，並觸及民族過去的核心議題；此外，也為多數迦納人拯救因為殖民主義，而模糊了的遠古歷史。

　　許多迦納人以自己民族的過去為傲，並在傳統中尋找現在和未來的指引。他們以「sankofa」（回頭並從過去汲取）為概念，建立了許多文化單位來保護民族遺產。

　　一般來說，迦納人認為他們國家的歷史始於1954年後的自治運動，最終讓國家在1957年3月6日正式獨立。然而，他們在進行喪禮、命名、結婚、慶典等活動，或賦予傳統領袖權力的儀式時，便會無意識的想到「遙遠的過去」。

　　許多迦納人都覺得自己必須回到過去，汲取歷史制度（酋長制）和文化習俗（例如青春期儀式）的核心價值；傳統信仰和宇宙觀幾乎都留存了下來，即便多數人宣稱自己是基督徒或現代人。**在迦納，不難找到使用巫術詛咒（duabo）、請託靈媒或傳統祭司，同時卻又積極參與教會活動的人。**

　　過去的迦納原住民族會不斷演進自己的社會、經濟和政治制度。早在十五世紀歐洲人到來之前，他們就透過西蘇丹的旺加拉（Wangara）商人與外界連結，也透過北非地區與歐洲和亞洲交流。

　　然而，關於迦納地區最早何時開始有人居住，學界目前未有定論。**大部分的口傳歷史都以「板凳歷史」（stool histories，**

以家譜形式呈現的傳統國家政治歷史）的形式傳遞，內容多半是致使權力和財產易主的戰爭或其他歷史事件。

考古證據指出，**人類在迦納已生活超過三千年**：遠古人們留下物質證據，包含器物、工具、居住的洞穴，以及生產石器和飾品的場地。雖然許多迦納人都訴說著移民的故事，但證據也顯示了這個地區很早就有人居住；不過，如今幾乎不可能判斷，到底哪個現代族群是這些古老居民的後裔。

現今的迦納人大多屬於西非人種，主要有古昂人（Guan）、阿坎人（Akan）、加－阿丹格貝人（Ga-Dangme）、埃維人（Ewe），以及莫爾－達戈巴族群（Mole-Dagbani），其中包含貢賈人（Gonja）。

這些多元種族族群，使用的語言為克瓦語（Kwa）或古爾語（Gur），兩者都是沃爾特語（Voltaic）的子系語言，在語言學上屬於尼日－剛果語系（Niger-Congo family）。

這代表這些民族在遙遠的過去，曾經在相同的地點生活，或是長期密切互動。這些種族有部分宣稱在發源於當地，部分則自外地移入。大部分的證據都顯示，**古昂人最早於此定居**。

根據傳統說法，大部分迦納人的祖先都居住於迦納境內，或是更廣泛的西非地區，有些則有多重起源。然而，許多種族即便口傳歷史提及當地的發源，卻仍堅持他們來自和《聖經》或《古蘭經》有關的異國地點，例如美索不達米亞、衣索匹亞或以色列。

還有數個種族也居住在草原帶北部，該區域在殖民時期稱為北領地（Northern Territories）。他們從西蘇丹遷徙至此，

由於領導者能力傑出而稱霸此地。也有數個規模較小的零散族群，一般認為是當地原生民族，但也有人宣稱他們由布吉納法索（位於迦納北部）穿越伏爾特盆地而來。他們擁有部分共通的文化，例如土地擁有權制度、結婚儀式和宗教信仰。

草原南方的熱帶雨林區，居住著使用阿坎語的種族，占迦納人口的比例最高。阿坎族的祖先波諾族（Bono）是最早出現的種族。一般認為，阿丹西族（Adanse）是其中最早建立王國者；而契維弗（Twifo）[1]的語言契維語（Twi，又譯特威語或多威語）則為所有阿坎族群所使用。

隨著人口成長，為了尋找經濟資源，再加上戰爭的影響，這些人在十一到十三世紀之間，漸漸在土地上開枝散葉。迦納南部居住的是加－阿丹格貝人和埃維人，兩者都發展出父系社會；口傳歷史顯示，他們是從東部移民至此。

接受英國殖民，英語凝聚民族認同

殖民前的迦納出現的最強大政體，包含了雨林地區（西南部）的波諾王國、阿丹西登其拉王國（Adanse Denkyira）、阿克瓦穆王國（Akwamu）、阿克顏王國（Akyem）和阿散蒂王國（Asante）；沿海的方提王國（Fantse）、埃維王國和加－阿丹格貝王國；北方的達格邦王國（Dagbon）和貢賈王國。

大部分王國之所以能稱霸，往往是控制了資源，因而能參

---

1 編按：阿丹西族在阿善提（Ashanti，現迦納南部）建立的國家。

與北方的商業活動，或在 1471 年後，與海岸的歐洲人貿易。雨林地區蘊藏豐富的金礦、象牙和可樂果（kola nut）[2]，在全球的需求量很高；北方也有羅比金礦區（Lobi goldfields）。與此同時，在雨林地區對於奴隸勞工、鹽和其他異國商品的需求量也很高。

第一批抵達的歐洲人是 1471 年的葡萄牙人，接著是十七世紀的英國人、荷蘭人、丹麥人、德國人、瑞典人和法國人。**英國從十九世紀開始的殖民過程，在 1874 年建立保護國時達到高峰，在 1902 年正式完成。**

與歐洲往來的前三百年間，即便面對商業強權，迦納當地人仍能管理自己的內部事務。然而，殖民統治使他們無法參與中央政府決策，導致許多人相信迦納人沒有能力自治。不過，從稍微正面的角度來看，**殖民統治讓英語訂為官方語言，在迦納獨立時成了凝聚民族認同的因素。**

歐洲人引進許多農作物，例如可可亞和咖啡，以及其他糧食作物。基督信仰和其他西方影響，也幫助提升了迦納的識字率和人民健康，不過卻妨礙當地原生的文化習俗。

對於婚姻、命名、倫理、信仰、繼承制度和語言的辨識、記錄與傳播，都能讓人們更了解自己和民族的過去。多數迦納人都認為他們的文化豐富多元，同時也有共同的連結，使他們凝聚團結。**如此多元中的團結，被視為迦納特質的基本元素。**

殖民統治讓迦納加入大英國協，與世界其他國家共享歷

2　編按：吃法與臺灣人吃檳榔相似，可以增強體能、振奮情緒；曾為可樂的原料。

史。讓迦納人引以為傲的,是身為民族運動的先驅者,也是二戰後首先脫離殖民統治獨立的薩哈拉以南國家(1957年)。

走過種族紛爭,
走入政黨輪替和平轉移

第一位首相和總統夸梅・恩克魯瑪(Kwame Nkrumah)在世界具備一定聲望,採取許多方式幫助其他國家獨立解放,並透過非洲統一組織(Organization of African Unity)、不結盟運動(Non-Aligned Movement)和聯合國,希望促進非洲團結。這使得迦納進入非洲和世界政治的中心。近年來,成為第一位非裔黑人的聯合國常務副祕書長科菲・安南(Kofi Annan),也讓迦納人與有榮焉。

即便本身仍面臨著貧窮、教育不平等、醫藥衛生不佳和政治不穩定等問題,但迦納仍在1966年-1992年間成為該地區和平的堡壘。政府付出極大的努力,希望在多元的種族間,凝聚團結統一的國家;然而,迦納人依然對自己的族群有歸屬感,這樣的情感有時也會在選舉期間為政治人物所操弄。

現代迦納是世俗化國家,但大多數人都有強烈宗教信仰,60%宣稱自己是基督徒,20%是穆斯林,9%是當地原生的宗教信仰。

迦納過去最遺憾的不幸層面,就是原生民族與國際奴役貿易的牽連。雖然當時的迦納社會存在著不同程度的不自由,但這樣的系統目的在於提升人口數,而並未造成太大的傷害。

　　然而，十七世紀中期開始，迦納地區就不再只是單純的奴隸進口國，為了因應歐洲在新世界的勞力需求，當地也開始出口奴隸。非洲人成為歐洲人的奴隸後，大幅加深了種族歧視和汙名化的狀況。

　　雖然很難具體計算迦納輸出的奴隸人數，但根據估計，在**兩個世紀期間，超過兩百萬人被運送出迦納** —— 迦納地區的總人口在1960年僅有約七百萬人。埃爾米納（Elmina）[3]、聖安東尼奧（San Antonio）、詹姆斯敦（James town）、海岸角（Cape Coast）和克里斯蒂安堡（Christiansborg）等城堡與堡壘，都曾經是奴隸主的倉庫和宅邸。這些遺蹟的保存協助佐證了迦納歷史的黑暗面，並揭開奴隸貿易和殖民統治的面紗。

　　迦納與歐洲的連結，大幅改變了該地區的經濟、社會和政治體系。1960年代到1980年代的頻繁政變，造成環境動盪，延誤了國家的發展和進步。種族問題往往會成為引爆點（2000年之前仍有大規模部落戰爭），特別是因為許多族群（埃維人和北方族群）覺得受到邊緣化。不同意政府方針的迦納人，常會提出違憲、裙帶關係和貪腐等指控。

　　即便有許多挑戰和困難，現代的迦納仍然努力維持過去的成就（2000年之後政黨輪替，政權能夠和平轉移），發展國家中心價值。假如這些努力得以繼續下去，假如人們能再次汲取獨立後興起的「迦納驕傲」，假如政府能照顧國家經濟和人民

3　編按：十五世紀時，葡萄牙於西非海岸的第一座城堡，成為了販賣黑奴、黃金及鑽石等貨品的基地。

福祉，假如國家資源能有效利用，假如能謹慎的參與國際社會
──那麼，迦納的民族理想就能夠實現。

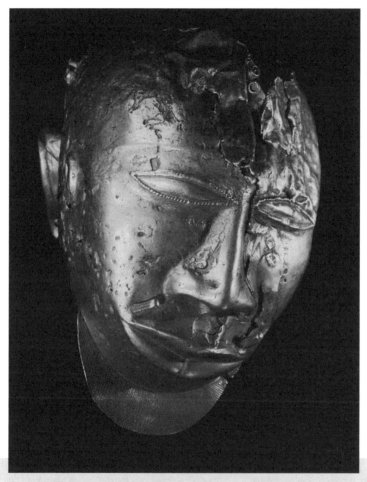

▲統治者科菲・卡里卡里（Kofi Karikari，在位期間1867年－
　1874年）寶庫中的黃金裝飾。除了經濟價值外，黃金也有象
　徵性的價值，據信代表了世代的永續。象徵永恆的財富時，
　黃金通常會被打造成工藝品，穿戴時象徵了社會地位。

　　　　　　　　　　　　　　　　資料來源：Werner Forman/Corbis

第二十三章

我們不是英國，而是更棒的英國

澳大利亞聯邦

撰文／斯圖爾特·麥金泰爾（Stuart Macintyre）
在墨爾本接受教育，並在劍橋大學攻讀歷史學博士學位。自1990年以來，他一直擔任墨爾本大學歐內斯特·斯科特（Ernest Scott）歷史學教授，並於2009年擔任哈佛大學澳大利亞研究系主任。
曾任澳大利亞歷史協會主席，是澳大利亞人文科學院院士，現任社會科學院院長。撰寫了大量有關澳大利亞勞工、政治和思想史的文章；出版物包括《澳大利亞簡史》（*A Concise History of Australia, 1999*），是大型國際項目《牛津歷史寫作史》（*The Oxford History of Historical Writing*）的編輯。

澳大利亞聯邦
Commonwealth of Australia

　　澳洲所處之大陸，在遠古時期即有人類居住生活，但其直至十七世紀的大航海時代，才被發現從而與外部人類社會接軌；十八世紀末期成為英國殖民及囚犯流放的地點，後因發現珍貴礦藏而成為移民、投資興業熱點。

　　為南半球經濟最發達的國家，世界十大農產品出口國和六大礦產資源出口國之一；被稱作「騎在羊背上、坐在礦車上、手持麥穗的國家。」國內主要產業為服務業，占GDP的70%。

　　政治體制是聯邦制度君主立憲議會制，國家元首為澳洲君主，聯邦政府總理和其內閣，實際擁有大多數的行政權力。選舉採用強制投票制度，擁有選舉權的澳洲公民必須參加投票，沒有參加投票的選民需要給出合理解釋，否則必須繳納罰款。

▌基本資料

國慶日：1月26日。

加入聯合國日期：1945年10月24日。

語言：並無法定官方語言，但依據通用習慣，英語為全國性的語言。

首都：坎培拉。

面積：7,692,024平方公里。

地理位置：位於太平洋西南方，介於南緯10度41分至43度39分；東經113度9分至153度39分之間。

人口：2,574萬人（2021年）。

宗教：基督教、天主教及英國國教。

※資料來源：中華民國外交部網站

造訪澳大利亞的旅客通常會搭乘飛機，並降落在雪梨國際機場。機場正對著太平洋，緊鄰的港口就是1788年1月，那11艘船下錨的地方[1]。

植物學灣（Botany Bay，位於雪梨海岸）的地名由皇家海軍上校庫克船長（James Cook）所取，因為人們20年前在此採集了大量新品種的植物。庫克船長對這片豐饒沃土的描述熱情洋溢，因而說服英國政府選擇在此建立移民聚落。

如今，植物學灣是雪梨這個大型國際都市的交通運輸和工業中心，而知名地標 —— 大拱橋和貝殼形的雪梨歌劇院 —— 都位於雪梨港北邊。殖民聚落的建立者和首任總督亞瑟・菲利浦（Arthur Phillip），在1788年發現植物學灣充滿沙粒和沼澤地，缺乏乾淨的水源。

庫克是在雨季後的秋天登陸，但菲利浦到達時正值盛夏，稀薄的植被反映了大地的貧瘠。這是殖民者受到的第一個打擊，其他困難也接二連三降臨。他們最初種下的作物在稀薄的土地上枯萎；斧頭的刀鋒在尤加利樹粗糙扭曲的枝幹上磨損；放牧的牲畜走失然後死去。

飢餓使秩序消失，特別是因為**多數殖民者都是罪犯，在國內被判死刑，而流放到這片陌生且充滿敵意的土地**。對當地原住民釋出的善意都未得到回應，不到兩年的時間，連菲利浦自己都遭到東海岸原住民依奧拉（Eora）族人的長矛所傷。

1　編按：指「首批船隊」（First Fleet），將首批歐洲和非洲人帶到澳大利亞；由兩艘皇家海軍船隻、三艘儲存船隻和六艘乘載罪犯的船組成。

　　然而，英國人還是堅持下去了。在十年之內，先驅者們建設了城鎮，並讓犯人展開有生產力的農活。和北美早先的開墾相比，他們很快便取得成功。英國人在十九世紀初葉向內陸移動，開始生產羊毛，並吸引了許多自由的移民者，建立了更多殖民聚落。

　　1850年代發現金礦時，更有超過五十萬移民聞風而來。與此同時，英國人放棄將犯人流放於此，並建立了自治政府，於是發展出蓬勃的移民社會，人民享有比舊世界更高的民主程度和居住標準。

　　1月26日是澳大利亞日，代表了這個成功的故事。總督菲利浦正是在1788年1月26日，在雪梨灣豎立起英國國旗，並宣讀主權宣言。長久以來，人們都認為這個故事，述說了一片沉睡的土地終於甦醒過來，或是充斥著奇花異草，不受打擾的孤立土地終於開始活動 —— 每當澳大利亞有新的發展，這樣的故事就會重複上演。

　　關於澳洲歷史的這個面向，其實有許多明顯的跡證。無論移民者來到哪個城市，都會留下他們故鄉的痕跡 —— **雪梨、墨爾本、伯斯和荷巴特（Hobart）都是以英國政治人物為名**，阿德萊德（Adelaide）是紀念一位女王，布里斯本（Brisbane）則是紀念一位行政長官。每個城市都有行政長官的官邸、議會和教堂，以缺乏原創性的風格建造；此外，也有紀念帝國軍事活動的戰爭紀念碑。然而，隨著全球都市化，這些建築如今都籠罩在企業摩天大樓的陰影中。

　　當今的澳大利亞以不同的魅力吸引訪客，散發著獨特性和

異國氛圍。許多觀光客都進入荒蕪的內陸，拜訪廣袤的大地。他們探索烏魯魯（Uluru，又稱為艾爾斯岩）等地，這是澳洲北部一塊雄偉的紅色巨石。旅客們想尋找更真實的澳洲，也就是歷史更為悠久的原住民風貌。

英國各民族社會的合成體，包括罪犯

近年來，澳洲政府嘗試著與原住民和解。澳洲在1960年代廢止了歧視性的規定，1970年代立法承認了原住民的土地所有權，1980年代承認了過去犯下的錯誤行為，1990年代則承認了最初的占領行為。

總理在2008年初正式道歉，這是他的前任者們都不願意採取的贖罪舉動。然而，原住民族的失業、貧窮、死亡率、犯罪和家庭不全，仍然令澳洲蒙羞。原住民人口顯著上升，由1976年的15,600人增加到2006年的51,700人，代表著情況出現改變，而人們對於原住民歷史的關注也大幅提升。

澳洲其實絕非1788年才出現的新國家，如今的觀點認為，澳洲擁有悠久的歷史。**人類的活動從超過五萬年前開始**—— 由於缺乏可靠的測定方式，無法精確判定 —— 在變化多端的環境中，展現出驚人的適應能力。對於此種延伸版本歷史的認同日益普及，也反映出當前的意識形態。

歷史中涵蓋了複雜的社會組織、環境互動、數百種語言、獨特的藝術形式和對於更高層次的靈性信仰。**選擇擁抱原住民的過去，也讓非原住民的澳洲人，更堅定的與自己的國家產生**

連結。

開始於1788年的論述，是歐洲版本的歷史。在這個版本中，澳洲是英國遠見下的產物，因為英國航海家在西班牙、葡萄牙和荷蘭人之後才到來，並慧眼看出這片在其他人眼中毫無價值的南方大陸，其實是印度洋中的瑰寶。澳洲初期的移民聚落，建立於英國與法國爭奪海上霸權的時期，並受到英國稱霸後的影響。

澳洲接收了那些英國不想要的罪犯，一共15萬人，以及其他更有冒險創業精神的自由開墾者；接收製造業的商品和投資，並回報以消費品和紅利。澳洲殖民地繼承了英國的政府原則、法律和公民社會，重現其殖民母國社會的許多面向，也在其他方面做出調整。其結果讓人既熟悉又陌生。

首先，**澳洲的殖民社會，可以說是英國民族社會許多元素的合成體**，英格蘭、愛爾蘭、蘇格蘭和威爾斯人都維持了部分的自身文化，並努力參與共同活動；這帶來的影響之一，就是澳洲很早就接受了宗教平等的概念。

第二，殖民地放棄了國教、土地持有階級和維持社會階級的軍階；少了上對下的關係，代表新興社會不再兩極化。

第三，較高的生活水準和較多機會，代表人民的社會參與度也較高；人們有較多空餘時間，識字率較高、教堂出席率較高，也更願意參與志願活動。這些特徵時常被和美國比較，但美國的共和國必須為自由而戰，**澳洲人則喜歡把自己想成更棒的英國。**

英國在澳洲1850年代的自治後就撤走了帝國兵團，但仍然

主掌了澳洲的外交政策，而英國皇家海軍也持續守護澳洲的安全。重點城市海岸上豎立面對著海外的碉堡，反映出稀少人口對於占有大片土地的不安 —— 1861年僅有115萬人，1901年也僅有377萬。

隨著歐洲其他強國開始挑戰英國，並投入帝國間的爭霸，澳洲人的不安也逐漸加劇。最初的帝國戰場是世紀交替的南非和中國，接著是一戰的中東和西歐。1915年在土耳其加里波利半島（Gallipoli）犧牲的澳洲人，代表的就是民族勇武的證明，以及對英國保護的頭期款。

地廣人稀，卻容不下（非歐洲）移民

澳洲大陸仍有空間接納其他歐洲人，特別是1850年代的淘金熱，吸引許多歐洲地區的移民；然而，這裡卻容不下非歐洲國家的移民。起初，罪犯提供了便宜的勞力，但後續試圖從中國或太平洋群島引進契約勞工時，卻遭受強烈反對。這促成了《移民限制法令》（*Immigration Restriction Act 1901*），是澳洲新聯邦政府最先採取的措施之一。

出於對英國政府的尊重，法令並非明文訂定種族排除的規定，而是採用聽寫測驗來決定移民資格；然而，這是眾人心知肚明的「白澳政策」。二戰後，白澳政策放寬，但直到1960年代才正式廢止。

一直到二戰時，澳洲人都喜歡吹噓他們的人口有98%是英國人。如此優生學的自我定義卻無法維持到戰後，因為英國不

再有能力保護澳洲：英國在1942年初敗給日本，失去新加坡海軍基地，代表著帝國防衛的終結。

英國也不再有能力滿足澳洲戰後充滿野心的計畫，因為澳洲急迫體認到，假如不設法提高人口，國家就會衰亡。因此，他們向北歐尋求移民，接著是南歐和東歐，最終甚至找到中東地區。在20年間，200萬人遷移至澳洲，讓人口在1971年提高到1,276萬人。

隨著歐洲勢力淡出或遭到驅逐，澳洲也漸漸被捲入亞洲。帝國時代的結束和冷戰展開，都加深了澳洲人對於侵略者的恐懼。他們認為自己是歐洲位於東南亞群島底端的前哨站。當小船載著來自亞洲的難民時，這樣的恐懼在短期內又更加強烈。

然而，亞洲的崛起使得對澳洲消費品需求提高——中國和日本成為澳洲最大貿易夥伴——移民也隨之增加。澳洲目前的2,300萬人口中，有25%都出生於外國，是所有先進工業國家之最。從白人至上主義到多元文化主義的轉變可謂劇烈。

騎在羊背、手持麥穗、推著礦車

從1788年開始的歷史，談到了對於嚴苛惡劣環境的馴服，談到了充滿遠見的探險家打開內陸地區，讓牧民得以進駐。羊毛產業以大規模量產，雇用了一小支由牧羊人、牧場巡邊工和剪毛工所組成的軍隊，並創造了澳洲叢林大盜的傳奇：他們相當務實、質疑權威、對感情不屑一顧，總是守在夥伴身邊。

在羊毛生產者之後的是農民。政府用低廉條件開放土地，

鋪設並經營鐵路將產品運送到城市加工，接著建設港口讓產品輸送到海外。政府也建設灌溉系統，贊助能提升收成的科技改良，並且支持鄉村社區的學校和其他設施。**家庭農場為澳洲拓荒者創造了另一種傳說：他們是農業價值的楷模，為蠻荒大地帶來文明。**

澳洲消費品製造的邏輯是不斷改進，這讓生產者支配了外銷市場。生產力提升的結果，就是勞力需求降低，以及企業規模提升。同樣模式也在採礦、礦業、畜牧業和農業上出現。即便如此，發展的前景對數個世代的澳洲人，都有著深遠影響：一級產業賺進外匯，讓他們維繫較高的生活水準；而建築、運輸、物流和服務業的工作機會增加，則刺激了都市成長。

這樣的模式延續至二十一世紀初期的礦業繁榮，但澳洲人的接受度卻不如過去畜牧時期那樣高。如今，人們開始關注土地開墾和歐洲式農業的環境成本。較長版本的澳洲歷史，看到的是這片土壤淺薄的大地，如何被吸乾了養分；不可靠的降雨量使乾旱頻仍；而適應了這樣環境的植被，則高度易燃。

這樣的新興意識偏好森林勝於農地、偏好河流勝於水庫、偏好原住民的土地監護權勝於開發計畫。假如經濟過度仰賴礦產和能量，就會使人們難以回應減少溫室氣體的行動呼籲。

還有另一個版本的澳洲歷史，近期已遭到遺忘。殖民成功所帶來的民族情感，在1901年六個殖民地加入大英國協時得到實現。整個過程是獨特民主的展現：人民選出代表，參與聯邦會議，起草了聯邦契約，再交回人民公投通過。澳洲的民主很早熟，是僅次於紐西蘭，第二個賦予女性投票權的國家，也是

第一個選出工黨政府的國家。

　　大英國協規畫了特殊的安排以滿足大眾期待，其中包含以進口產品的關稅來保護本地工作，再加上規定本地產業必須提供男性，足以維繫家庭一定生活水準的薪資。**如此男性養家活口者的制度化，代價卻是犧牲了女性勞工**，且造成社會福利制度疲軟；國家的工作成了在經濟上支持開發，並經營私人企業無法獲利的設施。基本工資受到法律保障，並認定得以滿足一個家庭的需求；因此，**澳洲被形容為工資勞動者的福利國家**。

　　這樣的制度持續到1980年代，而後貿易條件轉為對商品出口不利，全球化則削弱了本地產業的保護。隨著貿易和金融的控制解除，以及公營企業私人化，勞動市場也跟著放寬管制。

　　至此，澳洲背離了自身的傳統，轉而擁抱無國界的市場。人們開始向外看，投入重振的投資、創新和機會，參與全球的擴張和緊縮，並感到自己失去了以往的肯定。這樣背離過去究竟會有怎樣的結果，還有待時間證實。

◀位於雪梨的「手之海」（Sea of Hands）。這一系列的裝置藝術象徵著和原住民族間的和解。

資料來源：John Van Hasselt/Sygma/Corbis

第**4**部

美洲：
新世界在這裡展開

第二十四章

因獨立宣言而凝聚，
以自由創造繁榮

美利堅合眾國

撰文／彼得·歐諾夫

維吉尼亞大學湯瑪斯·傑佛遜紀念基金會（Thomas Jefferson Memorial
Foundation）名譽教授。著作包括《傑佛遜帝國：美國民族語言》
（*Jefferson's Empire: The Language of American Nationhood,* 2001）和《湯瑪斯·傑佛
遜的思想》（*The Mind of Thomas Jefferson,* 2007）。

美利堅合眾國
United States of America

　　歐洲人從十六世紀開始殖民北美，現今的合眾國始於東岸的13個英屬美洲殖民地。1775年爆發美國革命。1787年《美利堅合眾國憲法》完稿，合併一國後將邦聯體制升級為聯邦，「美利堅合眾國」聯邦政府隨之成立。

　　美國是目前世界上規模最大、發展程度最高的經濟體，工業生產技術先進，居世界領先水平；汽車產量和發電量均占世界的20%以上。在已開發國家中，社會福利網相對較小，政府對商業的管制也較低。

　　政治權力分立為總統、國會及聯邦法院三個機構，依據美國憲法共同擁有聯邦政府的權力。同時，聯邦政府與州政府共同擁有主權，各州下也有類似的權力分立制度。

　　總統選舉的方式為「選舉人團」，由各州公民先選出該州的選舉人，再由選舉人代表該州投票，所以總統並非公民直選。不採用普選制度的原因，在於美國為聯邦制國家，制憲元老考慮到各州自治性，便採取此制度保障各州權益。

基本資料

國慶日：7月4日。

加入聯合國日期：聯合國創始會員國（1945年10月24日）。

語言：官方語言為英語。

首都：華盛頓哥倫比亞特區。

面積：9,833,517平方公里。

地理位置：位於北美洲中部，西臨太平洋，東濱大西洋，南鄰墨西哥及墨西哥灣，北接加拿大，另有北美洲大陸西北端之阿拉斯加州及中太平洋之夏威夷州。

人口：3.32億人（2021年）。

宗教：以基督教及天主教為主，另有摩門教、猶太教等其他宗教。

※資料來源：中華民國外交部網站

「歷史或多或少都在胡扯。」這句話是美國汽車製造商亨利・福特（Henry Ford）1916年的名言：「我們都活在當下，而唯一有點價值的歷史，是我們今天所創造的歷史。」

而為殖民美國獨立建國奮鬥的愛國者，則用比較文雅的方式表達了同樣感受，認為「新」創造的美國人民並不虧欠過去什麼 —— 但或許可以從過去的暴政和獨裁中學習教訓，就如湯瑪斯・傑佛遜（Thomas Jefferson）[1]在1776年7月4日的獨立宣言中所說：「（曾經）濫用職權、巧取豪奪的情況層出不窮」。

假如這些「美國人」擁有任何歷史，那也並非他們自己的歷史，而是母國英國的歷史。因此，他們的後代選擇向前看而非向後，向西看而非向東。

根據歷史學家弗雷德里克・特納（Frederick Turner）的《美國歷史中的邊疆》（*Frontier in American History*，1893年），新興國家的自由機構，是激進自由主義者自然而然的產物。當他們回歸基本原則，征服並開疆闢土時，也突破了傳統習俗的窠臼。

從此以後，美國人不斷自我更新，在美洲大陸上發掘新的邊疆，甚至朝太空探索。

即便是奴隸制度這個「美洲難題」和其漫長的善後過程，在進步派美國人眼中，都是舊世界古老的影響，本質上違反了美國的民主，是另一個必須征服的邊疆。

1　編按：第三任美國總統（1801年－1809年），也是《美國獨立宣言》主要起草人。

以獨立宣言凝聚國民

　　當然，美國沒有歷史只是個迷思。當美國人否認過去時，就已讓歷史成為他們自我理解的中心。過去的法國革命先烈想像出他們對抗的古老政權；而美國的革命分子，則創造出腐敗又專制的英國形象。

　　十八世紀英國歷史學家愛德華・吉朋（Edward Gibbon）於《羅馬帝國衰亡史》（*History of the Decline and Fall of the Roman Empire*）中提到的羅馬比喻，在共和派愛國者間引起了強烈共鳴[2]，他們會擺出新古典風格的姿勢，有時甚至穿上羅馬的寬外袍。

　　假如自由的概念在新世界找到了歸屬，那麼舊世界也提供了相反的對照。**美國人一方面讓過去活著，一方面卻將自己投射到未來。**邊疆象徵著回到最初，以及通向終點，這樣的發展被十九世紀的擴張主義者稱為美國的「天命昭彰」（Manifest Destiny）[3]：**美國會創造自己的歷史，完成神的設計。**

　　傑佛遜在1807年強調了新世界和舊世界最大的不同：「誠然，戰爭與仇恨為歐洲歷史書籍提供了大量篇幅。然而，真正蒙福的國家是在安靜中幸福的，沒有留下歷史的論述空間。」

2　編按：《羅馬帝國衰亡史》提到其崛起原因在於制度、民族包容性與社會階層流動，衰敗則為相反因素造成；共和黨員支持古典自由主義，即強調個人權利、財產，並主張自由放任經濟政策。

3　編按：十九世紀的政治標語，指美國定居者所持有的一種信念，他們認為美國被上帝賦予了向西擴張，橫跨北美洲大陸的天命，

美國人因為獨立宣言而凝聚，他們共同追求快樂、逃避歷史——鮮血的河流將持續在大西洋彼岸流動——美國這個共和國將享受千年的和平與繁榮。當然，持續的奴隸制度、與帝國鄰居和美國原住民的衝突，都讓千年的承諾蒙上一層陰影。

　　然而，在傑佛遜和其他美國人的想像中，他們正快速接近所謂的「歷史的終點」，這也是兩個世紀以後，政治經濟學者法蘭西斯・福山（Francis Fukuyama）在1990年代，民主勝利而共產黨垮臺後所歡慶的[4]。

　　美國人開始**自詡為歷史的終點**，但歷史卻始終籠罩在集體意識中。隸屬於英國的過去，被描繪為遙遠的「外國」；雖然和英國的分裂等於斷絕了繁榮的貿易連結，並且讓人口成長遲滯，但獨立的美國人知道自己與眾不同。而當他們在世界的強國間找到定位後，便在歷史中證明了其獨特之處。

　　單純將老舊事物和新興事務並列，就能指出一條通往前方的筆直道路，打破現代早期的循環史觀。根據傳統智慧，當權力集中在越來越少的人手上，自由的人民就會失去自由，直到獨裁的政府無力支撐自己的重量而再次傾頹；接著，權力會被廣泛的重新分配，而同樣過程再次重複。

　　革命一詞並沒有現代和進步的內涵，只代表政權再一次無情興起又敗亡而已。道德高尚的愛國者希望能回歸基本原則，重拾失去的自由，但歷史的邏輯總是與他們作對，因為財富和

---

4 編按：福山是《歷史之終結與最後之人》（*The End of History And the Last Man*）的作者，他認為，人類歷史與意識形態間的鬥爭正走向終結；隨著冷戰結束，自由民主和資本主義成為世界主流，也就是「資本陣營」的勝利。

貪腐的潮流，將侵蝕曾經的自由人人格 —— 就像1066年後的英國，熱愛自由的盎格魯－撒克遜人向諾曼人的封建制度臣服。

然而，當時的美國人傾向以線性方式思考，相信他們的革命可以同時恢復祖先的自由 —— 傑佛遜希望他在維吉尼亞大學的學生學習盎格魯－撒克遜語，也就是自由的語言 —— 也追求持續的進步、精進和文明禮儀，讓樸質粗鄙的人民能達，到甚至超越大都會的標準。

對於政治家湯瑪斯・潘恩（Thomas Paine）等英屬北美殖民地的激進民主主義派來說，大英帝國快速的崛起和繁榮，似乎都危害了自由。然而，對於非都市的人而言，都會區的腐敗和越來越專制的殖民政府，給了他們相反的體悟：**自由和繁榮密不可分，而對其中之一的威脅，即是對兩者的威脅。**

讓殖民者致富的蓬勃商業貿易，也讓他們得以參與「消費者革命」，且並未損害自身的自由。相反的，重商主義[5]的貿易規定，似乎對殖民者加諸了不自然的限制；假如他們能夠更自由的貿易，或許就會更加富有。

財富湧入都會區，對帝國統治者帶來無法抗拒的誘惑；他們縱情在奢侈中、濫用權力，並犧牲殖民地的一切。同時，殖民者對自身權益受侵犯也越來越敏感，憂慮著會落入貧困，甚至淪為奴隸。

5　編按：目標是最大限度的使國家富足與強盛，限制對外國供應商的依賴；製造業和工業，特別是有軍事用途的商品，占有優先地位。

減少國家控制，《國富論》成了新福音

　　除了那些仰賴殖民政府恩惠的人外，繁榮並沒有威脅到都會區以外的價值觀。帝國的稅賦，意味著財富由鄉村到都會區的大規模重新分配，並妨礙了主教喬治・柏克萊（George Berkeley）十八世紀初所說的「帝國西進」（westward course of empire）。

　　《美國獨立宣言》中爭取獨立的理由，是基於自由與繁榮乃一體兩面——前者是自由人上天賦予且不可剝奪的權力，後者則是個人努力的果實，或「對快樂的追求」。

　　這種政治經濟學的新概念，建立在蘇格蘭啟蒙運動關於文明進步的理論——從打獵和採集，到放牧、農業和商業的發展階段。這讓美國革命分子能超越，或至少逃離早期現代史的循環史觀。

　　重要的是，經濟學家亞當・斯密（Adam Smith）的《國富論》（*Wealth of Nations*），提供了對於歷史發展更廣闊且進步的觀點，**減少了國家政府在財富創造中扮演的角色，並呼籲政策制定者放寬自由市場的規範。**

　　雖然亞當・斯密關切的是提升英國的財富，但北美殖民地驚人的快速發展仍令他讚嘆；這就是限制帝國干預的成果。亞當・斯密的鉅著成為美國的自由派、反重商主義、自由貿易支持者的新福音，特別是想要擴張海外市場的基本工業生產者。

　　革命派的美國人不需要亞當・斯密教他們自由貿易有哪些優勢。殖民者已經提出了新的帝國概念，其中每個省分的政府

都擁有高度自主性，並享有擴大市場的機會。

　　然而，美國人也了解到，他們的財富得仰賴英國海上霸權的保護；他們也意識到，大都會市場和信貸機構是維持經濟成長的關鍵——在發布《美國獨立宣言》前，他們曾對大不列顛國王喬治三世（George III）宣誓效忠，便證實了這樣的理解。

　　隨著危機升溫，也出現了相反的風向，質疑帝國政策和行政方向。而激進共和派對於司法腐敗的批評、社會契約論探討政治合法性的條件、蘇格蘭對社會和經濟進步的概念等，都讓反對聲浪水漲船高。

　　因此，美國人將他們對時代墮落和權力受到威脅的擔憂，都投射到殖民政府上，在想像中清除外國對自身的有害影響。美國的建國基本上是基於新的、現代的線性史觀。

1776年，王不再是王，
而是人民的僕人

　　傑佛遜和同伴們最迫切的挑戰，就是在這個充滿君主制的世界，為自己的新共和政權建立合法性。他們大膽的解決方式，就是從**人民的角度重新定義主權**，首先傑佛遜在《英屬美洲權利概論》（*A Summary View of the Rights of British America*，1774年）中，**想像君王是人民的「僕人」**，接著在《美國獨立宣言》中**強行解除了國王的服務**。

　　假如主權在民，那麼共和制的自治政府，是唯一符合邏輯和法理的統治型態。美國革命分子和他們法國的前輩不同，並

沒有太過強硬的推動，因為他們追求君主國家認可，以及更實質上的協助。

然而，他們確實相信自己「開啟了新世界」，而**他們的共和國實驗，最終將成為全人類的範本**。不需要從元年開始建立新的革命紀年，美國會慶祝 1776 年，也就是他們宣告獨立的那年，這將是世界歷史的轉捩點。

當革命領袖動員人民對抗英國專制時，他們堅持一般人才是真正創造歷史的人，並主張社會階級和特權都是人造且違反自然的。在舊政府的黑暗時期，大眾出於愚昧和迷信，而服從君王的統治；就像思想家潘恩在《常識》（*Common Sense*）中所寫：「沒有任何真正自然或宗教的理由，可以合理化將人類區分為國王和臣民」。

啟蒙的愛國者理解到國王不過是凡人，而借用《美國獨立宣言》的話：「人生而平等」，於是他們創立的政府必須「取得被統治者的同意，而得到公義的權力」。人們對自己的權力有所理解，代表著歷史的開端，或是人們真正理解歷史 —— 另一方面，也可以說是歷史的終結，因為充滿戰爭和壓迫的無盡血腥循環終於結束，亦即人們傳統上誤解的歷史型態。

事實證明，美國自由庇護所和機會之地的形象，將持續吸引一代又一代的移民。

美國革命在基本的歷史意識，以及獨立宣言所謂的「人類進程」都留下了斷層。新的角色，也就是「人民」，擠滿了舞臺。人民在過去往往被視為粗鄙的平民或暴民，只是政治社會最低的階層。如今，激進共和派的觀點讓人民的形象轉變，人

民集體成為了政權統治合法性的來源；國王和貴族遭到驅逐，被排除在無所不包的人民概念之外。

其實美國憲法並不需要特別強調（第一章第九節）：「沒有任何的貴族頭銜將在美國被賦予」，因為特權階級和共和的平等 —— 貴族和民主 —— 是根本上相對立的概念。事實上，這樣的對立性將成為美國民族認同的中心。

美國人清楚知道他們的革命 —— 也就是「響徹全世界的槍聲」 —— 對於各地人們的歷史都會有深遠影響。革命分子將人民的地位神化，乃是基於普世性的框架：所有的人民或是民族，都生而平等，但只有自治的美國人完全意識到這代表的意義，並準備好創造自己的未來。

傑佛遜在1826年也宣稱：「所有人民的眼睛都已張開，或是正在張開，看見自己的權力」。其他地方的人民必須掙脫鎖鏈，而鮮血注定流成河，才能讓光明取代黑暗，新的事物取代舊的一切；但歷史的終點已近在眼前。

捲入全球衝突非我自願？
合理化對他國事務干預

早慧的美國人將成為典範，因此「超凡絕倫」，但如此的民族認同，並非基於地理或意識形態上的孤立與差異。美國人在世界歷史中歡慶自己革命的重要性，而他們身為「人民」的認同，必須建立在人民的世界中才有意義，其他地區的人民也將得以自由決定自己的命運。**在那之前，其他地區的人民都會**

是歷史的受害者，是通往自由的無情道路上的殉道者。

當各民族開始決定自己的命運，就會變得越來越相似，最終達到「各自獨立但平等的境界，並得到自然法則與上帝旨意的賦權」。二十世紀美國的國際主義者渴望加速這樣的過程，並意識到自己增長的國力，於是因此**合理化對兩次世界大戰和其他國際事務的干預。**

革命派美國人對共和時代的看法，提供了各民族歷史匯集的天意終點。在樂觀的時刻，美國人彼此祝賀終點的到來。然而，他們也時常被點醒，自己無法逃離這個世界；**直到自由也降臨到世界其他地方，否則美國的自由意志將持續受到威脅。**

其他民族將經歷歷史的痛苦，但革命的衝動和反革命的行動將跨越國界，讓美國捲入全球衝突的核心。在對快樂的私人追求中，美國人或許會同意福特說的，歷史不過是胡扯；但前瞻的樂觀主義總是籠罩著恐懼的陰影，擔心壓迫有一天捲土重來，外國人和「境外勢力」會汙染共和國，又或者美國人會背叛自己天賦的人權。

美國人自認是超越歷史的「天選之人」，他們因而深刻意識到墮入歷史的危險，害怕再也看不見自己的命運，重回萬劫不復的行列。他們始終害怕自己的革命會被反轉，共和國的實驗將失敗。

因此，傑佛遜特別提醒人們注意本土的貴族論者和君主論者（支持君主制和貴族制的人），他們可能會在新的美國都會中鞏固權力，掌控整個共和國，摧毀人民的自由並奴役人民。

在美國內戰的前幾年，政治家會呼籲人民們珍惜聯邦，這

是開國元勳留下的偉大遺產。革命派的美國人選擇讓自己成為自由的人民，運用政治意志推動了聯邦憲法的簽署。這些最初的選擇成了對後代的神聖托付，並教導他們，**假如聯邦瓦解，美國政治將會歐洲化，釋放出戰爭和破壞。**

假如失去團結，美國人將背叛自己和未來的子孫，犯下對世界希望的反叛罪行，這是傑佛遜在1820年，密蘇里州加入聯邦的苦澀衝突中提出的警告 —— 北方的「限制主義者」為了廢除密蘇里州的奴隸制度，違反了基本的共和原則，新加入的密蘇里州的（白種人）公民，應當擁有自治權。

美國人渴望逃離的歷史，即將展開血腥報復。帶著一點宿命感，南北方愛國的美國人反目成仇，展開了內戰大屠殺（1861年－1865年）。當林肯想要在演說（1863年11月19日）中合理化蓋茨堡（Gettysburg）的屠殺[6]時，他回顧了傑佛遜的獨立宣言[7]並提問：「一個新的國家，孕育於自由，並且獻身給一種理念，即所有人都是生來平等。任何一個有這種主張和這種信仰的國家，是否能長久存在？」

重新團結的國家，是否能為全人類指出未來的道路？又或者事實將證明，美國人和其他人民並沒有不同，都受到變幻莫測的歷史所操弄？假如自由的政府將「從世界上凋亡」，那麼美國人想像中的「新歷史」 —— 線性史觀中橫跨無數世代，以

6　編按：南北戰爭中最血腥的一場戰鬥，內戰的轉捩點，終結了最後一次入侵北方各州的軍事行動。

7　譯按：fourscore and seven years ago，《蓋茲堡演說》（*Gettysburg Address*）的開頭，指在87年前發布的獨立宣言。

及整個北美洲廣袤土地的歷史 —— 將臣服於其他民族歷史的循環史觀。假如美國人自己也無法逃離歷史，那麼全人類都將毫無希望。

美國人總是將自己想成新人類，是即將終結所有民族的民族。他們是團結的人民，從多元的背景和對快樂的不同追求得到力量。當他們宣告獨立時，堅持透過政治意志的民族自決，就能讓自己成為擁有光輝未來的自由人民。

然而矛盾的是，這樣對天命註定的信念也帶來了焦慮，憂慮著他們可能會失敗，再次墮入想逃避的歷史中。無論意識形態如何，這樣的焦慮都讓美國人不斷訴諸所謂的「1776精神」，或是開國元勳的意志。

如果要實現未來的希望，就必須對最原始的共和信條 —— 或是現代人所謂的民主 —— 保持忠誠。因此，逃離歷史的人民，依然與開國元勳的革命世代互相連結，甚至受到其所定義。這些先人至今仍存活在法律、立法和大眾的政治想像中。

深植於舊世界的歷史遭到革命分子拒絕，成為福特口中的「胡扯」，或許已明顯的在新世界中缺席。然而，前進史觀重視的是革命的開國元勳，以及全人類共和的遙遠未來，是美國人自我認知的中心。

此外，**他們也深深恐懼受到外國或「非美國」的影響，以及意識形態的背叛或顛覆。**自由的人民在想像自己身處歷史終點時，仍無法逃離再次捲入歷史漩渦的恐懼。

▲〈推倒喬治三世的雕像〉（*Pulling Down the Statue of King George III*）由約翰內斯・奧爾特爾（Johannes A. Oertel）繪製。為了鞏固新共和政權建立於「主權在民」概念上的合法性，這些反偶像崇拜的紐約人，將國王拉下他高大的馬匹，從此轉身背對歷史。

資料來源：Collection of the New York Historical Society/Bridgeman Art Library

第二十五章

只要知道如何在獨木舟上做愛，就是加拿大人

加拿大

撰文／瑪格麗特·康拉德（Margaret Conrad）

紐賓士域大學（New Brunswick）名譽教授；撰寫了大量有關大西洋加拿大歷史和女性研究的文章，並參與了「加拿大人及其過去」（Canadians and their Pasts）研究項目，和加拿大歷史教育網絡發展。

加拿大
Canada

　　十五世紀末期，英、法殖民者在此建立殖民地。1867年英屬北美殖民地組成加拿大聯邦；1931年英國通過西敏法令，加拿大成為獨立國家，但國家元首仍是英國國王；1982年修憲權移交加拿大國會，至此加英兩國的特殊關係結束。

　　得益於豐富的天然資源，石油行業一直是經濟增長的主要動力。國內經濟以農業食品業、服務業為主（占75%），在先進國家中位居前列。製造業則主要集中在東部地區。美國是加拿大最大的貿易夥伴。

　　實行聯邦制、君主立憲制及議會制，國王查理三世為元首及加拿大君主，而加拿大總督為其及政府的代表。只有國會下議院是由民主選舉產生，在下議院有最多席位的政黨，就會獲總督邀請組成內閣，其領袖獲委任成為總理。

▊ 基本資料

國慶日：7月1日。

加入聯合國日期：1945年11月9日。

語言：官方語言為英語及法語，英語人口約占56.9%，法語人口約占21.3%。

首都：渥太華。

面積：9,984,670平方公里。

地理位置：東濱大西洋，西臨太平洋，南接美國，北抵極地；係西半球最大國，亦為全球第二大國。

人口：3,843萬人（2021年）。

宗教：天主教徒約占38.7%，基督教徒約占28.5%。

※資料來源：中華民國外交部網站

「只要知道如何在獨木舟中做愛，就是加拿大人。」歷史學家皮耶爾‧波頓（Pierre Berton）曾經說過這句名言。

獨木舟這項交通工具，幫助第一民族（First Nations，北美原住民的通稱），以及近代移民進入北美大陸。目前仍無法確定有多少加拿大人在獨木舟中受孕，但這種在大自然中結合的作風，或許就是外國觀察者眼中，典型的加拿大人。

對過去和現在大部分的加拿大移民來說，這個**世界第二大國**帶給他們的第一印象，就是廣大的空間。**加拿大實在太大，很少人能完全掌握**，因此是個鬆散的政體，**每個省分通常都可以說是一個小型的國家**。

加拿大的面積有66%由三個北部地區占據，總居住人口不到11萬人，其中一半是原住民族。雖然現今有80%的加拿大人居住在符合都市定義的地區，2004年一份問卷卻有89%受訪者認為，定義加拿大的是「極大的開闊土地」。

加拿大的氣候一樣令人印象深刻，無論冷或熱都是，但人們感受最深的還是冷的部分。阿根廷出生的作家阿爾維托‧曼古埃爾（Alberto Manguel）曾說道：「在來到加拿大之前，我都不知道『雪』這個字怎麼寫。」

在北方的天氣中生存並不容易，這或許就是為什麼加拿大人對國際美食的貢獻，包含了高卡路里的甜甜圈和魁北克肉汁起司薯條。加拿大人因地制宜，享受冬季運動，特別是冰球，可說是他們的國民運動。

空間和氣候的組合，讓加拿大不那麼適合人類居住，在管理上更為困難；但地區豐富的自然資源，自古便吸引了人們的

關注。

在遠古時代，加拿大的第一民族（由超過五十種語言族群構成）為了追尋漁獲和毛皮，不辭辛勞跨越整個大陸。當歐洲人在五百年前到來時，大部分的原住民族都渴望用資源和他們換取槍枝、刀械、鍋具和毛毯，以大幅提高他們在酷寒氣溫中生存的機會。

他們最初的貿易優勢，很快就因為遭受攻擊而消失，但主要並非武器的攻擊，而是當地人的免疫系統，無法對抗來自歐洲的疾病。隨著微生物在美洲大陸擴散，有時速度比人類侵略者還快，原住民人口數驟然下降。

如今，第一民族人口快速回升，對加拿大發展也有顯著貢獻，作家約翰‧拉爾斯頓‧索爾（John Ralston Saul）總結道：「我們是『梅蒂人』（Métis）的文明。」（「梅蒂人」最初指的是英國人與當地女性婚姻所生下的孩子；這樣的婚姻，對歐洲毛皮貿易商和原住民女性都有利可圖。）

雖然大部分歐洲人一開始被吸引到北美洲的原因，主要是便宜的鱈魚和對西北航道（Northwest Passage）的探索，但支持位於現今加拿大的兩大殖民帝國最主要的物產，則是海狸的毛皮。

在1608年－1763年間，法國人與第一民族合作，沿著聖勞倫斯河－五大湖系統進入美西平原區，再沿著密西西比河往下進入路易西安納。

根據1713年的《烏得勒支合約》（*Treaty of Utrecht*），英國接管了法國在加拿大東岸的紐芬蘭（Newfoundland）和阿卡迪

亞（Acadia）殖民地，並宣告了自己在哈德遜灣廣大土地的主權，該地又稱為魯珀特地（Rupert's Land）。

接著，他們在七年戰爭期間（1756年－1763年）奪下法國其他的領土，在三年之內占領了法國在路易斯堡、魁北克和蒙特婁的要塞。

魁北克，被留在英國領地的法國

此征服行動讓大量法國人口留在英國領土中。使用法文的加拿大人，如今在全國各地居住，但主要以他們的「國家」魁北克為主。為了因應當地日益升溫的分裂主義浪潮，1969年加拿大總理皮耶爾・艾略特・杜魯道（Pierre Elliott Trudeau）的聯邦政府，開始採行雙語政策（新布藍茲維省也是許多阿卡迪亞法國移民後代居住的地方）。

然而，這種做法並沒有阻止致力於獨立的魁北克人黨在選舉中勝出，並**舉行了兩次魁北克獨立公投**（1980年和1995年），**第二次公投以微不足道的差距失敗。**

魁北克在加拿大的政治論述中所占的比例太高，以至於加拿大的其他部分（rest of Canada）都統稱「ROC」。在這樣的稱號下，卻涵蓋了相當多元的人口組成，來源地可以追溯到世界上的每個民族和國家。

在1749年哈利法克斯（Halifax）鎮建立後，英格蘭、蘇格蘭、愛爾蘭、新英格蘭和歐洲大陸的移民大量移入東岸的殖民地；然而，一直到美國獨立戰爭（1775年－1783年），讓將近

五萬效忠派（Loyalist）[1]難民從美國逃亡至加拿大後，加拿大才真正開始有了具備自我意識、高度多元的英語人口。

老被人看成英法的孩子，美國的手足

十九世紀上半葉，許多英國移民為了逃離貧窮和壓迫，湧入英屬北美殖民地，這帶來了現代資本主義、具爭議的基督信仰、蓬勃的公民社會，以及歐洲的啟蒙運動；除此之外，也帶來了複雜的階級、性別和種族方面的傳統關係。

英國的政府機構，或多或少會在殖民地管轄區生根。在上加拿大和下加拿大[2]的起義（1837年－1838年），以及各地複雜的政治運作後，東部殖民地達成了「問責政府」（responsible government）[3]——這個詞的目的是要將**加拿大和法國與美國的完全獨立、共和制的民主做出區隔**。

起義軍和問責政府推動了二十世紀歷史學家伊恩・麥凱（Ian McKay）所謂的「自由統治計畫」。雖然加拿大和其他地方一樣，對自由主義的宗旨有過激烈爭辯，並選擇性的實行；然而，這些宗旨為改革者提供了指引，其中包含許多參政運動者、勞工組織者，以及大部分政黨的領導人。

---

1 譯按：又稱「保皇黨」，指的是美國獨立戰爭期間，堅持效忠於英國國王的北美殖民地居民，與支持美國革命的「愛國派」相對。

2 編按：位置在聖勞倫斯河上、下游。

3 編按：即政府對議會負責，而不是對君主或元首；對殖民地來說，指的是政府對當地議會，而不是宗主國政府。

　　聯邦是通往建國重要的一大步，而加拿大利用美國南北戰爭、英國經濟利益壓力和西方工業蓬勃發展的情境，推動加拿大聯邦制。三個東部「問責政府」的省分 —— 新斯科細亞省、新布藍茲維省和加拿大聯合省（魁北克與安大略）—— 在1867年結合成為大英帝國第一個「自治領」（dominion，如果使用「王國」〔kingdom〕一詞可能會令美國人緊張）。

　　加拿大（Canada）這個名字，最初是原住民族語言中「村落」的意思，被法國人用來指稱其殖民地，新法蘭西的聖勞倫斯地區（St. Lawrence），英國則用來指稱上加拿大和下加拿大，最後則延伸到整個現今的加拿大地區。

　　到了1880年，魯珀特地、北極地區，以及英屬哥倫比亞和愛德華王子島等地，也加入加拿大；於是，現今加拿大所有的領土，都屬於位在渥太華的政府所管理，除了紐芬蘭和拉布拉多——這兩個地方到1949年仍屬於獨立管轄區。

　　以少於四百萬的人口建立帝國，可以說是大膽的嘗試。加拿大參考美國模式，並得到英國政府許可，靠著溝通網絡連結一切。

　　1867年，加拿大第一任總理是出生於蘇格蘭的約翰‧亞歷山大‧麥克唐納（John A. Macdonald，加拿大國父），他的治國策略注重西部農業屯墾區、橫跨大陸的鐵路，以及較高的關稅——目的是保護聖勞倫斯－五大湖區中心地帶的工業，其中涵蓋了蒙特婁和多倫多這兩個發展中的大都市。

　　到了1914年，有三條鐵路橫跨加拿大，大量移民自歐洲、美國和其他地區移入，定居於「最後的好西部」（last best

west）[4]，為加拿大擴張的經濟提供必須的勞動力。

在政治家路易‧里爾（Louis Riel）領導下，大草原地區的梅蒂斯人和第一民族人民，兩度對侵略的加拿大人發起反抗（1869年－1970年、1885年），但都沒有成功。

1885年起義時，梅蒂斯人遭到邊緣化，而開發中西部地區和其他地區的第一民族，則因為摧毀文化的政策而被迫俯首稱臣。這類政策包含1876年的《印地安法》（*Indian Act*），以及印地安寄宿學校，強迫印地安人學習西方的文化和習俗等。

如果想了解加拿大要達成政治成熟的必經挑戰，就必須先了解到加拿大可以說是帝國強權下誕生的孩子，且是另一個強權（此指美國）的年幼手足。

從建國時刻開始，加拿大的領導人就意識到大英帝國扮演的角色，**不但提供了市場和軍力保護，更重要的是形成對抗美國的力量，使美國不至於稱霸整個北美洲大陸。**

二十世紀時，加拿大以英國陣營參與兩次世界大戰，幫助深陷戰火的母國撐下去，直到他的浪子手足美國決定加入同盟國陣營。

在戰爭時期的犧牲，包含超過十萬在戰場捐軀的男女，都成為加拿大獨立之路的助力。第一次世界大戰後，加拿大成為《凡爾賽條約》的簽署國[5]；1931年的《西敏法規》（*Statute of Westminster*）則賦予大英國協各自治領更大的自治權。

4　編按：用來向北歐、英、美等潛在移民，推銷加拿大草原的短語。

5　編按：由當時的總理勞勃‧博登爵士（Sir Robert Laird Borden），以獨立成員的身分簽署。

二戰大幅提升了加拿大的民族信心和生產力，拯救經濟大蕭條帶來的低迷。1947年，加拿大開始發行自己的護照，1965年則在爭議中採用了印有紅色楓葉的獨特國旗。

出於本質的謹慎，加拿大一直到1982年才宣布完全獨立。在《憲法法令》（*The Constitution Act, 1982*）下，不再需要引用英國國會法案就能修改自己的憲法。然而，英國君王至今依舊是加拿大官方的領導人，而伊莉莎白女王的頭像也還在加拿大的貨幣上。

《環球郵報》（*The Globe and Mail*）的專欄作家羅伊・麥格雷戈（Roy MacGregor）曾說道：「我們該如何與別人解釋，我們的國家元首——米凱爾・尚恩（Michaëlle Jean，2005年－2010年擔任總督），來自海地——必須先放棄法國公民權，才能在加拿大代表英國女王？」[6]

我們或許可以在二戰後的30年間、加拿大經歷的轉型中，找到這個問題的答案。

加拿大躍升為世界工業大國，人民生活品質在全世界名列前茅，同時也推行著符合其新興地位的政策。

聯邦政府力抗支持各省分自主權力的人，通過許多全國性的社會福利計畫，其中包含了廣受歡迎的聯邦醫療保險——這些政策有時會被形容為第二國策（second National Policy）[7]。

6　編按：由於加拿大君主居住在英國，所以通常會指派總督來代表他行使權力。

7　編按：國家政策（National Policy）為首任總理麥克唐納於1876年提出的經濟計畫。

美國是蘋果派，加拿大還是加拿大

1960 年代，加拿大向所有「符合資格」的移民敞開國門，為工業和服務業擴張提供必要的勞動力；在 1971 年時，則正是採取多元文化主義的計畫。如今，**加拿大的主要城市，在種族多元性方面名列世界前茅。**

二戰後，加拿大謹慎的讓自己歸類於世界「中等強國」，參與成立聯合國和北大西洋公約組織，協助起草聯合國的《人權宣言》，並強調以協商和妥協取代戰爭。

加拿大的外交官中 —— 包含了諾貝爾和平獎得主萊斯特・皮爾遜（Lester Pearson）通常都會在充滿過度自負者的會議室中，扮演和平的修復者角色。1950 年代，「維護和平」（peacekeeping）成為加拿大軍隊的標語，但 2001 年 9 月 11 日後的「反恐戰爭」，暴露了這只是精心設計的虛構假象而已。

長久以來，懷疑論者都指出，加拿大在多數外交政策中都扮演美國的輔助者。事實上，美國的確是人們不願多談，卻難以忽視的問題。在戰後時期，**接連幾任加拿大政府努力的主要目標，都是要找尋加拿大的定位，不只是南方鄰居美國的回音而已。**

1984 年，布萊恩・穆爾羅尼（Brian Mulroney）領導的進步保守黨取得政權時，他們放棄了這個看似無望的任務。1989 年 1 月，與美國全面自由貿易協定的實施，掃除了主流新自由主義對保護主義的質疑，後來該協定甚至延伸到墨西哥。然而在與美國關係如此密切的情況下，是否有正式的併吞，似乎就

無關緊要了。

有些人認為,身為加拿大人意味著永遠不需要道歉;但加拿大人必須為某些罪過致歉,其中包含了印地安寄宿學校、對所有入境的華人收稅,以及二戰期間居拘留日裔加拿大人。

對於許多加拿大人來說,亞伯達省(Alberta)油砂的碳足跡、富裕國家中原住民族、兒童和移民的貧窮問題,以及政府不願意在世界舞臺扮演更強大的領導者角色,都令人感到遺憾悔恨。

1972年,受歡迎的加拿大廣播公司脫口秀主持人彼得・格佐斯基(Peter Gzowski),請聽眾為美國格言「像蘋果派一樣美國」想出對應的加拿大說法。

比賽的獲勝者是17歲的希瑟(Heather Scott),她建議:「在任何情況下,都盡可能像個加拿大人。」(as Canadian as possible under the circumstances)[8]將近四十年過去,這句話依然貼切。

相對的,作家約翰・布拉克威(John D. Blackwell)和洛瑞・史丹利-布拉克威(Laurie Stanley-Blackwell)提出:「加拿大是現代歷史中,相當成功的建國故事;在這個國家,來自世界各地的人們都找到追求個人和社群的機會。」這個說法也同樣符合現實。

---

8 編按:根據加拿大人表示,加拿大是個不斷在變化的國家,從過去的歐洲移民,到現在越來越多亞洲人定居於此,國家的風格、文化也會隨之轉變,所以他們看似沒有一個真正的「加拿大特質」。然而,唯一不變的是接納、融合來自各地的人——總是待人友善、不偏袒,也就成了一件非常加拿大的行為。

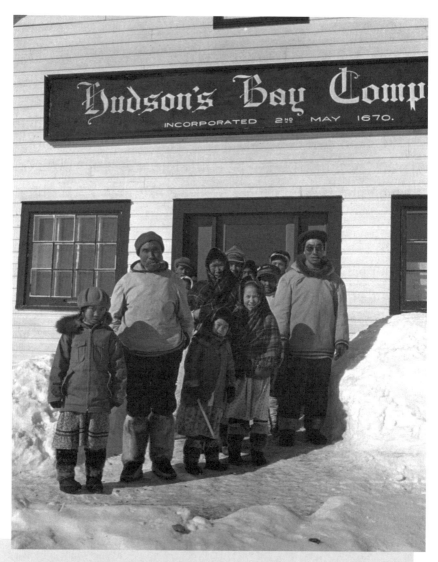

▲1946年，貝爾徹群島的因努特人站在魁北克鯨河（Whale River，
　現今的庫朱瓦拉皮克）的哈德遜灣公司商店前。照片拍攝時，普
　及性家庭補助計畫帶來的金錢，開始成為毛皮以外的交易媒介。

資料來源：Bud Blunz/National Film Board of Canada. Photothèque/ PA-
161446/Library and Archives Canada

第二十六章

奴隸、文盲、特權、雨林，由外而內被動進步

巴西聯邦共和國

作者：路易斯・馬克斯（Luiz Marques）

坎皮納斯州立大學（Campinas）的藝術史教授，義大利文藝復興時期藝術的專家，曾任聖保羅藝術博物館（Museu de Arte de São Paulo）館長，也是巴西通俗歷史雜誌《鮮活的歷史》（*História Viva*）的學術顧問。

巴西聯邦共和國
Federative Republic of Brazil

　　巴西擁有世界面積最大的熱帶雨林，也是拉丁美洲最大的國家，占南美洲約一半的領土。十六世紀時曾為葡萄牙殖民地，1822年巴西獨立，成立巴西帝國。1889年爆發軍事政變，帝國被推翻，由君主立憲政體轉為共和政體至今；期間經歷了政變與軍政府獨裁。

　　為熱帶經濟作物重要出口國，咖啡、甘蔗、柑橘的產量居世界第一位，得益於豐厚的自然資源和充足的勞動力，巴西的國內生產總值位居南美洲第一、世界第六。

　　總統和副總統由選民投票產生，任期4年，可以連任一次。總統有權任命內閣，同時是行政首長和國家元首。

▍基本資料

國慶日：9月7日。

加入聯合國日期：1945年10月24日。

語言：官方語言為葡萄牙語。

首都：巴西利亞。

面積：8,515,767平方公里。

地理位置：位於南美洲東部，南美各國除厄瓜多、智利外皆與巴西接壤，東濱鄰大西洋，海岸線長達7,408公里，為拉丁美洲第一大國，全球第五大國。

人口：2.14億人（2022年）。

宗教：主要信奉羅馬天主教（約65%）和基督新教（約25%）。近年來，天主教徒呈現下降的趨勢，而新教徒則呈增長趨勢。

※資料來源：中華民國外交部網站

有兩個歷史層面塑造了今日的巴西人。首先，從1500年葡萄牙探險家佩德羅・卡布拉爾（Pedro Cabral）在巴伊亞洲（Bahia，位於東岸）的塞古魯港（Porto Seguro）登陸以來，**巴西歷史中有75%的時間，社會是由奴隸和奴隸主，或是奴隸制度的受益者組成**。在古代殖民系統中，巴西是當時世界最大的奴隸進口國，也是西方世界最晚廢除奴隸制的國家（1888年）。

第二，自從葡萄牙抵達後，巴西社會和經濟的基礎架構，就建立在對環境的破壞侵略；從東岸區域向內陸發展，在過去這半個世紀格外明顯。

到了1960年代，掠奪的過程已經進展到巴西中部和東北部的重要生物群系，包含潘塔納爾溼地（Pantanal wetlands）、塞拉多草原區（Cerrado savanna）和亞馬遜地區。

這兩大特色是巴西過去和現在得以存在的前提，重要性不言而喻，甚至影響了全球發展。它們在巴西歷史中不斷出現，社會的其他變因也受其影響，甚至是由其衍生而出。

十六世紀到十九世紀間，總共有1,070萬奴隸撐過橫跨大西洋的航行，從非洲抵達美洲，而根據歷史學家大衛・埃爾蒂斯（David Eltis）和荷西・摩塔（Jose Motta）近期的估算，超過一半的人被運送到了巴西。

因此，在超過三百五十年間，有將近五百萬奴隸來到巴西；英國在北美殖民地和美國所引入的人數，可能只有其不到10%。到了1850年，巴西一共有250萬名奴隸，根據1872年的普查，全國有58%的人口是非洲裔（無論奴隸或自由人）。

巴西當時的經濟仰賴大量人力，但不需要強健成長的國內

市場，因為殖民的基本產品——十八世紀的蔗糖和黃金，十九世紀後的咖啡——在葡萄牙和歐洲其他地區都需求很高。除此之外，奴隸貿易本身就利潤極高，而在巴西這個地域廣大但土地交易受限的地區，**奴隸往往是個人資產的最大一部分。**

社會只存在兩種身分：
奴隸與奴隸主

事實上，奴隸不只用在農業屯墾上。舉例來說，巴伊亞州的奴隸只有不到10%在甘蔗園工作。在十八世紀晚期和十九世紀初期，聖保羅（São Paulo）[1]的家庭中，有13%－39%都擁有少量奴隸。奴隸主人的身分可能包含菸草種植者、漁夫、釀酒商人、工匠、教會高層、自由業者、中小企業主或工地領班。

因此，**奴隸在巴西社會中無所不在，對經濟的運作至關緊要**，但不僅僅是提供利潤而已。奴隸制度已經滲透整個社會，影響了人們儲蓄的方式、想像力、宗教信仰、性向、集體心理狀態、階級象徵、家庭的運作模式等等。奴隸的存在對於非奴隸來說不可或缺，幾乎是「自然」的事實，影響了他們生命的主體性和無意識的生活方式。

巴西或許是（無論古老和現代的）西方歷史中，最能完整體現古希臘哲學家亞里斯多德對社會的概念——將奴隸制度視為自然狀態。奴隸制度是社會中既定的特色，就像天體和聲

---

1 編按：巴西、拉丁美洲、南半球最大的都市。

（harmony of the spheres）[2]那樣不會被注意到[3]。

　　正如同我們要在完全相反的寂靜狀態，才能聽見天籟之音，奴隸制度的影響唯有在相反的情況——種族民主（racial democracy）——才會讓現代巴西人有所感受；社會學家吉爾貝托‧弗雷雷（Gilberto Freyre）在1933年提出這個論點，認為巴西人並沒有承受任何種族偏見或歧視。假如巴西成功將這種迷思輸出，或許主要是因為巴西人真心這麼相信。

　　社會中一部分的人口被另一部分奴役，終將留下無法抹滅的羞恥印記。分隔不同社會階層的鴻溝，會妨礙個人責任感和群體歸屬感的發展。奴隸的後代持續服侍非奴隸的後代，雙方持續生存於不同的社會和象徵性領域。

　　這種區隔和種族隔離唯一的不同，在於法律體制包含了許多「平等主義」的規定。因此，一般來說，公寓的電梯都必須裝設告示牌，確保家庭幫傭和主人擁有使用相同電梯的權力。然而，法律總是遭到無視——奴隸的後代身為底層，並非真的能實踐這些權力。

　　缺乏社會歸屬感，導致了極端的個人主義。經濟和政治的腐敗，被視為正常且普遍的社會現象，潛藏於每個企業中，在每個階層的管理人員、立法人員和司法人員身上都能找到。

　　公眾對貪腐醜聞逆來順受，公然貪汙的政治人物也總能一再連任；反社會的行為也是常態。投資重大基礎建設的目的是

2　編按：指運動的天體如太陽、月亮和行星等，都遵從某種類似音樂的形式。

3　作者按：畢達哥拉斯認為，天體和聲在我們出生前就已存在，所以我們聽不見。

讓汽車工業中飽私囊，而不是改善大眾運輸；公路和街道的狀態可以說是無人聞問。卡車燃燒硫含量足以致命的柴油，汙染城市的同時，也激化了人們的侵略行為 —— 對於裝備防彈遮光窗汽車的需求急遽上升。

葡萄牙人留下的遺毒：文盲和特權

所謂的「巴西非正式性」（Brazilian informality）口號很快就為外國所接受，也令巴西人引以為傲，實際上卻不是對個人自由的推崇，而是反映出**特權階級能隨心所欲改變法律**。與此同時，**沒權沒勢的人只能臣服於官僚體系和形式主義**。

和奴隸制度一樣，官僚體系也是伊比利半島對巴西社會帶來的晦暗影響之一；其他方面則包含宗教裁判所（在葡萄牙持續到1821年）以及耶穌會的教育模式。1703年英國和葡萄牙的《梅休因條約》（*Methuen Treaty*）[4]，造成了推崇農業、反工業的心態，讓葡萄牙人不願意發展工業。

此外，葡萄牙人嚴格禁止巴西設立印刷廠，甚至在1808年前，巴西境內連印刷機器都不得出現；因此，綜觀巴西殖民時期和往後的歷史，文字印刷的傳統都相當薄弱，並且讓文盲和反智主義的種子，深植於巴西的「菁英階級」。

最後，伊比利半島的專制主義持續影響，解釋了為什麼葡萄牙和巴西在十九世紀和二十世紀間，反覆重回獨裁政權（巴

4　編按：葡萄牙能以相當優惠的關稅，出口葡萄酒至英國。

西在這期間發生超過五次軍事政變：1889年、1930年、1938年、1945年和1964年），也說明了為什麼左翼政黨對史達林主義如此認同。

亞馬遜森林急需保護，除了原住民沒人在乎

奴隸制度造成的社會不平等正在減緩，至少在收入分配上是如此。不幸的是，同樣的情況未發生在巴西歷史的第二個主題：侵略、破壞和占領土地。大西洋岸的植被曾經占據國土面積超過15%，如今幾乎所剩無幾。

1993年原始植被的面積僅存7%；在2005年和2008年間，又有十萬公頃的林地消失；而沒有任何跡象顯示，人們能拯救僅存的森林。十八世紀末期，在歐洲受教育的巴西知識分子間，開始興起難能可貴的生態良知。他們對森林砍伐提出批評——呼應了啟蒙運動文化與自然和諧共存的理想——讓我們得以追蹤大西洋岸森林的破壞情況。

亞馬遜地區也面臨著相同的命運。一千多年來，人類對亞馬遜的開墾都未曾對植被造成重大的影響——直到1964年，軍事政變帶來的獨裁政權，大肆濫用酷刑和電鋸。

新政權造成社會和環境嚴重失衡：鋪設道路；為了發展農業大規模破壞森林；來自巴西其他地區的殖民者至此開墾；為了建設水力發電的水壩，而破壞河流盆地；礦業的露天開採和淘金熱興盛；河流遭到汞汙染；野生動物瀕臨絕種，或是淪為

人類走私貿易的商品……諸如此類的惡行罄竹難書。

　　獨裁政權在1980年代結束，由巴西國防部高等戰爭學院（Escola Superior de Guerra）所發布的「國家融合」意識形態，至今仍代表著巴西社會各部分的利益（根據戰爭學院的說法，軍方有權在保護國家主權的情況下進行統治）。

　　這包含了能從破壞僅存森林中獲益的單位：地主、藥廠、工業儀器製造商、肥料廠、農藥廠、作物基因轉殖產業、木材商和建設公司、屠宰加工廠和零售商、管理這個利益結構的金融和行政體系，以及最後的政黨和倡議家。簡單來說，就是巴西經濟和政治權力的每個部分。

　　從極端右翼到極端左翼，懷抱民族主義的知識分子，都將破壞森林認定為經濟成長必須付出的代價，而任何想要阻礙這個過程的人，都是全球領先經濟體的打手 —— **這些國家勢力先將自己的森林破壞殆盡，如今則覬覦著「我們」的森林。**

　　除此之外，社會運動也容忍過剩的都市或鄉村人口占據森林。由於巴西東南方的土地大都作為生產用途，那麼社會運動提倡，沒有土地的勞工應有道德權力來接管「無生產力」的土地——也就是森林。

　　另一方面，主張「永續性」的人們 —— 農業經濟學家和工程師 —— 則出版了大量的著作，說明就算不摧毀森林，如果能整合有效亞馬遜地區的經濟和國際市場，同樣能達到規模經濟的效果。

　　從1980年代開始，巴西的生態系統以前所未見的速度遭到破壞。在1977年和2005年間，被稱為「**亞馬遜社會地理大區**」

（Legal Amazonia）**中的森林已盡數消失，這個區域比整個法國還要大上許多**。而後，破壞的腳步絲毫沒有停駐。

從殖民時代開始，牛隻放牧是砍伐森林最主要的原因——即便到了現代，亞馬遜森林80%的破壞都歸因於此。這使巴西成為世界最大的牛肉出口國，而國內市場也需要大量供給。

巴西的生態迫切需要保護，然而這卻沒能喚醒人民的意識，唯一的倡議者是亞馬遜原住民社群，以及少數的學術和環保團體。他們在面對巴西內部和國際的勢力時，影響力遠遠不足。假如全球共同體真的希望拯救亞馬遜叢林，就必須盡快採取強硬的行動。

歷史上來說，**巴西向來「由外而內」演進**。奴隸制度一直到近代（1888年），才因為國際的沉重壓力而遭到廢除（但種族間高度不平等狀況至今仍在）。類法西斯的「新國家」（Estado Novo，又稱葡萄牙第二共和國）政權在1938年建立時，假如沒有受到北美施壓，或許就會加入德國與義大利的軸心國陣營。

1964年的獨裁陣營受到美國國務院支持，但假如沒有卡特總統和歐洲民主陣營的壓力，或許就會維持更久，而不會再次施行民主政治。

同樣的道理也可以套用在拯救森林上。受到殖民時代威權主義和利益掛帥的影響，巴西這個停滯而古老的大國，正站在環境自殺的邊緣，或許唯有國際的壓力才能帶來救贖。然而，這樣的壓力是否能發揮效果，還是未知數。

等到巴西人意識到犧牲森林換取利益，只會讓他們更加貧

窮，或是等到世界意識到巴西化為草原或沙漠的災難性影響，
一切就已經太遲了。

▲亞馬遜熱帶雨林的鳥瞰圖，顯示了過度砍伐的嚴重情況；遭
　到破壞的面積已經超過15%，而巴西政府似乎無力阻止這樣
　的生態浩劫。

資料來源：Eduardo Martino/Panos Pictures

第二十七章

阿茲特克人的許諾之地，
給予每個人應得的

墨西哥合眾國

撰文／伊莉莎白·巴克達諾（Elizabeth Baquedano）

出生於墨西哥的考古學家，在倫敦大學伯克貝克學院（Birkbeck, University of London）任教。出版了幾本關於前哥倫布時期歷史和考古學的插圖書籍。

墨西哥合眾國
United Mexican States

　　墨西哥是世界上最大的西班牙語國家,在十六世紀曾為西班牙殖民地,1810年墨西哥宣布獨立,1823年,帝國被軍事政變推翻,墨西哥合眾國則在1824年成立。

　　農業仍是大多數當地人的經濟支柱,檸檬、青椒、白玉米、酪梨、芭樂、豆類、甘蔗為主要作物。1994年北美自由貿易區正式建立後,極大促進了經濟發展和國民收入提高,由於接近美國消費市場,讓許多外商將產品最後階段安排在墨西哥做總成組裝,比如汽車。

　　聯邦權力分成三個獨立部分:行政、立法與司法;總統權力最大,負責執行由國會頒布的法律,由公民普選產生,任期6年,不得連任。墨西哥不設副總統,當總統被彈劾或無法行使職權時,由國會選舉一名臨時總統。

▌ 基本資料

國慶日:9月16日。

加入聯合國日期:1945年11月7日。

語言:官方語言為西班牙語。

首都:墨西哥城。

面積:1,964,375平方公里。

地理位置:位於北美大陸南部,東臨墨西哥灣,西濱太平洋,南接瓜地馬拉與貝里斯。

人口:1億2,600萬人(2021年)。

宗教:主要信奉天主教。

※資料來源:中華民國外交部網站

　　造訪墨西哥城的人，或許會對風格主義建築、巴洛克式教堂和新藝術風格的飯店感到驚艷，而完全沒有意識到這裡曾經是一座湖泊。

　　1325年，遷徙的阿茲特克人在此發現他們的許諾之地。1978年變電廠建造時，電力公司的員工挖到一塊浮雕的石頭，前來搶救的考古學家，從中挖掘出了一座月亮女神科約爾沙赫基（Coyolxauhqui）的石雕。

　　時任總統何塞・洛佩斯・波蒂略（José López Portillo，任期1976年—1982年）下令拆除這些建築，藉此揭露出民族的過去。他說：「我有這樣的權力。」或許他有意識的連結到祖先阿茲特克的帝王，但他的背景有一部分來自西班牙納瓦拉。

　　根據預言，當祭司看見一隻老鷹盤踞在仙人掌上，享用一隻毒蛇時，墨西加人（Mexica，阿茲特克人對自己的稱呼）就會找到自己的家園。這是他們的許諾之地，他們將建造出偉大的帝國。

　　這座湖中的島嶼稱為特諾奇提特蘭（Tenochtitlan，意思是「仙人掌果實之地」）。在此，他們建造了最重要的宗教建築：大神廟（Templo Mayor，阿茲特克的偉大聖殿），敬拜戰神維齊洛波奇特利（Huitzilopochtli）和雨神特拉洛克（Tlaloc）。

　　在神廟中舉行著最奢華的典禮，展現出了阿茲特克人的壯盛實力。許多城市都向阿茲特克人進貢，獻上珠寶、面具、陶器花瓶和雕像等供品，而被征服的人則對神祇獻出鮮血。

　　其他的考古證據顯示，阿茲特克人有意識到比他們更早的文化存在，並懷抱虔敬的態度：舉例來說，他們找到西元前

1200年奧爾梅克文明（Olmec）的玉面具，也發現了模仿特奧蒂瓦坎（Teotihuacan）的金字塔建築。古城特奧蒂瓦坎位於墨西哥中部高地，大約在西元50年－800年間建立。阿茲特克人顯然清楚體認到自己對過去的虧欠。

神話早有暗示，
西班牙征服者即將出現

奧爾梅克文明在西元前1500年－西元前400年，於墨西哥灣蓬勃發展，為往後所有的墨西哥文明奠定了基礎。他們的神祇、曆法和美洲豹信仰，都向內陸傳播，被西元900年－1150年的特奧蒂瓦坎人和托爾特克人（Toltecs）採用，這段時期又稱為前哥倫布時期，墨西哥的黃金時代。阿茲特克人在自己的首都中，向他們的成就和神祇致敬。

前人的眾多影響中，也包含了羽蛇神（Quetzalcoatl）的神話，其形象為覆蓋著羽毛的蛇；特別為1502年－1520年間，阿茲特克的最後帝王蒙特蘇馬二世（Moctezuma II）所採用。他打造了許多蛇的石雕，刻上代表了頭冠和鼻飾的象形字符。

根據神話，這位皮膚光滑的羽神蛇，被敵人特斯卡特利波卡（Tezcatlipoca，意思是「煙霧鏡」）欺騙而發生亂倫。隔天早上，他在羞恥中乘船向東航行，承諾自己會再回歸 —— 就在西班牙征服者埃爾南・科爾特斯（Hernan Cortes）抵達墨西哥的那一年。

這段傳說曾經被用來解釋，為什麼科爾特斯1519年突然出

現在特諾奇提特蘭時，蒙特蘇馬會如此動搖。在西班牙人征服後，墨西哥歷史將這次事件描述為蒙特蘇馬在等待科爾特斯的到來，並且準備將王位讓給對方。然而，事實證明這只是被征服後的論述：蒙特蘇馬相信科爾特斯是一位偉大君王的使者，但他本人並非君王。

西班牙只花了兩年就攻下特諾奇提特蘭。他們的成功不只是歐洲征服者本身的功勞，也**多虧了當地非阿茲特克盟友的協助**。在歐洲和美國的許多書籍中都寫到，西班牙只靠著幾百人就征服墨西哥。

的確，當時只有約六百五十人擁有火槍、馬匹和軍犬；然而，和他們並肩作戰的是數千名寧願幫助初來乍到的陌生人，也不願意順服於阿茲特克帝國的墨西哥人。他們的抉擇代表了舊墨西哥的終結，以及「新西班牙」的開始。

征服完成後，**西班牙人心中的首要之務，就是結束舊的宗教信仰，引入基督**。1524年，科爾特斯迎接了方濟會傳教士來幫助當地人改宗。1535年，西班牙國王在墨西哥指派了新西班牙總督。

第一位總督安東尼奧・德門多薩（Antonio de Mendoza）在舊的阿茲特克首都遺跡上建立了西班牙城市。墨西哥城不只是新西班牙的首都，也是墨西哥主教座堂的位置。

第一位總督請求西班牙皇室在墨西哥成立大學，於是墨西哥皇家暨主教大學在1551年成立，由著名學者法蘭斯科・塞萬提斯・德・薩拉薩爾（Francisco Cervantes de Salazar）擔任校長。德門多薩和墨西哥第一位主教胡安・德・祖瑪拉加

（Juan de Zumárraga）也在1536年，共同通過特拉特洛爾科（Tlatelolco）聖塔克魯斯大學（Colegio de Santa Cruz）[1]的成立。這間大學由方濟會管理，為阿茲特克菁英階級的孩童提供教育。

美洲第一位人類學家貝爾納迪諾‧德薩阿貢（Bernardino de Sahagun，1499年－1590年），也是在此處由當地合作者的協助，完成了對阿茲特克文化最完整的研究《新西班牙事物通史》（*Historia general de las Cosas de Nueva España*）。這本書同時以西班牙文和當地的納瓦特爾語（Nahuatl）寫作，並加上插圖。至今，如果想了解墨西哥原住民從宗教到休閒活動的各種活動，這本書都是重要的參考資料。

反抗剝削，兩位平民神父帶頭革命

從1522年開始，西班牙對墨西哥領主建立了正式的統治關係。每個大城鎮（senorio）都被指派給一位征服者。這個系統日後稱為「監護征賦制」（encomienda，直譯為「委任制度」，來自西班牙文「encomendar」，意思是「委託」）。

監護徵賦制，讓**地產所有人得以控制當地的勞工和收穫，也導致墨西哥平民受到苛刻對待**。道明會修士巴托洛梅‧卡薩斯（Bartolome Casas）注意到這樣的虐待，在1556年－1598年間的西班牙國王菲利普二世（Philip II）面前大力抨擊。

---

1 編按：美洲第一所歐洲高等教育體系學校。

　　其中一個例子可以在十六世紀的《金斯伯勒法典》（*Codex Kingsborough*）[2]看見：四名墨西哥貴族因為延遲了對西班牙委託監護主的貢金繳納，於是遭到活埋。毫無疑問，西班牙人的嚴苛要求，遠遠超越任何當地人的想像。

　　到了十七世紀，許多年輕的克里奧爾人（Creoles，指出生於殖民地的西班牙人）以自己的墨西哥身分為傲，卻也渴望建造西班牙式的首都。十八世紀晚期，雷維拉吉格多伯爵（Count of Revillagigedo，1789年－1794年間擔任墨西哥總督）整建了墨西哥城的憲法廣場（zocalo）。這位伯爵是西班牙國王查爾斯三世（Charles III，1764年－1788年在位），推行開明專制的支持者。

　　整建的內容包含挖掘古城的地基，在過程中發掘了兩件古代的寶藏：大地女神夸特里奎（Coatlicue）的巨大雕像，以及蒙特蘇馬二世打造的「曆法石」，其描繪了當前的時代：象徵地震的符號（形似於聖安得烈十字，呈X形）；中心是某位神祇的臉孔（推測是太陽神）；在大災變中結束的上個時代；以及寫著20天的標誌。

　　然而，人們還要再過百餘年，才會開始懂得欣賞古文明的價值。克里奧爾人更在乎歐洲風格。他們鄙視墨西哥原住民的宗教器物，感興趣的是瓜達露佩聖母（Nuestra Señora de Guadalupe），也就是聖母瑪利在1531年，降臨在某位墨西哥原住民面前所代表的宗教意涵。聖母的形象，也奇蹟似的印在某

2　譯按：一部十六世紀的中美洲圖畫手稿，詳細介紹了墨西哥的歷史以及西班牙征服墨西哥後對當地人的虐待行為。

位農夫的土地上，成為墨西哥基督信仰最重要的象徵。

光是歐洲式的城市、價值觀和文化還不夠。墨西哥大部分人口都不是歐洲人，於是無可避免的對西班牙威權感到不滿。米格爾·科斯蒂利亞（Miguel Hidalgo y Costilla）和荷西·莫雷洛斯（José María Morelos）兩位神父，提出了脫離西班牙的獨立訴求。

1810年，科斯蒂利亞強烈批評歐洲的剝削，要求土地重新分配。他組織反抗西班牙的行動，並利用宗教熱忱，高舉瓜達露佩聖母的旗幟。當科斯蒂利亞在1811年被處決時，莫雷洛斯繼承了革命的意志，但也遭受相同的命運。

這一連串起義的行動，都是由克里奧爾人領導，反對廢除奴隸制度，也為墨西哥主權而戰。在十六世紀征服中，墨西哥人為西班牙人而戰；然而，墨西哥爭取獨立的抗戰，則是由克里奧爾人所籌畫組織 —— 墨西哥最終在1821年獨立。這樣的衝突性標示出墨西哥歷史兩個重要的篇章。

這場獨立並未對歐洲霸權帶來太多變化，但的確漸漸幫助社會朝更公平公義的方向發展。第一位重要的人物是聖塔·安那（López de Santa Anna），他反抗新的總統制，並建立獨裁政權，在1846年－1848年間帶領國家與美國進行了慘烈的戰爭。

聖塔·安那在1857年被推翻，建立了新的自由憲政。雖然並不激進，但新政權以人權和自由主義為根基，在國家和教會之間確立了清楚的界限。神職人員不再能干預政府事務。

新總統貝尼托·胡亞雷斯（Benito Juarez，任期1858年－1872年）出生貧寒，說墨西加語（Mixe）。他**逼迫教會賣掉土**

地、停止干預政治。這是墨西哥歷史中最重要的行動之一，**讓墨西哥的發展方向和其他拉丁美洲國家出現歧異** —— 在其他國家中，政治和宗教通常密不可分。

1862年法國入侵墨西哥，希望能建立帝國；法國支持墨西哥保守派，承諾將墨西哥王位賜予哈布斯堡家族的馬西米連諾一世（Maximiliano I），希望他能推翻胡亞雷斯的自由改革。然而，這位新的帝王並未聽從指示，於是失去了保守派支持。他在1867年被效忠胡亞雷斯的勢力逮捕並處決。

許多墨西哥人認為，這整段歷史最好被大家遺忘。從馬西米連諾皇室寓所通往墨西哥市中心的道路，原本命名為「皇后大道」（Paseo de la Emperatriz），但胡亞雷斯改名為「改革大道」（Paseo de la Reforma）。和歐洲皇室相比，新的自由、秩序和繁榮理想更能吸引墨西哥人民。

墨西哥的歷史，可以說充滿了基本人權和少數人利益之間的衝突。當波費里奧・迪亞斯（Porfirio Diaz）在1876年擔任總統時，他的格言即是：「給予每個人他們應得的。」不過令人遺憾的是，他並未持續堅持理想。很快的，他就獨厚墨西哥和國外的菁英階層。

在他35年的統治期間，整個城市受到法國趨勢相當深遠的影響。墨西哥有許多美麗建築，都依循歐洲風格。墨西哥城的歌劇院藝術宮（Palacio de Bellas Artes）在1904年竣工，混合式的風格展現了獨裁者的宏大野心。迪亞斯相信，國家健全的經濟為他建設的合理性提供了支持。

1911年，迪亞斯對自由選舉的承諾跳票，被驅趕出墨西

哥。他的對手法蘭西斯科・馬德羅（Francisco I. Madero）選擇了擲地有聲的口號：「有效選舉，沒有連任」，讓墨西哥二十世紀的發展與其他拉丁美洲國家不同。

然而，其政權遭到維多利亞諾・韋爾塔（Victoriano Huerta）的挑戰。而韋爾塔政權不久之後面臨農民革命，北方的領導人是龐丘・比亞（Pancho Villa），而南方則是埃米利亞諾・薩帕塔（Emiliano Zapata）。國家陷入漫長混亂的革命，直到1920年才再度恢復和平。

把歷史畫在壁畫上，重建民族認同

革命後的墨西哥奠基於反教權主義、土地改革、勞工保護和民族主義。1930 年，油田國有化。如今墨西哥**有意識的將民族認同建立在文化融合上**，其中最有代表性的就是藝術家迪亞哥・里維拉（Diego Rivera）、何塞・奧羅斯科（José Orozco）和大衛・希凱羅斯（David Siqueiros）的壁畫作品。

墨西哥重新審視了原住民的根源，而過去成了現代藝術家的靈感來源，**利用公共建築的牆壁和書籍，來教導人民他們的過去**。雖然大部分的壁畫都創作於1920年代和1930年代，但直到1970年代晚期，仍有希凱羅斯持續投身創作，而拉丁美洲其他國家也競相效仿。

革命過後，人類學家和歷史學家在墨西哥認同的塑造上，扮演了重要角色。墨西哥國立大學的格言是：「透過我的種族，我的靈魂得到彰顯。」然而，這並非種族主義的觀點：僅有極

少數人譴責西班牙對墨西哥的影響，而墨西哥的過去被詩人奧克塔維奧・帕斯（Octavio Paz）描述為「多文化而多面向」。

　　繼承西班牙血統的墨西哥人，仍會驕傲的回顧原住民的過去；而原住民血統的人民也會關注歐洲。不過，墨西哥許多重要的政府和文化職位，仍是由歐洲背景的人民擔任（其中有許多是女性）。

　　北美洲有許多人對墨西哥仍懷有刻板印象，認為他們總是懶散的戴著墨西哥帽，醉醺醺的靠在仙人掌上。這樣的印象可以追溯到十九世紀，盎格魯─撒克遜的清教徒對於西班牙天主教的憎惡，但與事實大相逕庭：墨西哥人和鄰國的美國人一樣勤奮，甚至有過之而無不及，在歷史上也是如此。

　　阿茲特克人推崇勤奮工作，並且為躺在床上死去的人保留了專屬的地獄。的確，西班牙的征服讓原住民士氣低落、縱容農民酗酒，而阿茲特克文化則只允許榮耀的戰士或長者飲酒。

　　伴隨革命後的反教權主義而來的是反資本主義，特別是反美國的資本主義。二十世紀的墨西哥和美國之間，有著錯綜複雜的愛恨情結，特別是1994年通過《北美自由貿易協定》後。協定更強化了墨西哥人的剝奪感。然而，和許多拉丁美洲國家相反，現代的墨西哥充滿繁榮的大都會，積極向外發展，與歐洲有著特別強烈的文化連結。

▲ 《門多薩手抄本》（*Codex Mendoza*）的其中一頁，描繪了一隻
老鷹傲立於仙人掌上，享用著一條蛇，正如阿茲特克傳說中所預
言。阿茲特克首都特諾奇蒂特蘭（Tenochtitlan）建設於1325年，
其選址據說就是目擊老鷹之地。

資料來源：The Art Archive/Alamy

第二十八章

最鴨霸的民族主義，
盼不到轉型正義

阿根廷共和國

撰文／費德里科·洛倫茲（Federico Lorenz）

歷史學家和歷史教師；研究領域包括福克蘭群島戰爭（Falklands War）、政治暴力以及歷史、記憶和教育之間的關係。

阿根廷共和國
Argentine Republic

　　阿根廷在十六世紀開始被西班牙殖民，1810年脫離西班牙、1816年成立邦聯，後經歷內戰，最後在1861年統一為阿根廷共和國。在文化上呈現深度歐化，例如首都，幾乎是歐洲城市文化的延伸。

　　為拉美第三大經濟體，得益於豐富的自然資源、人民受教育水平高，並且是世界主要農產品出口國，工業體系也很多樣。不過其貧富差距嚴重，近年來陷入嚴重經濟危機，通膨率居高不下且匯率嚴重貶值。

　　政治體制為總統制和聯邦制民主共和國，總統是國家元首和行政首長，立法權由總統和國會共有。總統和副總統透過直接普選，採用兩輪制投票選出，任期4年。

基本資料

國慶日：5月25日。

加入聯合國日期：1945年10月24日。

語言：官方語言為西班牙語。

首都：布宜諾斯艾利斯。

面積：1,964,375平方公里。

地理位置：位於南美洲南部，占有南錐體的大部分，北鄰玻利維亞與巴拉圭，東北與巴西接壤，東臨烏拉圭與南大西洋，西接智利，南瀕德雷克海峽。

人口：4,581萬人（2021年）。

宗教：主要信奉天主教。

※資料來源：中華民國外交部網站

1910年5月25日，阿根廷共和國驕傲的慶祝建國100年的成就：繁榮的農業出口經濟、數以萬計的移入人口、與大英帝國的貿易特別待遇，以及和歐洲文化界（特別是法國）的密切交流。這一切都足以讓阿根廷的統治階級菁英，預測阿根廷將成為所處地區，最偉大強盛的國家。

一個世紀以前，一群來自布宜諾斯艾利斯的律師、商人和軍人在1810年人民起義的支持下，背叛了西班牙任命的阿根廷總督，並組織了軍政府。

當時的西班牙國王斐迪南七世（Ferdinand VII）是拿破崙的階下囚，西班牙的國土也遭到侵略。雖然有攝政委員會以國王之名執行統治，但「Porteños」（布宜諾斯艾利斯的居民）拒絕承認其權威，並要求將主權歸還給人民。

軍政府成員並未全部抱持相同的政治立場：有些人只希望在西班牙情勢改變之前，暫時引導政府的方向；其他人則受到法國大革命影響，希望西班牙在美洲的殖民地能夠獨立。

無論如何，軍政府都希望透過協商或軍事手段，將影響力延伸到整個拉布拉他總督轄區（Viceroyalty of the River Plate，涵蓋範圍包括現代的阿根廷、烏拉圭、巴拉圭和玻利維亞）。

這個過程很複雜：港口城市和內陸地區間，存在經濟和文化的衝突。由於港口開放了海外合法或非法的貿易，導致內陸的經濟受到損害。接著則是漫長的對峙和內戰。

超過一個世紀後，布宜諾斯艾利斯的中央集權政府得以鞏固權力，將內陸聯邦諸省分納入管轄。國家領土統一後，經濟由於肉類和穀物出口以及自由的移民，而蓬勃發展。軍隊在其

中也扮演了中心角色。

軍政府與人民的唯一共識，
建國紀念日

　　雖然阿根廷實際上在1816年才宣告獨立，但阿根廷的建
國紀念日在勝利的自由派史學定義中，是1810年5月25日，也
就是所謂「國民政府第一委員會」（Primera Junta de Gobierno
Patrio）成立的日子。透過國家教育，這個日期刻印在數個世代
的阿根廷人心中，也是不同政治派系間的共同象徵。

　　這個和平傳說將阿根廷塑造為包容而沒有衝突的國家，由
民族英雄、自我犧牲的士兵和忠貞的愛國者所建立，他們像法
國大革命的英雄那樣，為了國家奉獻出自己的生命和財產。

　　**1810年5月的軍政府成員都是革命家和愛國者，他們的
地位被提升為人民的楷模**（但在當時，他們絕不會這麼形容自
己）。從一戰前，歷史學家和學校老師述說1810年5月事件的
方式，便可以看出阿根廷的建國故事。

　　如今深入阿根廷國土，仍然能找到這些人物的雕像。有些
人是受到景仰的政治人物或立法者，但大部分都是士兵，例如
被譽為「國父」的荷西・德・聖馬丁（José de San Martín）；在
幫助阿根廷邁向獨立後，他跨越安地斯山脈，在智利和秘魯也
引領了類似的政治運動。

　　然而，從第二個100年的觀點來看，2010年的景況就相當
不同了。愛國主義觀點的歷史，看似反映了多數阿根廷人對過

去的共識，卻與國家深沉的創傷激烈碰撞 —— 而這個創傷至今仍未在國家歷史中找到定位。

創傷的主要成因，倒不是阿根廷在二十世紀初期和中期發展為現代社會；擔任三屆總統的胡安・裴隆（Juan Perón），其獨特的民族主義、中央集權、獨立和社團主義風格，的確也留下了一些傷害。

相對的，現今阿根廷歷史的描繪，受到1976年－1983年間的國家恐怖主義[1]所重創。在這段創傷時期，國家殘害吞食了自己的孩子。

1976年3月24日，由陸軍總司令豪爾赫・魏德拉（Jorge Rafael Videla）所發動的軍事政變，推翻了阿根廷的憲政政府。阿根廷從1960年代晚期開始，政治暴力的情況逐漸升溫，但**軍方奪權代表的是國內暴力層級又向上躍升**。軍方訴諸國家利益，恢復秩序和傳統價值，實際上卻形成了以強迫失蹤為特色的非法壓迫系統。

從表面上看來，社會秩序和道德價值似乎都恢復了；但在陰影中，一個平行政府控制了人民的生命和資產，剝奪了人民最基本的權利。被判定為顛覆分子的人，就會被綁架到祕密的拘留所，或處決中心遭受酷刑。大部分受害者都遭到殺害，遺體被埋在無名塚，或是從飛機上扔到開放海域中。他們被稱為「desaparecidos」（被消失者）。

對他們的家人和同伴來說，這是無法彌補的損失；對於殺

---

1 編按：又稱骯髒戰爭（Guerra Sucia）。

害他們的國家來說，他們是官僚體制無法提供答案的謎團。受害者包含了貿易公會主義者、政治激進分子、學生、知識分子和其家人。他們用不同方式參與了革命運動，或是反對軍方試圖建立的秩序。根據官方統計，受害者的人數大約在一萬四千人到三萬人之間。

接著在1982年，隨著政治局勢惡化，阿根廷的軍事獨裁者因為位於南大西洋馬維納斯群島（Malvinas Islands，英國稱為福克蘭群島）問題與英國爆發衝突。戰爭的落敗迫使軍方放下權力，而成千上萬的人民才終於注意到恐怖國家機器的存在；軍隊也失去了人民的敬畏，因為他們沒有能力從外在威脅中捍衛國家。

國家恐怖主義的首腦，在1985年因為其罪行受到審判[2]，在史無前例的「軍政府審判」中，民主的後世判決了先前的獨裁政權。如此一來，由勞爾・阿方辛（Raúl Alfonsín）總統所重建的民主制度，採取了歷史性的行動，發掘1976年政變後發生的一切事實真相。

被消失之母，人民為權力奮鬥的象徵

關於1976年3月24日的事件，有兩種可能的解讀方式：恥辱的開端，或是追求記憶、真相和正義的開端。就如同軍隊

2　編按：魏德拉於1985年遭判處終身監禁，1990年曾因政治因素被特赦，2007年又被逮捕。

成為邪惡暴行的象徵，「被消失者之母」[3]（Madres de Plaza de Mayo）戴著白色頭巾在五月廣場（Plaza de Mayo）抗議的形象，則成了人民為權力奮鬥的象徵。

對於軍方來說，被消失者都是顛覆阿根廷的恐怖分子（無論他們對革命組織真正的參與程度如何），必須排除，也無須給出任何理由。早年，被消失者在家人和朋友間會被稱為「無辜者」，因為他們無法被認定為政治犯。

對於社會其他人來說，這些人的地位則是無辜的受害者；這讓其他人逃離罪惡感，並強化了他們的信念：只有軍政府和恐怖分子的游擊隊，才必須為暴力負責。

從1990年代開始，獨裁政權受害者的政治承諾才更廣為人知，有時也得以平反。至今，阿根廷還是沒辦法完全接受這些事件，這或許還需要更多時間，畢竟長時間壓迫帶來的傷痕，依然血跡斑斑。

雖然1910年寫下的阿根廷歷史依然帶給人們熱情，也喚醒愛國情感，但如今的阿根廷歷史，是否還可以包含同樣的驕傲和包容，就令人懷疑了。

1976年政變發生的日期，如今是稱為「真相與正義紀念日」（Día de la Memoria por la Verdad y la Justicia）的國定假日，但其意涵模糊且艱澀。這是由於**軍事獨裁政權的影響之一，是破壞了民族的歷史**，也就是阿根廷人習慣聽到、分享並在學校教導的歷史——完整、豐富而寬容。

3　編按：骯髒戰爭受害者家屬所進行的運動。

在獨裁統治期間，軍政府將自己的行動解釋為面對馬克思主義和不愛國的顛覆分子，必須保衛國家和傳統價值觀。

換句話說，他們都是值得尊敬、愛好和平的阿根廷人，而其他並非如此的人都必須被消滅。傳統上來說，武裝部隊（特別是軍方）都是阿根廷價值的守護者，而1976年的奪權正是以他們名義發起。在軍隊的統治下，他們濫用了愛國的象徵、民族英雄和重大歷史事件。

因此，在軍方失勢後，越來越多人不僅抗拒這些象徵，也抗拒相關的研究。然而，與此同時，在經歷鎮壓程度較輕的地區，以及國家機構和傳統社會秩序影響較強的地區，傳統愛國主義版本的歷史依然鮮明，彷彿1976年3月24日後什麼事都沒發生過。

在文化上，這造成了微妙的雙重性。對於近代歷史的爭論在政治上很敏感，唯一的參照就是一個簡單粗暴的分界點：獨裁政權。**對於某些人來說，「談論歷史」指的是談論獨立戰爭和民族英雄**，而談論前四分之一個世紀的政治歷史，本身就是政治行為。

對於希望反思近代史的人來說，對於過去傳統而誇大的看法是右派的工具，用來為獨裁政權和不公不義的社會秩序平反——他們透過非法鎮壓的手段，試圖延長自己的統治。

讓許多阿根廷人消失的同時，獨裁政權也以民族歷史之名行動，這是否反而讓思考民族歷史的可能性消失？這個問題貫穿了現代阿根廷社會，大部分外國觀察家卻沒有注意到。

翻閱觀光指南，會看到混合了南美牧人、裴隆主義（與法

西斯主義相關）、加爾鐵里將軍（Leopoldo Galtieri）[4]與福克蘭群島、被消失者，以及足球選手迪亞哥・馬拉度納（Diego Maradona）的奇異組合。或許有些也會提到骯髒戰爭（事實上，阿根廷的壓迫者從他們受訓的美國引入這個說法），而戴著白色頭巾的母親，或是尋找被偷走孫子的祖母等形象，則傳遍全世界。

　　書中了缺乏任何可以看出阿根廷社會在1970年代，承受暴力的跡象。這造成的結果之一，就是阿根廷不可能再擁有共同的民族歷史。**學校缺乏相關的教育，而想要思考或書寫這樣的恐怖故事也太過艱困**，特別是受壓迫的男性和女性，以及他們的壓迫者，都誕生於相同的社會中。

　　每一年，阿根廷都會紀念1976年3月24日，而不同的詮釋觀點會彼此衝突。支持獨裁政權的人會提到反顛覆戰爭、國土救贖，以及這件事如何被骯髒戰爭一詞和政治宣傳所摧毀。

　　反對者則提及「國家恐怖主義和非法鎮壓」，以及由被消失者所體現的失敗革命，並否定大部分的相關歷史。更廣泛來說，1980年代出現的阿根廷社會認為自己重獲新生，否定所有的暴力和威權獨裁，擁抱人權的價值並尊重民主體制。

　　相對來說，5月25的革命紀念日充滿了轟轟烈烈的建國故事，像是什麼都沒發生過那樣繼續下去：無論是1810年或1976年皆然。阿根廷的現實是立基於平行歷史的世界上。**兼容一切的歷史目前仍不可能實現，因為僅有破碎的片段殘存了下來。**

4　編按：1981年－1982年阿根廷總統。

▲2010年5月布宜諾斯艾利斯的煙火。阿根廷舉國上下都舉行了兩百週
年紀念日的慶祝活動。超過三百萬人參觀了展覽,並加入遊行活
動。人們的亢奮代表了新世代的開始,國家也超脫了1970年代和
1980年代的創傷。

資料來源:Leo La Valle/EPA/Corbis

編者致謝

在為我準備本書提供幫助的眾多人們當中，我要特別感謝傑洛米・布萊克、格洛麗亞・西格曼（Gloria Cigman）、希拉・科爾（Sheila Corr）、夏洛特・克勞（Charlotte Crow）、安娜・克勞迪婭・法拉利（Ana Claudia Ferrari）、約翰・福特（John Foot）、卡羅爾・格魯克（Carole Gluck）、安妮・戈薩奇（Anne Gorsuch）、傑佛瑞・霍斯金（Geoffrey Hosking）、簡・吉萊克（Jan Jilek）、拉娜・米特（Rana Mitter）、羅傑・摩爾豪斯（Roger Moorhouse）、黛博拉・莫里森（Deborah Morrison）、葛拉漢・根德爾・諾頓（Graham Gendall Norton）、露西・萊爾（Lucy Riall）、諾曼・斯通（Norman Stone）和安妮・沃斯沃（Anne Waswo）。

此外，在Thames & Hudson，科林・里德勒（Colin Ridler）可以說是最支持好朋友的人；感謝弗洛拉・斯皮格爾（Flora Spiegel）、凱瑟琳娜・哈恩（Katharina Hahn），圖片研究員路易絲・托馬斯（Louise Thomas）。

感謝以下這些章節的翻譯人員：

埃及：馬修・比斯頓（Matthew Beeston）；中國：約瑟夫・勞森（Joseph Lawson）；俄羅斯：保羅・波多普里戈拉（Paul Podoprigora）；捷克共和國：德瑞克・佩頓（Derek Paton）；瑞典王國：比吉塔・舒特（Birgitta Shutt）；芬蘭共和國：莉莎・佩爾托寧（Liisa Peltonen）；義大利：格蕾絲・克雷拉爾－布羅梅洛（Grace Crerar-Bromelow）；日本：馬修・皆川（Matthew Minagawa）翻譯，補充材料由梅麗莎・派倫（Melissa Parent）提供。

TELL 047

我們的建國簡史

歷史不該是當權者的創作，最真的，就是聽當地人自己說。
泰晤士報專欄作家廣集 28 國學者，訴說自己國家如何從無到有。

主　　編／彼得·富塔多（Peter Furtado）
譯　　者／謝慈
責任編輯／張祐唐
校對編輯／李芊芊
美術編輯／林彥君
副總編輯／顏惠君
總 編 輯／吳依瑋
發 行 人／徐仲秋
會計助理／李秀娟
會　　計／許鳳雪
版權主任／劉宗德
版權經理／郝麗珍
行銷企劃／徐千晴
行銷業務／李秀蕙
業務專員／馬絮盈、留婉茹
業務經理／林裕安
總 經 理／陳絜吾

國家圖書館出版品預行編目（CIP）資料

我們的建國簡史：歷史不該是當權者的創作，最真
的，就是聽當地人自己說。泰晤士報專欄作家廣集
28 國學者，訴說自己國家如何從無到有。／彼得·
富塔多（Peter Furtado）主編；謝慈譯 . -- 初版 . -- 臺
北市：大是文化有限公司，2023.01
400 面；17×23 公分 . -- （TELL；047）
譯自：Histories of Nations: How Their Identities Were
Forged
ISBN 978-626-7192-70-2（平裝）

1.CST：世界史　2.CST：民族性

711　　　　　　　　　　　　　　　　111018031

出 版 者／大是文化有限公司
　　　　　臺北市 100 衡陽路 7 號 8 樓
　　　　　編輯部電話：（02）2375-7911
　　　　　購書相關資訊請洽：（02）2375-7911 分機122
　　　　　24小時讀者服務傳真：（02）2375-6999
　　　　　讀者服務E-mail：dscsms28@gmail.com
　　　　　郵政劃撥帳號：19983366　戶名：大是文化有限公司

法律顧問／永然聯合法律事務所
香港發行／豐達出版發行有限公司 Rich Publishing & Distribution Ltd
　　　　　地址：香港柴灣永泰道70 號柴灣工業城第2 期1805 室
　　　　　　　　Unit 1805,Ph .2,Chai Wan Ind City,70 Wing Tai Rd,Chai Wan,Hong Kong
　　　　　　　　Tel：2172-6513　Fax：2172-4355
　　　　　　　　E-mail：cary@subseasy.com.hk

封面設計／林雯瑛
內頁排版／陳相蓉
印　　刷／緯峰印刷股份有限公司
出版日期／2023 年 1 月初版
定　　價／新臺幣 490 元（缺頁或裝訂錯誤的書，請寄回更換）
I S B N／978-626-7192-70-2（平裝）
電子書ISBN／9786267192825（PDF）
　　　　　　9786267192832（EPUB）

Printed in Taiwan

Published by arrangement with Thames & Hudson Ltd, London,Histories of Nations © 2012 and 2017
Thames & Hudson Ltd, London
This edition first published in Taiwan in 2023 by Domain Publishing Company,Taipei Traditional Chinese
Edition ©2023 Domain Publishing Company, Taipei